내 영혼이 내 인생을 계획했다면

Cycles of the Soul: Life, Death, and Beyond
by Gina Lake

예수 채널링

내 영혼이 내 인생을 계획했다면

지나 레이크 지음 | 류한동 옮김

IW

내 영혼이 내 인생을 계획했다면
ⓒ 지나 레이크, 2022

지나 레이크 짓고, 류한동 옮긴 것을 정신세계사 김우종이 2024년 2월 9일 처음 펴내다.
이현율과 배민경이 다듬고, 변영옥이 꾸미고, 한서지업사에서 종이를, 영신사에서 인쇄와
제본을, 하지혜가 책의 관리를 맡다. 정신세계사의 등록일자는 1978년 4월 25일(제2021-
000333호), 주소는 03965 서울시 마포구 성산로4길 6 2층, 전화는 02-733-3134, 팩스는 02-
733-3144이다.

2024년 9월 26일 펴낸 책(초판 제2쇄)

ISBN   978-89-357-0468-2 03290

홈페이지 mindbook.co.kr   인터넷 카페 cafe.naver.com/mindbooky
유튜브 youtube.com/innerworld   인스타그램 instagram.com/inner_world_publisher

차례

머리말

이 책은 지금까지 나, 예수 그리스도가 지나 레이크^{Gina Lake}라는 이 영매의 입을 빌려서 쓰고 말해왔던 것과는 다소 다른 맥락의 이야기라고 할 수 있습니다. 그러나 나는 당신이 인간으로서의 자기 삶을 더 큰 맥락 안에서 볼 수 있게 하는 것이 중요하다고 생각했습니다. 자신이 단순한 인간 이상의 존재라는 것은 이 책을 읽는 많은 이들이 적어도 머리로는 이미 알고 있을 겁니다. 당신은 영적 진화와 탐험을 위해 영혼의 영원성에 비하면 찰나에 불과한 시간을 인간으로 (그것도 여러 번의 환생을 거치며) 살고 있는 영적 존재입니다.

어쩌면 당신은 이런 이야기를 수도 없이 많이 들어왔을지도 모르겠습니다. 하지만 고도로 진화한 영적 수행자를 제외하면 사람들은 스스로가 정말로 인간으로만 보이기 때문에, 이는 아무리 많이 되풀이해 설명해도 과하지 않습니다. 여러분 중에는 자신이 인간을 능가하는 존재라는 것을 아주 잠깐이나마 경험해본 이들도 많이 있을 테지만 말입니다.

인간이란 당신의 우주에 존재하는 다양한 인간형 생명체의 한 종류일 뿐입니다. 우주란 끝이 없고, 이 안에는 인간과 유사한 다양한 지적 생명체가 존재합니다. 당신이 스스로를 작고 하찮게 여기길 바라는 마음에서 이런 이야기를 하는 것이 아닙니다. 오히려 그 반대입니다. 당신은 피조물인 '동시에' 잠시 인간의 형상으로 현현하고 있는 창조주이기도 합니다!

죽음 이후 인간의 형상에서 벗어나게 되면 당신은 자신이 전생의 그 인물을 훨씬 능가하는 존재라는 사실을 기억하고 경험하게 되며, 다른 인간으로도 숱한 삶을 살았다는 것을 기억하게 됩니다. 그리고 '이러한 삶들이 있기 전'의 나는 무엇이었는지를 점점 더 분명히 자각하게 됩니다. 그렇지만 윤회가 끝나기 전까지는 자신의 온전한 고귀함을, 자신과 창조주의 관계를 완전히 깨닫지 못할 것입니다.

인간으로 태어나기 전까지 당신은 에너지적 존재, 즉 순수한 사랑과 황홀한 있음(beingness)으로서 존재했습니다. 그러다가 당신은 인간으로 사는 경험을 선택했고, 그때부터 자신의 인간성을 형성하고 단련하기 위해 윤회하게 되었습니다. 이 주기를 졸업하면 사랑과 평화라는 자신의 원래 상태로 돌아가는데, 전보다 훨씬 더 많은 경험과 자비심, 지혜를 가지게 된다는 점이 이전과 다른 점입니다. 당신은 상상할 수 없을 정도의 시련과 성장, 불완전함을 위해 완전함을 떠나기로 선택한 것입니다. 이 얼마나 위대한 용기인가요! 이 얼마나 멋진 여행인가요!

인간으로 사는 경험을 통해 당신의 영혼은 상상도 못 할 엄청난 유익을 얻습니다. 그리고 이러한 유익은 당신의 영혼뿐 아니라 신까지도 풍요롭게 합니다. 모든 피조물은 진화하는데, 창조주 역시 이들을 통해 진화하면서 기뻐합니다! 이것이 세상에서 벌어지고 있는 일입니다. 이것이 제가 보여드릴 우주의 큰 그림이자 당신 모두가 참여하고 있는 웅대한 계획입니다. 그러니 당신이 인생을 더 기뻐하며 최대한 누릴 수 있도록 함께 이 웅대한 계획을 탐험해봅시다.

영혼

우선 나는 영혼의 의미를 정의하고자 합니다만 그에 앞서 언어가 불완전한 수단이라는 점을 고려해주면 좋겠습니다. 당신이 입고 있는 인간의 몸은 삶의 위대한 수수께끼를 이해하기에는 제약이 있기 때문입니다. 이는 원래 의도된 것으로, 이 제약은 인간으로서 겪는 시련의 일부인 동시에 인간으로 살아가는 경험 자체를 가능하게 하는 것이기도 합니다. 당신은 인간으로서의 삶을 더 온전하게 탐험하고자 의도적으로 자신의 진정한 본성, 신성한 본성으로부터 떨어져 나왔습니다.

인간으로 살아간다는 것은 당신의 신성한 본성에 한계를 부여합니다. 인간이 되겠다는 선택은 인간의 유한한 형상을 입고 태어나겠다는 선택입니다. 좁고 왜곡된 시야로 세상을 보고, 여기에서 비롯하는 고통을 느끼며 살아가겠다는 것입니다. 인간의 몸을 입은 영적 존재로서 당신이 마주할 시련 중

하나는, 이 왜곡된 인식을 넘어서서 인간이 얻을 수 있는 가장 참된 인식을 얻는 법을 배우는 것입니다. 하지만 이를 배운다고 해도 인간으로서의 윤회를 마치기 전까지는 이 삶을 인간으로 태어나기 전처럼 보거나 이해할 수 없을 것입니다. 영혼의 진화 과정 전체를 두고 본다면 상대적으로 짧은 기간이긴 하지만, 인간으로 살아가는 놀이를 즐기는 동안 당신은 자신이 기꺼이 떠나기로 택했던 천상의 존재 상태와 단절될 수밖에 없습니다.

당신은 어려움을 가져다주는 이 제한된 관점을 '위해' 인간이 되기로 선택했습니다. 이 제약이야말로 핵심입니다. 이는 설계상의 실수도, 당신의 잘못도, 당신에 대한 벌도 아닙니다. 이 사실을 아는 것이 중요합니다. 인간으로서의 허물, 결점, 제약은 원래 그렇게 설계되어 있던 것이며, 이는 당신이 — 그리고 모든 인간이 — 인간이 되기로 선택했을 때 받아들인 조건입니다. 이것은 당신 개인의 결함이 아니라, 당신의 영적 방앗간이 빻을 곡식입니다. 모든 인간은 본질적으로 같은 결함과 제약들을 짊어지고 살아갑니다. 하지만 그 무게는 당신이 더 많은 삶을 거쳐갈수록 줄어들 것입니다. 앞으로 살펴보겠지만 이것이 바로 당신이 거듭해서 삶을 살아가는 목적 중 하나입니다.

인간으로 태어나기 전에도, 인간의 몸을 벗어나서도 당신의 영혼은 영원토록 완벽하고 온전합니다. 지구를 비롯한 여러 세계를 여행하며 겪는 그 어떤 경험도 당신의 영혼에 상처를 입히거나 때를 묻힐 수 없습니다. 그리고 이 여행의 결실로 당신의 영혼은 '진화'하고 있습니다. 신과 마찬가지로 당신의 영혼은 완벽하며, 또 진화하고 있습니다. 당신이 겪는 경험 하나하나가 당신의 영혼 그리고 신을 더 풍요롭게 합니다.

영혼의 관점에서 본다면 지구 혹은 다른 어디서든 당신이 겪는 경험 중에 나쁜 경험, 잘못된 경험은 없습니다. 단지 자신과 타인에게 고통과 괴로움을 안기는 선택이 존재할 뿐입니다. 영혼은 경험을 통해 성장하므로 그 모든 경험을 수용하고, 또 감사하게 여깁니다. 당신의 영혼, 혹은 영혼의 진화를 안내하는 모든 존재는 그 어떤 단죄도 하지 않습니다. 또한 당신이 내린 선택에 대한 결과로 내려지는 벌 역시 존재하지 않습니다. 다만 자연적 인연과보因緣果報의 법칙만이 당신을 벌하기 위해서가 아니라 가르침을 주기 위해 존재할 뿐입니다.

카르마로 인해 어떤 시련을 겪게 되든, 그것은 당신의 영혼이 기꺼이 겪기로 동의한 시련이란 사실을 이해하는 게 정말로 중요합니다. 자신의 영혼이 선택하지 않은 삶의 상황이나 환경에 처하는 경우는 없습니다. 영혼이 원하지 않은, 그리고 영혼이 안내자와 함께 설계하지 않은 제약이나 시련은 그 누구에게도 주어지지 않습니다. 당신은 인간의 몸으로 내려오기 전, 영혼 상태에 있을 때 지구 차원에서만 경험할 수 있는 성장의 기회를 용감하게 받아들입니다.

또한 나는 지금 당신이 속해 있는 윤회체계와는 아주 다른 윤회체계들도 존재한다는 말을 덧붙이고 싶습니다. 이러한 다른 체계에서는 얻을 수 있는 경험도 아주 다릅니다.

지금 지구에 살아가고 있는 많은 존재들이 인간으로서의 윤회를 경험하는 동안 다른 삼차원계나 물질계에 이미 환생한 적이 있었거나 앞으로 환생할 것이라는 사실이 당신의 호기심을 자극할지도 모르겠습니다. 요컨대, 당신의 육체적인 환생이 지구에서만 이루어지는 것은 아니라는 말입니다.

그리고 당신의 영혼에게는 그 어떤 윤회체계에도 들어가지 않은 채 자유와 무한함을 누릴 선택권도 있습니다. 천사가 그 사례입니다. 그러나 거의 모든 존재가 어느 한 시점에는 제약과 시련을 경험하기로 선택합니다. 이런 경험이야말로 흥미롭고 자극적이기 때문입니다. 영원한 존재라면 이런 도전을 마다할 이유가 없지 않을까요?

그래서, 영혼이란 무엇일까요? 단순하게 정의하겠습니다. 영혼이란 신의 불꽃입니다. 이것이 적절한 비유가 될 수 있겠느냐고요? 불꽃은 자신을 낳은 불의 특성을 모두 가지고 있습니다. 불꽃은 불의 총체성(totality)을 가지고 있진 않지만, 자신을 넓혀나갈 수 있고 자기 나름의 생명을 지니고 있습니다. 그리고 무슨 일이 벌어지든, 불꽃은 여전히 불입니다. 그 모양이 바뀌거나 자신과 자신이 접촉한 대상을 변화시킬 수는 있겠지만 그 본질적인 특성은 절대로 변하지 않습니다.

불꽃과 마찬가지로 당신 영혼의 본질은 신의 본질과 다르지도, 덜하지도 않습니다. 단지 신의 총체성만 없을 뿐입니다. 이런 점에서, 제가 당신을 신이라고 부른다면 이는 당신과 다른 모든 영혼이 신의 본질, 즉 사랑을 공유하고 있음을 말하는 것입니다. 당신의 진정한 본성은 사랑입니다.

신, 다시 말해 근원(the Source)은 물질 세계와 비물질 세계를 창조함으로써, 그리고 그 안에서 살아감으로써 자신을 확장해나가기로 선택했습니다. 신은 자신의 불꽃(영혼)을 자신의 창조 세계에 보내 탐험하고, 놀이하고, 배우고, 사랑하고, 더 창조하게 함으로써 그 뜻을 이룹니다. 영혼들은 신과 하나된 채로 이 모든 경험을 함께 겪으면서 지식과 이해 그리고 더욱 큰 사랑을 축적하며 독립적인 실체로서 진화합니다.

영혼이란 너무나 장대하고 다차원적이라 한 번에 여러 삶을 살 수도 있습니다. 당신이 바로 이런 존재입니다. 당신은 오직 사랑과 여러 신성한 특성을 더 넓혀나가고자 잠시 가면을 쓰고 인간을 연기하고 있는, 장대하고 다차원적인 존재입니다.

사랑의 경험에는 끝이 없다는 사실을 알고 있나요? 사랑에는 여러 특성이 있으며, 이러한 특성들은 끝없이 확장될 수 있습니다. 사랑의 강도에도 끝이 없습니다. 인간으로서의 삶을 포함한 모든 경험을 통해 신이 얻는 것이 바로 이것입니다. 신은 점점 확장됩니다. 다시 말해, 당신의 영혼이 여러 모습으로

환생하며 자신을 확장하는 만큼 신의 사랑과 지식, 지혜도 확
장됩니다.

당신이 겪는 모든 경험은 단순한 기억이 아니라 지식과 지
혜의 형태로 당신의 영혼에 저장됩니다. 그리고 삶을 거듭할
수록 당신은 이렇게 축적된 지식과 지혜를 더 잘 활용할 수 있
습니다. 이 지혜는 당신을 안내하는 비물질적 존재들에 의해
필요할 때마다 직관의 형태로 주어집니다. 당신은 알아차리지
못할 수도 있지만, 영혼은 이런 방식으로 살아가는 내내 당신
을 안내합니다. 더 많은 삶을 산 영혼이 어린 영혼보다 더 지
혜롭고 더 나은 선택을 내리는 것도 이 때문입니다.

삶을 여러 차례 살아낸 결과, 당신 영혼의 이런 개별화된
측면은 지혜, 사랑과 더불어 인내심, 수용, 책임감, 신뢰, 분별
력, 인내, 용기, 굳건함, 겸손함, 공감, 자비심, 관대함, 친절함,
합리성, 공평무사함 등 당신이 흠모하는 모든 특성들을 발달
시킵니다. 당신이 윤회를 거치며 얻게 될 것들을 일일이 헤아
리는 것은 불가능합니다. 언어로는 이를 온전히 표현할 수 없
기 때문입니다. 개별화된 당신의 영혼 그리고 당신의 더 큰 영
혼은 상상할 수 없는 방법으로 성장합니다.

당신은 윤회에서 벗어난 뒤에야 자신이 무엇을 얻게 되었
는지 깨닫습니다. 육체를 가진 동안에는 당신 내면에서 벌어
지고 있는, 이 기적과도 같은 진화의 과정을 인식하기 어려울
것입니다. 지상계는 밀도가 너무 높아서 이 안에서는 삶의 목

적 그리고 삶의 작동방식이 얼마나 아름답고 완벽한지를 알아차리기가 어렵습니다.

당신이 열정과 열의를 가지고 기꺼이 살아내기로 한 이 삶에 감사함을 느끼기란 쉽지 않습니다! 대부분의 사람들은 자신의 영혼에 대해, 그리고 이 영혼이 자신의 삶에 어떻게 관여하고 있는지에 대해 잘 모릅니다. 만약 이에 대해 잘 알고 있었다면 인간은 삶이라는 선물을 더 기쁜 마음으로 받아들였을 겁니다. 이 책을 통해 나는 당신이 영혼이나 삶에 대한 영혼의 관여를 더 잘 알아차릴 수 있도록 돕고 싶습니다. 또, 처음부터 끝까지 당신과 함께하며 삶을 안내하는 비물질적 존재들, 즉 신의 종(servant)들을 당신이 더 잘 알아차릴 수 있도록 돕고 싶습니다.

안내자, 천사, 상승 마스터

지구나 다른 세계에서의 윤회로 진입하겠다는 한 영혼의 선택은 절대로 아무렇게나 내려지는 선택이 아닙니다. 이는 한 영혼에게 있어서 아주 중대한 선택이기 때문에 윤회로의 진입을 감독하는 매우 지혜로운 존재들의 많은 도움을 받은 후에야 마침내 이러한 일이 일어납니다. 어떤 존재들에겐 특화된 업무가 있어서 영혼이 매 삶을 시작하기 전에 어떤 삶의 목적을 가질지, 어떤 시련을 겪고 어떤 가르침을 배울지, 누구로 환생할지, 전반적으로 어떤 인생 계획이 좋을지 선택할 때

도움을 줍니다. 어떤 존재들은 개개인의 삶의 전개를 감독하고, 어떤 존재들은 인류 전체의 역사를 감독합니다. 이렇듯 많은 존재들이 인간 그리고 인류 전체의 진화에 관여하고 있으며 이들에게는 저마다 이름이 있습니다. 그중에서도 '안내자', '천사', 그리고 '상승 마스터'(Ascended Master)가 가장 잘 알려져 있는데, 명확한 정보 전달을 위해 각각을 짧게 정의해보도록 하겠습니다.

'안내자'란 한 윤회체계로부터 큰 지식과 앎을 얻어 그곳을 졸업한 후 주로 같은 윤회체계 내에서 환생을 거치고 있는 다른 영혼의 진화를 안내하는 존재입니다. 안내자로 활동한다는 것은 그 자체로 고도의 기예이며 단순히 물질계를 졸업하는 것, 즉 윤회를 끝내는 것 이상으로 수많은 경험들이 필요합니다. 안내자가 되려면 고등 안내자의 감독 아래에서 길고 엄격한 수련을 거쳐야 합니다. 다시 말해, 안내자들은 저마다 숙련도가 달라서 그중에는 다른 안내자를 훈련하는 마스터 안내자도 존재합니다.

모든 안내자의 능력이 동등하지는 않지만 그들 모두는 당신의 최고선을 목표로 하므로 신뢰할 만한 존재들입니다. 따라서 이들이 가끔 실수를 하더라도 안내자라는 특성 그리고 당신에게 봉사하고자 하는 이들의 헌신과 사랑은 변질되지 않으며 변질될 수도 없습니다. 이들이 당신에게 전해주는 안내 혹은 정보가 항상 옳지는 않을 수도 있지만 안내자들은 언제나 당신을 위해 힘쓰는, 믿음직한 존재들입니다.

내가 이 말을 하는 데는 이유가 있습니다. 많은 채널러와 영매들은 내담자의 질문에 답을 줄 때 자신의 안내자에게 의존하며, 이때 안내자가 제공하는 정보는 대체로 유익합니다. 그러나 안내자라고 모든 것을 알 수는 없으며 실수를 저지르지 않는 것도 아닙니다. 그러니 채널러나 영매와 상담을 할 때는 이 점을 염두에 두기 바랍니다. 덧붙이자면, 혼자 활동하는 안내자는 거의 없으며 정보를 수집할 때도 실수의 가능성을 낮추기 위해 다른 안내자의 도움을 받습니다.

대부분의 사람에게는 보통 셋에서 다섯 정도의 안내자가 따라붙습니다. 그중 하나는 살아가는 내내 당신과 함께하며 당신의 내밀한 부분까지도 완전히 알고 있는 안내자로, 다른 생애들에서 당신과 함께했을 가능성이 큽니다. 나머지 안내자들은 필요에 따라 곁을 오고 갑니다. 커다란 변화를 겪을 때 혹은 그저 나이가 들거나 새로운 배움의 과정에 들어갈 때, 직종을 바꿀 때는 이러한 안내자 중 일부가 바뀌기도 합니다.

당신의 직업, 재능, 그리고 삶의 목적에 도움을 주는 특화된 안내자는 필요에 따라 나타나며 필요가 없어지면 다시 떠납니다. 어떤 사람들은 생을 시작하기 전에 책을 쓰거나, 예술작품을 만들거나, 음악을 쓰거나, 무언가를 발명하거나, 에너지 작업을 비롯한 치유 작업 등의 어떤 임무를 수행하겠다는 계약을 특정 안내자나 존재들과 맺기도 합니다.

세상에 미치는 영향이 큰 사람일수록 그를 돕고 있는 안내자의 수도 일반 사람들보다 많습니다. 예컨대 대통령에게는 안내자가 많을 것입니다. 대통령이 내리는 선택은 많은 사람에게 영향을 주기 때문입니다. 하지만 안내자가 한 사람에게 미칠 수 있는 영향의 크기는 그 사람의 감응력에 따라 달라집니다. 안내자의 말에 귀 기울이지 않는 사람은 안내자가 한 명도 없는 것과 다름없습니다. 권력자의 위치에 선한 사람만을 선출하거나 임명하는 것이 특히 더 중요한 것이 이 때문입니다. 선한 사람은 안내자와 더 연결되어 있기 마련이지만 영혼의 안내자와 단절된 사람은 자신의 에고 외에는 기댈 수 있는 존재가 없습니다. 이런 사람이 권력자가 되면 위험한 상황이 벌어집니다.

안내자는 다양한 방식으로 당신을 안내하지만 주로 직관, 내적인 이끌림, 즐거움, "아하!" 하는 순간, 신나는 기분, "예스" 혹은 "노"라는 느낌을 통해, 그리고 다른 사람들을 통해 당신을 안내합니다. 너무 미묘한 방법들이라 정말로 효과가 있을까 의심스러울 수도 있겠지만, 상대적으로 진화가 덜 된 영혼들조차 자신도 모르게 이러한 신호에 반응하는 것을 알 수 있습니다. 모두가 부지불식간에 이런 신호를 따르고 있으며 이 신호를 더 잘 알아차릴수록 진화 속도도 빨라질 것입니다.

안내자들은 이런 신호를 통해 당신에게 끊임없이 말을 걸고 어떤 일을 제안하며, 어떤 방향으로 나아갈지, 어떤 사람과

정보에 주의를 기울일지 안내합니다. 당신은 절대 혼자가 아닙니다! 당신 곁에는 당신 영혼의 의도대로 더 배우고 성장하는 것을 유일한 목표로 잡고 당신을 돕고 있는 안내자 팀이 있으니까요. 이들은 365일 24시간 동안 당신과 함께 일하고 있습니다. 부디 이 사실을 알고 계시길 바랍니다. 그러면 이들의 존재를 더 잘 느낄 수 있을 것입니다.

천사는 이따금 인간사에 개입해 안내자, 치유자, 조력자, 메신저 역할을 수행하는 존재로, 한 번도 인간의 삶을 살아본 적이 없습니다. 또한 천사는 윤회를 해본 적이 없는 여러 존재 중 하나입니다.

천사는 안내자보다 더 자유로우며 역할도 덜 한정돼 있어서 필요에 따라 인간사에 개입하거나 개입하지 않기도 합니다. 천사는 특정 개인이나 집단에 배정되지 않고 자신을 필요로 하는 곳이라면 어디든 찾아갑니다. 천사는 인간을 향해 조건 없는 사랑을 베푸는 헌신적인 종으로, 상위 계층의 존재들, 즉 대천사라고 불리는 이들이 요청한 과업들을 수행하고 다닙니다.

천사의 주된 업무 중 하나는 죽음을 맞은 자들이 저승으로 떠나는 과정을 돕고 이들에게 위안과 사랑의 메시지를 전하는 것입니다. 또한 천사는 예정된 계획에서 벗어난 사고나 죽음을 방지하는 일에도 개입하는데, 이때 목숨을 건진 사람들이 종종 천사의 모습을 목격하거나 느끼기도 합니다. 드물게 벌어지는 이런 기적적인 사건은 임사체험이나 초자연적인 현상을 목격했을 때처럼 경험자의 삶을 깊은 차원에서부터 바꾸어 놓습니다.

천사를 볼 수 있는 사람에게 천사는 날개가 달린 모습으로 나타납니다. 이는 실제로 날개가 있어서가 아니라, 천상의 존재는 더 높은 차원에서 살기 때문에 날개가 있을 거라는 사람들의 상상력 때문입니다. 또한 날개는 이들의 빠르고 우아한 움직임 그리고 어디에든 느닷없이 나타날 수 있는 능력을 상징합니다. 천사는 빛으로만 이루어져 있으므로 특정한 형태를 띠지 않습니다. 단지 위안과 위로를 주기 위해 인간이 기대하는 모습과 방식으로 나타나는 것뿐입니다.

상승 마스터는 윤회를 초월했으며 그 어떤 안내자보다도 더 높은 진화의 경지에 올라 인류 전체의 스승이자 안내자가 된 존재입니다. 이들은 개인의 안내자가 아니기 때문에 보통의 안내자는 할 수 없는 방식, 하지 않는 방식으로 전 지구적인 일들을 이끕니다.

개인의 안내자는 자신이 담당하고 있는 개인이 삶의 목적을 이루고 가르침을 얻을 수 있도록 돕지만 상승 마스터는 인류 전체를 위한 더 큰 계획과 설계에 관여합니다. 상승 마스터들은 개별 인간이 아닌 인류 전체의 계획을 조직합니다. 개인의 영혼의 계획이 이러한 더 큰 계획에도 영향을 미치긴 하지만 말입니다. 한 영혼의 인생 목적이 인류 전체의 진화와 관련되어 있을 때는 상승 마스터가 개인의 영혼을 안내하는 일에 관여하기도 합니다. 예컨대 어떤 개인이나 그룹이 세계 평화를 이루고자 하거나 집단의 의식 수준을 높이려 할 때, 또는 영적 원칙을 가르치거나 기후 변화를 안정시키려 할 때는 나나 다른 상승 마스터들이 개입하기도 합니다.

그렇지만 나는 나를 부르는 모든 이의 곁에 내가 있으리라는 사실을 강조하고 싶습니다. 나를 비롯한 다른 상승 마스터들은 언제 어디서든 수많은 일을 눈 깜짝할 사이 한 번에 해결할 수 있기 때문입니다. 그러니 친애하는 이여, 도움이나 치유 혹은 의식의 고양이 필요하다면 언제든 나를 찾아주세요. 그러면 내가 온 힘을 다해 당신을 돕겠습니다. 안내자, 천사를 포함해 당신에게 봉사하는 다른 존재들도 마찬가지입니다.

그렇습니다. 우리는 당신에게 봉사하기 위해 존재합니다. 당신은 그만큼이나 중요합니다. 당신을 비롯한 모든 피조물에게 봉사하는 것이 우리의 가장 큰 기쁨입니다. 이렇게 더 높은 존재가 더 낮은 존재를 돕고 그들에게 봉사하면 더 큰 진화의 힘이 생겨 진화의 속도가 빨라집니다. 이는 우리보다 더 높은 존재들도 마찬가지입니다. 우리도 천상의 위계에서 가장 높은 존재가 아니기 때문입니다. 우리를 위해 봉사하는 존재들을 향한 깊은 감사를 담아, 우리도 기쁜 마음으로 당신에게 봉사합니다.

사전 생애계획

영혼에게는 한 번 한 번의 삶이 모두 중요하므로 영혼은 자신이 살아가게 될 환경을 사전 생애계획 세션 때 아주 신중하게 선택합니다. 이 세션에는 자신을 평생 안내해줄 개인적인 안내자를 포함하여 사전 생애계획을 세우는 일에 특화된 존재들, 그리고 앞으로 살아갈 삶에서 도움을 주기로 하거나 중요한 역할을 할 영혼들이 참여합니다. 영혼은 이 세션에서 태어날 위치, 성별, 가족, 전반적인 외모, 마주할 시련, 얻을 교훈, 삶의 목적, 특정한 사건이나 만남 등을 선택하는데, 여기서 가장 중요한 것이 태어날 시간입니다.

태어날 시간이 왜 중요할까요? 어느 한 시점에 태어나는 모든 존재에게는 그 순간의 고유한 에너지가 각인됩니다. 이것은 점성학의 기본 원리로, 점성학은 누군가의 성향이나 행동 방식을 이해하는 데 도움이 됩니다. 행성과 항성이 누군가가 특정한 방식으로 행동하게끔 만들지는 않습니다. 그러나 이것들은 태어난 순간에 개인에게 각인된 고유한 에너지를 반영합니다. 점성학이란 것은 이 고유한 에너지를 알 수 있는 방법입니다. 따라서 점성학 차트를 공부하면 그 사람의 성격, 심리적 문제, 카르마와 배워야 할 교훈, 재능, 시련, 삶의 목적 등을 엿볼 수 있습니다.

점성학 차트는 각인 혹은 프로그래밍에 관해 많은 정보를 제공합니다. 다시 말하자면, 태어나기 전에 영혼이 삶의 교훈과 목적을 이루기 위해 무엇을 선택했는지 알 수 있다는 말입니다. 그러나 점성학 차트는 개인이 이 프로그래밍을 어떻게 활용할 것인지를 규정하거나 설명하지는 않습니다. 자유의지란 실재하는 것입니다. 사람은 태어난 후로 이런저런 선택을 내리게 되는데, 대부분은 프로그램에 따라 선택을 내리긴 하지만 그렇지 않은 경우도 있습니다. 나아가, 한 프로그래밍 안에서 내릴 수 있는 선택들은 셀 수 없이 많습니다. 따라서 점성학 차트로 그 사람의 삶이 어떻게 펼쳐질지 결코 규정할 수는 없지만, 영혼이 그 특정 생애 속에서 가질 성격, 행동 경향, 욕망, 재능, 심리적 문제, 교훈, 카르마, 삶의 목적 등을 알 수는 있습니다.

영혼은 생을 시작하기 전에 교훈을 배우고, 시련을 극복하고, 특정한 방식으로 재능을 발전시키고, 결점 또는 카르마를 극복하고, 삶의 목적을 이루기 위한 준비를 합니다. 앞에 나열된 것들을 단순히 실천으로 옮기는 것이 삶의 목적이 될 수도 있습니다. 예컨대, 어떤 삶의 목적은 인내심 혹은 자비심을 더 기르거나, 카르마의 균형을 맞추거나, 특정 재능을 발전시키거나, 어떤 시련을 이겨내는 것이 될 수 있습니다. 이 세상에서 무언가를 이루는 것이 삶의 목적일 수도 있습니다. 예를 들어 그것은 어떤 대의를 위해 싸우는 일일 수도 있고 새로운 아이디어나 창조물을 만드는 일일 수도 있으며, 정부를 세우는 일이나 사람들의 행동 방식을 바꾸는 일, 사람들을 치유하는 일 등 여러 방식으로 봉사하는 일이 될 수도 있습니다. 사람들은 삶의 목적이 커리어나 세상을 바꾸는 무언가여야 한다고 생각하는 경향이 있습니다. 하지만 삶의 목적이란 대체로 개인적인 혹은 영적인 성장과 관련되어 있습니다.

보통 점성학 차트에서 확인할 수 있는 삶의 목적은 인간이 성숙함에 따라 점점 분명해집니다. 이는 인생을 살면서 여러 선택을 내리기 때문입니다. 사람들에게는 삶의 목적을 이루기 위한 자기만의 길을 찾아가려는 경향이 있는데, 거의 모든 사람이 이러한 경향에 따라 살아가고 있습니다! 점성학 차트에는 사람을 특정 방향으로 이끄는 내적 추진력이 드러나 있으며 거의 모든 사람이 그 방향을 따라 살아갑니다. 뭔가를 하고 싶다고 느끼고, 뭔가를 배우고 싶어지고, 누군가가 당신에게 흥미로운 기회를 제안하는 등의 이러한 모든 것들은 이번 생에 배우기로 했던 교훈을 배우고 목표를 성취할 수 있도록 영혼이 당신을 독려하는 방법입니다.

많은 영적인 가르침들이 사람들에게 기쁨을 따르고 자신이 사랑하는 일을 하라고 그토록 독려하는 것이 바로 이 때문입니다. 이렇게 함으로써 당신은 애초에 이 삶에서 하고자 했던 일을 하도록 인도됩니다. 사랑, 기쁨, 흥분, 기회, 그리고 다른 사람들의 도움으로 당신은 조금씩 밀고 당겨지며 옳은 방향으로 나아갑니다. 삶은 원래 어렵지 않습니다. 삶에는 물론 시련도 있지만, 은총도 많습니다. 내가 앞서 말했던 것이 바로 이러한 은총입니다. 은총은 당신이 사전 생애계획 세션 때 세운 목표들을 달성할 수 있도록 당신의 옆구리를 쿡 찌르고, 당신을 지원해주고 격려해주는 신의 손길 또는 영혼의 손길이라고 할 수 있습니다.

점성학 차트가 우리에게 알려주는 정보 중 가장 중요한 것은 바로 성격입니다. 성격은 차트상의 별자리들을 통해 형성됩니다. 한 사람의 점성학 차트 안에는 태양궁 외에도 여러 별자리가 있습니다. 그래서 모든 사람이 저마다 고유하고 복잡한 성격을 가지고 있는 것입니다. 성격이란 다양한 기질이 조합된 것입니다. 이런 기질 중에는 서로 반대되는 것도 있어서 해결되어야 할 내적 갈등을 일으키기도 합니다. 이러한 기질로는 고집스러움, 대담함, 친근함, 진지함, 수동성, 자신감, 장난스러움, 낙천성, 관습에 얽매이지 않음, 용감함, 충동성 등이 있습니다.

점성학 차트에 대한 이해는 자신의 성격과 영혼의 여정, 교훈, 목적을 이해하는 데 있어 너무나도 중요하기 때문에 책 뒷부분에 별자리별 요약을 부록으로 덧붙여 두었습니다. 이 부록은 나의 영매 지나가 몇 년 전에 편집해둔 것입니다.

점성학 차트란 이번 생애 동안 당신이 입을 의상 혹은 연기할 역할이며 다른 사람들에게 보일 모습입니다. 이 세상에서 활동하려면 당신은 특정한 의상, 즉 성격이 필요하며 이 성격은 다른 성격으로 바꿀 수 있는 것도, 영적 각성이나 깨달음

이후에 사라지는 것도 아니기에 자신에게 주어진 성격을 잘 가꿔야 합니다. 즉, 점성학 차트에 있는 별자리들의 긍정적인 면을 이끌어내는 법을 배워야 한다는 이야기입니다.

예컨대 게자리로 태어난 당신이 게자리의 예민함을 싫어한다고 해봅시다. 그렇다고 타고난 별자리를 덜 예민한 사자자리로 바꿀 순 없습니다. 하지만 당신은 이런 예민함을 잘 가꿔서 장점으로 승화시킬 수 있습니다. 의심의 여지 없이, 당신이 예민한 데에는 목적이 있습니다. 게자리라는 별자리에 관한 이해가 깊어지면 게자리의 예민함은 남을 돕는 데 필수적인 기질이자 재능이 됩니다. 타인을 향한 봉사, 특히 타인의 감정을 돌보는 봉사가 삶의 목적이라면 영혼들은 이를 위해 게자리로 태어나기도 합니다.

각 별자리에는 저마다 긍정적인 특성과 부정적인 특성이 있으며, 당신의 목표는 이 중 부정적인 특성이 아닌 긍정적인 특성을 최대한 살리는 것입니다. 예컨대 타인의 욕구를 예민하게 감지하는 게자리는 자신의 감정 혹은 타인의 감정에 압도되지 않는 법을 배울 필요가 있습니다. 그리고 자신의 욕구도 예민하게 감지하는 법을 배워 타인을 돕는 과정에서 자신을 버리는 일이 없도록 해야 합니다.

나이 든 영혼이거나 같은 별자리로 여러 삶을 살았기 때문에 어떤 별자리의 기질을 표출하는 데 통달한 영혼은 그 별자리의 긍정적인 기질을 쉽게 살려냅니다. 반면 어린 영혼이나 익숙하지 않은 별자리로 환생한 영혼은 자기 별자리의 긍정적인 기질을 살리는 데 다소 어려움을 겪습니다.

거의 똑같은 점성학 차트를 타고났지만 무척 다른 삶을 사는 쌍둥이에게서 이런 경우를 종종 볼 수 있습니다. 자기 별자리*의 긍정적인 기질을 더 쉽게 살려내는 쪽은 더 나이 든 영혼이 환생한 쪽일 것이고, 다른 한쪽은 자기 별자리의 기질을 표현하는 데 미숙한 어린 영혼 혹은 특정 별자리에 아직 익숙하지 않은 영혼이 환생한 쪽일 것입니다. 영혼의 나이는 별자리 기질이 어떻게 발현될지, 점성학 차트가 삶에 어떻게 작용할지를 결정하는 중요 요인입니다. 영혼 간의 나이 차이는 점성학 차트가 비슷한 두 사람에게서 별자리 기질이 매우 다르게 발현되는 현상을 설명해줍니다.

이 책의 부록은 단순한 별자리별 성격에 관한 정보 이상으로 눈여겨볼 가치가 있습니다. 점성학에서 별자리는 영혼이 교훈을 얻는 수단이자 교과 과정입니다. 예를 들어 양자리는 인내심과 협동심을 배워야 하는데, 이런 특성은 '모든' 인간이 배워야 하는, 그리고 환생을 거듭하면서 결국에는 배우게 되는 특성입니다. 각 별자리로 태어나 배워야 하는 것들은 모든 인간이 언젠가는 배워야 할 것들입니다. 그리고 대부분의 영혼이 열두 별자리가 저마다 제공하는 교훈을 배우기 위해 숱

---

* signs, 여기서 말하는 별자리는 흔히 자신의 별자리라고 말하는 태양궁 하나만 일컫는 것이 아니라 태음궁, 상승궁 등 다양한 별자리들을 총칭한다. 역주.

한 환생을 거칩니다.

모든 영혼은 각 별자리의 교훈을 통달할 때까지 그 별자리로 수없이 다시 태어납니다. 그러나 대부분의 영혼은 저마다 선호하는 별자리가 있어서, 그 별자리가 제공하는 교훈을 다 얻은 후에도 즐거움과 공명을 만끽하기 위해 그 별자리를 연거푸 선택하기도 합니다. 여러 별자리를 여행하는 영혼의 모험은 무척이나 진귀합니다!

태어날 장소 역시 대부분의 영혼에게 매우 중요한 선택지이며 여기에서 삶의 목적과 영혼이 얻게 될 교훈이 드러나기도 합니다. 태어날 장소는 그 사람이 겪게 될 경험, 얻게 될 기회는 물론 문화적, 종교적인 신념 등 여러 신념을 형성하는 데 큰 역할을 합니다.

예컨대 전쟁으로 피폐해진 나라에서 태어난 사람은 어떤 이유에서든 그 경험이 그의 영혼에게 필요하기 때문에 그곳에서 태어난 것입니다. 전생에서는 호전적이었던 영혼이 전쟁의 참혹함을 깨닫기 위해 그곳에서 태어난 것일 수도 있습니다. 어쩌면 반대로, 전생에서 전쟁의 참혹함을 겪은 영혼이 비슷한 경험을 겪고 있는 사람들에게 도움을 주거나 평화를 확립하고 촉진하고자 그곳에 오기를 택한 것일 수도 있습니다.

정신적 혹은 신체적 장애, 학대 혹은 방치, 극심한 가난 등 당신이 어떤 조건이나 환경에서 태어났든 그것은 당신 영혼이 여러 이유로 인해 의도적으로 선택한 것입니다. 당신으로서는 그 이유를 알 수 없을지도 모르지만 말입니다.

당신이 태어난 가정도 마찬가지입니다. 모든 영혼은 자신이 어느 가정에서 태어날지 매우 신중하게 선택합니다. 그렇지만 영혼들도 가끔 마음을 바꿀 때가 있으며 그 결과 유산이 발생하곤 합니다. 종종 있는 일입니다. 물론 모든 유산이 이런 이유로 발생하는 것은 아니지만 말입니다.

영혼에게 태어남의 과정은 매우 강렬한 경험입니다. 그래서 어떤 영혼들은 이 세상의 높은 밀도가 느껴지자마자 태어나겠다는 결정을 뒤집기도 합니다. 상위 차원에서 그 어떤 구속도 없이 지복과 자유를 누리던 영혼에게 이 세계는 너무나도 좁고 어둡게 느껴집니다.

한 영혼이 선택한 가족은 전생에서도 그 영혼과 인연이 있었던 가족인 경우가 대부분입니다. 그렇지 않은 경우, 태어난 아이는 자신이 이 가족에 속하지 않는 것 같다는 막연한 느낌, 단절감이나 거리감, 그리고 자신이 남겨두고 떠난 완벽했던 고향을 향한 그리움을 느낄 수 있습니다. 한 명 또는 그 이상의 가족 구성원과 깊은 인연이 있는 영혼은 가족과의 재결합을 굉장히 기뻐하기도 합니다. 반면, 전생과 비슷한 문제 또는 시련을 다시 겪을까 봐 두려워하기도 하지요.

가족 구성원들은 역할만 달리해서 같은 가족으로 거듭 태어나는 경향이 있기 때문에 서로에게 강한 연결감을 느낍니다. 또, 함께 해결해야 할 카르마로 얽혀 있을 때도 많습니다.

카르마로 얽혀 있는 영혼들은 서로 강하게 이끌리는데, 이는 전생에서 배우지 못했던 교훈을 꼭 배워야겠다는 소망을 영혼들이 품고 있기 때문입니다.

카르마는 몹시 어려운 상황에서도 이 카르마가 해결될 때까지 사람들을 끌어와 한데 모여 있게 하는 자석 같은 힘이자 우주적인 접착제와 같습니다. 카르마로 얽혀 있는 관계의 경우, 두 사람이 왜 아직도 함께하고 있는지는 그 두 사람에게도, 주변 사람들에게도 수수께끼일 때가 많습니다. 당사자들도 이런 관계의 더 깊은 목적을 제대로 이해하는 일은 드물기 때문입니다. 연인 간의 이끌림에도 대체로 카르마의 힘이 작용합니다. 하지만 사람들이 서로 사랑에 빠지는 데에는 다른 이유와 목적도 있습니다.

과거 생의 관계가 제아무리 힘겹고 어려웠더라도 영혼은 그 관계를 문제 해결과 성장의 계기로 생각합니다. 환생하기 전, 영혼은 지구에서의 삶을 소중한 기회로 여기며 앞으로 마주할 시련을 기쁘게 기다립니다. 그리고 육신에 깃든 후에야 두려움과 욕망을 비롯한 다양한 감정을 가진 인간으로 산다는 것이 얼마나 어려운지를 깨닫거나 기억해냅니다.

에고와 감정을 가진 인간으로 지구에서 살아간다는 것은 대단히 어려운 일입니다. 하지만 이것이야말로 영혼이 그토록 간절히 지구에 오고 싶어하는 이유입니다. 그러나 영혼들이 항상 지구에서 자신의 목적을 이루는 것은 아닙니다. 영혼이 태어나기로 선택할 수 있는 세계 중 가장 밀도가 높고 까다로운 세계가 지구이기 때문입니다. 지구에서는 카르마가 소멸하기는커녕 오히려 더 쌓일 수도 있습니다.

그러나 지구 바깥에 있는 동안에는 어려운 삶마저도 가치 있게 보입니다. 영혼에게는 지구에서의 삶이 한순간에 지나지 않기 때문입니다. 영혼의 관점에서 보면 한 번의 삶은 찰나와 같습니다. 삶에서 겪는 고통도 그저 지나가는 것일 뿐입니다. 지구 바깥에서는 모든 것이 지구에서와는 너무나도 다르게 보이고 느껴지며, 지구에서 겪은 경험은 그 무엇보다도 값지게 느껴집니다. 삶은 몸을 입고 있는 동안에나 지난하고 견딜 수 없을 정도로 어렵게 느껴지는 것입니다. 나아가, 자신이 그 어떤 경험에도 다치기는커녕 점점 확장되어가는, 위대하고 영원한 존재라는 것을 스스로 알고 있다면 이런 시련을 마다할 이유가 어디에 있겠습니까? 영혼이 기꺼이 환생을 거듭하고자 하는 이유가 바로 이것입니다.

당신은 당신이 처한 상황과 지구에서 겪는 경험의 피해자가 아닌, 자발적인 창조자이며 탐험가입니다. 이 사실은 아무리 강조해도 지나치지 않습니다. 물론 자신이 피해자처럼 '느껴질' 때도 있을 것입니다. 그게 에고가 당신에게 들려주는 이야기니까요. 그러나 에고의 이야기는 결코 사실이 아닙니다. 당신이 겪고 있는 경험은 당신의 영혼이 성장과 진화를 위해 선택했거나 허용한 경험입니다. 당신 영혼이 그러하듯 당신도 자신에게 주어지는 모든 경험을 환영할 수 있게 된다면, 이는 당신이 매우 높은 수준으로 진화했다는 것을 의미합니다. 이런 수용과 이해는 윤회의 막바지에 이르러서야 발달하게 되는 것으로, 이때부터 당신은 자신의 진정한 정체성을 깨닫기 시작합니다. 적어도 인간으로서 깨달을 수 있는 한계까지 말입니다.

또한, 사전 생애계획 세션에서 당신은 삶의 목적을 이루는 데 도움을 줄 사람들 혹은 그저 당신을 사랑하는 사람들과 이 세상에 오기로 선택합니다. 모든 중요한 관계가 카르마로 얽혀 있는 것은 아닙니다. 모든 사람이 사랑과 우정, 도움과 지원을 줄 많은 이들과 태어나기도 전에 계약을 맺고 함께 살아가고 있습니다. 당신의 가장 친하고 오래된 친구들의 영혼 중에도 당신과 이런 계약을 맺고 여러 삶에 걸쳐 당신과 함께하는 영혼이 많습니다. 가족 구성원도 이런 역할을 종종 합니다.

살면서 당신에게 주어지는 대부분의 중요한 기회나 재능은 태어나기 전부터 이미 정해져 있던 것입니다. 작은 기회나 재능도 많은 경우 그렇습니다. 누군가를 돕고자 하는 마음이 일어난다면, 그리고 실제로 남을 돕는 것이 당신을 고양시키고 당신에게 기쁨을 준다면 그것 역시 태어나기 전에 이미 그런 계약을 맺었기 때문일 것입니다. 두 사람 간의 사전 생애계약이 성사되면 그 둘은 황홀한 기분을 느끼게 됩니다. 이것은 모두의 삶에 주어지는 '은총'의 또 다른 형태입니다. 이런 일들이 벌어질 때 이를 의식하고 알아차리는 것이 좋습니다. 당신은 생각보다 많은 영혼과 영적으로 연결되어 있습니다.

성별 역시 영혼이 신중하게 고려하는 선택지입니다. 과거에 비해 성역할에 대한 고정관념이 덜한 오늘날에는 일부 다른 선택지만큼 중요하게 여겨지지는 않지만 말입니다. 영혼은 특정 성별로 살 때 뒤따르는 시련과 축복을 고려하며, 이것이 삶의 목적을 이루는 데 도움이 될지 아닐지를 따져 성별을 택합니다. 당신의 세상에서는 어떤 성별을 택하든 많은 시련이 뒤따릅니다!

영혼은 저마다 특정 성별로 태어나길 선호하는 경향이 있습니다. 다른 성별로 살아가야 하는 생의 횟수를 채운다면 영혼이 원하는 성별로 태어나는 것도 허용됩니다. 한 성별로 여러 번, 특히 연속으로 환생한 영혼은 다음 생에서 다른 성별로 환생할 때 큰 시련을 겪을 수 있습니다.

이런 사례로는, 자신이 지금과는 다른 성으로 태어났어야 한다고 생각하는 사람들을 생각해볼 수 있습니다. 성 정체성에 관한 혼란과 동성애는 그 영혼이 지난 여러 생을 같은 성으로 살았거나 다른 성으로 살아본 적이 거의 없어서 생기는 일일 수 있습니다. 성 정체성 문제에는 여러 다른 이유가 엮여 있지만 이는 굉장히 복잡한 주제이므로 여기에서는 더 깊이 다루지 않겠습니다.

동성애 자체에는 아무런 문제도 없습니다. 그러나 이것이

용납되지 않는 문화에서 동성에게 이끌리는 것은 한 영혼에게 매우 큰 시련을 안겨줄 수 있습니다. 문화적 규범에서 벗어난 성 정체성을 가진 사람들은 다양한 이유에서 이를 자신의 시련으로 받아들인 것이며, 그들 대부분에게는 이 문제가 삶의 중심 목적이 됩니다.

성 정체성이 다르다는 이유로 탄압을 당하는 사람들은 소속 집단이 이 문제에 대해 교훈을 얻을 기회를 줍니다. 이는 몇몇 영혼이 동성애를 선택하는 이유 중 하나입니다. 여러 영혼이 이와 같은 목적으로 세상에 나온다면 이들이 속한 문화는 지금까지 고수하고 있던 신념과 가치 체계를 다시 검토할 수밖에 없습니다. 오늘날 벌어지고 있는 일들이 바로 그 사례입니다.

사전 생애계획에 관해 이야기하면서 죽음, 중대한 사건, 삶을 바꿔 놓는 계기를 선택하는 일을 언급하지 않을 수 없습니다. 사람이 죽는 시점은 태어나기 전에 가변적인 확률의 형태로 정해집니다. 대부분의 영혼은 정확히 하나의 날짜를 죽는 날짜로 정하기보다는 여러 선택지를 두고 그중 하나를 골라 세상을 떠납니다. 삶의 여러 다른 부분과 마찬가지로 영혼은 그때그때 상황을 보면서 이를 결정하는데, 이때 영혼은 어떤 선택이 자기 삶의 목적을 이루고 교훈을 얻기에 좋을지, 더러는 어떤 선택이 자신이 속한 집단에 더 도움이 될지를 고려합니다.

당신의 삶에서 미리 정해져 있는 일은 거의 없습니다. 하지만 삶을 뒤흔드는 특정 사건들, 특히 그중에서도 시련을 주는 사건들은 미리 정해집니다. 임사체험, 치명적인 부상이나 질병, 자녀나 배우자 등 주변 가까운 사람의 예상치 못한 죽음 등이 이렇게 미리 정해지는 사건에 속합니다. 갑자기 큰 명성을 얻게 되는 사건처럼 덜 힘든 사건도 미리 정해질 수 있습니다. 이런 일에도 물론 나름의 어려움은 있지만 말입니다. 살면서 겪게 되는 가장 극적인 사건들은 대체로 당신이 태어나기 전에 영혼이 직접 선택한 것입니다. 이런 사건들은 날짜가 따로 정해져 있을 수도 있고, 영혼이 그때그때 봐가면서 삶의 목적을 이루는 데 가장 도움이 되는 방향으로 발생 시점을 정할 수도 있습니다.

삶의 시작

삶은 언제 시작될까요? 영혼이 육신에 깃들 때일까요, 처음으로 심장이 뛸 때일까요? 아니면 임신하는 순간일까요? 당신의 세상은 이 질문에 답하기 위해 씨름하고 있습니다. 하지만 여기에 대한 답은 인간의 관점에서나 중요한 것이지 영혼의 관점에서는 큰 의미가 없는 것일지도 모릅니다. 이 말이 냉정하게 들리지 않았으면 좋겠습니다. 삶은 대단히 값진 것이고 많은 영혼이 목이 빠지도록 환생을 기다리고 있으니까요. 그러나 모든 영혼에게는 수많은 선택권이 있어서, 언제 어디에서 태어날 것인가에 꽤 융통성을 발휘할 줄 압니다. 게다가 영혼은 적당한 기회와 상황이 나타날 때까지 환생을 기다릴 줄 아는 인내심을 지녔습니다. 지구가 아닌 다른 차원에서 시간은 그리 중요한 고려 사항이 아닙니다. 시간이란 애초에 존재하지 않기 때문입니다!

예컨대, 한 엄마가 아이를 낳지 않기로 선택하면서 영혼이 이 세상에 나올 기회를 놓쳤다면, 엄마의 선택은 자유의지에 따른 선택임이 인정되며 영혼은 원래 계획을 수정해 다른 선택을 내리게 됩니다. 아기를 낳지 않겠다는 엄마의 선택이 엄마의 영혼에 '옳은' 선택이었는지 아니었는지는 별개의 문제입니다.

어떤 경우에서든 엄마의 영혼과 태어날 영혼의 자유의지는 그 어떠한 판단이나 벌 없이 존중됩니다. 앞에서 말했다시피 영혼에게는 융통성이 있습니다. 영혼의 계획과 관련된 어떤 측면이든, 개인이 그 영혼의 계획을 거스르는 선택을 하더라도 그 선택은 존중됩니다. 그러면 영혼은 거기에 맞춰 계획을 수정하거나 그를 설득해 다시 한번 자신이 원하는 선택을 내리도록 만듭니다.

계획을 성취하는 데 특별히 더 중요한 선택에 대해서라면 영혼은 다양한 방법으로 당신을 설득할 것입니다. 특히 계획의 성사에 결정적인 선택을 내릴 때 영혼은 당신의 거절을 받아들이지 않습니다. 필요하다면 당신을 설득할 다른 수단과 방법을 찾아낼 것입니다. 때때로 영혼은 당신이 스스로 선택한 방향으로 나아가는 걸 막을 수도 있으며, 영혼이 원하는 선택을 거부할 수 없도록 만들 수도 있습니다. 하지만 당신이 내리는 대부분의 선택에 영혼은 크게 개의치 않습니다. 이는 당신이 무엇을 창조할지 선택하는 데서도 마찬가지입니다. 영혼은 다양한 상황을 자신의 성장을 위해 활용할 수 있기 때문입니다.

아이가 엄마의 자궁 밖으로 나오고 나서야 영혼은 아이의 몸에 완전히 그리고 영구적으로 깃듭니다. 이 시점부터 비로소 한 영혼이 태어나 삶을 시작했다고 말할 수 있습니다. 태어난 몸에 숨을 불어넣는 것은 영혼입니다. 영혼 없이 생명은 시작될 수도, 숨을 쉴 수도 없습니다.

곧 태어날 아이의 영혼은 임신 기간의 어느 한 시점에 엄마를 비롯한 가족 구성원의 영혼들과 서로 함께하기로 계약을 맺고 그 계약을 지키기로 합니다. 여러 전생에 걸친 인연이 있다면, 그리고 영혼이 이 가족에서 태어나야 할 강력한 필요가 있다면 이 계약은 임신 전에도 맺어질 수 있습니다. 계약이 맺어진 후부터 영혼은 엄마와 엄마 뱃속의 태아 곁에 꼭 붙어 있습니다. 완전하거나 영구적으로는 아니지만 태어나기 전에 태아와 결합할 때도 있습니다.

출산 직전 한 아이에 배정됐던 영혼이 갑자기 마음을 바꾸고 결정을 번복한다면, 다른 영혼이 그 아이에게 깃들기도 합니다. 환생을 기다리는 영혼은 얼마든지 있으며, 대부분의 영혼은 어떤 조건, 어떤 부모 아래에서 태어나는지와 상관없이 인간으로서의 삶 속에서 유익을 얻을 수 있습니다.

2장 ― 자유의지, 카르마 그리고 시련

에고와 당신

몸을 입고 태어나 첫 숨을 들이쉬는 순간 당신의 삶은 시작됩니다. 인간이 된 것입니다! 이런 모험이 또 어디 있을까요! 물론 처음부터 이런 느낌이 들진 않을지도 모릅니다. 태어난다는 것은 거의 모든 영혼에게 트라우마를 안기는 사건이기 때문입니다. 당신은 자궁 안의 편안함에서 벗어나 밝은 빛, 시끄러운 소음, 바쁘게 오가는 사람들과 마주하며 이 모든 것을 낯설게 느낍니다. 산도를 통과하는 과정이 힘들수록 아기도 큰 영향을 받습니다. 하지만 모든 영혼에게 태어남이란 힘든 과정입니다. 빛과 사랑의 세계를 떠나 밀도 높은 이 세상으로 나오는 것은 그 자체로 엄청난 충격이기 때문입니다.

이 세상의 밀도가 높다는 것은 지상 세계가 비물질적 차원에서보다 훨씬 낮은 주파수로 진동하고 있다는 뜻입니다. 근원으로부터 분리된 느낌이 더 크다는 것입니다. 당신은 더 높은 차원에서는 느끼지 못했던 분리감, 고독, 단절감을 느낍니다. 이 세상으로 나오면서 아무리 많은 사랑을 받았더라도 그 사랑은 당신이 온 곳에서 느꼈던 사랑의 크기에는 비할 바가 못 됩니다.

몸을 입는 순간 모든 것은 다르게 느껴집니다. 실제로 '모든 것'이 다릅니다. 그럼에도 당신은 근원을 여전히 기억할 수 있습니다. 당신은 이 기억을 아기 시절을 지나 어린이가 되고도 어느 정도까지 기억하지만, 이는 점점 흐려지다가 결국 세상에 대한 에고의 인식만이 주로 남게 됩니다.

자랄수록 분리감이 점점 커지는 것은 몸을 입고 살아가는 과정에서 자연스러운 일입니다. 이러한 고향으로부터의 단절감을 몹시 괴롭게 받아들이는 영혼도 있는가 하면 이 세상으로 다시 온 것을 크게 기뻐하는 영혼도 있습니다. 이는 대체로 당신이 지구에서 얼마나 많은 삶을 겪었는지에 달려 있습니다. 지구에서 겪어낸 삶이 많을수록 당신은 지구의 조건을 더 쉽게 받아들이고 이에 적응할 수 있습니다.

당연합니다. 낯선 세계를 탐험하는 탐험가에게도 첫 여행은 긴장되고 어려울 수밖에 없으니 말입니다. 하지만 일단 한 번 익숙해지면 탐험가는 그 세계를 마치 고향처럼 느끼기 시작합니다. 영혼도 마찬가지입니다. 오래된 영혼들은 지구를 사랑하는 법을 배우고, 심지어 그럴 필요가 없는데도 봉사를 위해 기꺼이 지구로 돌아옵니다. 당신이 익히 알고 있는 예수로서의 내 삶 역시 이러한 봉사를 위한 것이었습니다.

당신은 자라면서 자신이 엄마, 다른 가족 구성원, 주변 환경으로부터 독립된 존재라는 자아의식을 갖게 됩니다. 에고가 발달하는 것입니다. 이는 성장 초기에 일어나는 필수적인 발달 과정입니다. 이 세상에서 살아가기 위해서는 에고가 필요합니다. 즉, '나'라는 감각이 필요한 것입니다. 하지만 '나'라는 감각을 부여하는 에고의 프로그래밍은 두려움과 동시에 자신이 충분치 못하다는, 혹은 가진 게 없다는 결핍감을 부여하며 더 많은 것, 더 나은 것에 대한 끝없는 욕망을 심어주기도 합니다. 에고가 규정하는 것이 바로 그것이기 때문입니다.

에고의 프로그래밍은 매우 제한적이며 부정적입니다. 지구에서의 삶이 이토록 어렵게 느껴지는 것도 이런 이유에서입니다. 당신이 느끼는 대부분의 고통은 이 '에고의 프로그램' 때문이지, 실제 당신에게 일어난 일 때문이 아닙니다. 당신에게는 에고, 즉 당신과 세상에 관한 무섭고 거짓된 이야기를 들려주는 머릿속 목소리가 프로그래밍되어 있습니다. 따라서 당신은 자신이 실제보다 더 한정된 존재라고, 지금 당장 어떤 위험에 직면해 있다고 믿도록 프로그래밍 되었습니다. 주변 사람들도 저마다의 에고 때문에 어느 정도 불가피하게 당신에게 이런 메시지를 전하고는 하는데, 이럴 때마다 당신은 더욱 위축되고 더 큰 두려움과 결핍을 느낍니다. 그리고 이런 느낌을 자주 받는 사람일수록 더 가혹하게 타인을 대하기 마련입니다. 바로 이런 방식으로 지구에서의 삶은 에고의 믿음대로 흘러가며, 이렇게 고통은 끊임없이 반복됩니다. 이것이 인간으로 살아가는 조건입니다.

지상 세계가 이렇게 높은 밀도를 가지는 것도 에고 때문입니다. 에고는 고난을 주도록 설계되었습니다. 이 세계는 여러 세계 가운데서도 더 힘든 세계인데, 어쩌다 우연히 이렇게 된 것은 아닙니다. 인간과 유사한 존재가 사는 다른 삼차원 행성들 중에는 에고의 프로그래밍이 지구에서만큼 제한적이거나 부정적이지 않은 곳도 존재합니다. 에고란 프로그래밍이며, 이 프로그래밍의 성격은 에고가 존재하는 곳마다 다릅니다. 창조주는 각기 다른 여러 세계를 만들어 이를 경험하는 것을 좋아하기 때문입니다.

당신이 두려움, 증오, 화, 억울함, 질투, 수치, 시기, 자기연민, 슬픔과 같은 부정적 감정을 느끼는 것도 에고의 프로그래밍 때문입니다. 당신의 감정적 기질 역시 다른 세계에는 없는, 지구 고유의 것입니다. 이곳에 오는 모두가 이런 형태의 에고에 관해, 그리고 이 에고가 만들어내는 감정에 관해 배우며, 저마다의 에고 프로그래밍이 만들어내는 제약과 부정적 감정을 극복하는 법을 배웁니다.

어려서부터 에고를 발달시켜온 당신은 어른이 되어가면서 에고와 에고의 부정성을 통제하는 법을 배우며, 이후 영적 진화의 과정에서는 에고를 초월하는 법을 배웁니다. 내 가르침의 목적이 바로 이것입니다. 당신에게 삶의 진실을 가르쳐서 당신이 부정적인 에고의 프로그래밍으로부터 자신을 해방하고, 나아가 구원하도록 돕는 것입니다. 이것 말고는 내가 당신을 구원할 방법이 달리 없습니다. 당신을 구원할 수 있는 것은 당신 자신뿐이며, 이는 당신이 진실을 발견함으로써만 가능합니다.

에고의 프로그래밍이 해롭다는 사실을 깨닫기 전까지 당신은 '에고가 규정하는 나'로서 살아가며, 이 프로그래밍이 반영된 머릿속 목소리가 사실이라고 믿습니다. 그렇습니다. 거의 모든 사람이 이 목소리를 자기 생각이나 신념, 즉 자신만의 '진실'이라고 믿지만, 사실 이는 에고의 목소리거나 부모를 포함한 다른 이들로부터 주입받은 목소리입니다. 말하자면 '그들의 에고'가 내는 목소리인 것이죠. 이런 길들임의 목소리가 전부 해로운 것은 아니지만, 이 중 대부분이 이로운 척 시늉만 할 뿐입니다. 나는 당신이 이를 깨닫고 이 프로그래밍으로부터 자신을 해방하는 것을 돕기 위해 여기 있습니다.

진실은, 당신이 당신 머릿속 목소리가 아니라, 그 목소리를 '알아차리는' 존재라는 것입니다. 지금 제가 이 말을 해서든 아니면 과거에 이런 가르침을 받은 적이 있어서든 이제 당신은 머릿속 목소리가 단지 프로그래밍일 뿐이며 당신의 진정한 목소리도, 진정한 당신 자신도 아니라는 사실을 알아차릴 수 있습니다. 이런 이야기를 처음 듣는다면 조금 충격적일지도 모르겠습니다. 하지만 이 사실을 깨닫는 것이야말로 당신을 한계 짓는 거짓된 프로그래밍에서 벗어나 자유로 향하는 문을 여는 첫걸음입니다.

자유를 필요로 하는 이는 누구이며, 자유로워지는 이는 누구인가요? 이것은 거대한 수수께끼입니다. 실로 그렇지 않습니까? 당신은 진정 누구입니까? 당신은 당신의 삶을 의식하고 자각하는 바로 그것입니다. 처음 이 세상으로 나와 첫 숨을 들이쉼과 함께 당신의 의식은 깨어났습니다. 이때 이 의식하는 당신이 바로 진정한 당신입니다. 당신은 자신의 생각이 규정하는, 혹은 타인이 생각하거나 말하는 그런 사람이 아닙니다. 그것은 거짓 자아로, 당신은 그것을 믿도록 프로그래밍되어 있을 뿐입니다. 진정한 자아는 의식하고 깨어 있는 바로 그것입니다. 육신을 입고 태어난 바로 그것입니다. 이 진정한 자아는 지혜와 사랑을 키우기 위해 지구의 제약과 고난을 기꺼이 겪어내기로 선택한, 더 큰 당신 영혼의 불꽃입니다.

자신이 진정 누구인지 깨달을 때까지, 에고는 머릿속 목소리를 통해 당신의 삶을 조종할 것입니다. 당신은 거의 모든 전생에서 이런 상황을 경험했으며, 이 사실에는 의심의 여지가 없습니다. 당신이 이를 깨달은 지금처럼 영혼의 진화가 어느 정도 이루어지기 전까지 당신은 자신이 진정 누구인지 몰랐습니다.

당신이 자신을 자신이 아닌 다른 무엇이라고 믿는 것이 에고의 프로그래밍 때문이란 사실을 알아차리기까지는 수백, 수천 번의 환생이 필요합니다. 그러니 이러한 사실을 깨달은 이 삶은 얼마나 중대한 삶일까요! 마침내 당신은 에고의 의지에 이리저리 휘둘리지 않고 더 높은 의지를 따라 자유로운 결정을 내릴 수 있습니다. 그러면 당신 영혼의 의지가, 달리 말하면 신의 의지(Thy will)가 당신을 통해 더 자연스럽게 펼쳐지기 시작하며, 비로소 당신은 카르마를 쌓는 자가 아니라 은총의 도구로서 거듭나게 됩니다.

자신의 참된 본성을 깨닫는 순간부터 삶은 훨씬 더 쉬워지고 더 좋게 느껴집니다. 부정적인 감정에 휘둘려 형편없는 결정을 내리는 일도 더는 없을 것입니다. 어쩌면 당신은 큰 용기와 봉사의 뜻에서 엄청난 고난을 겪어내기를 선택할 수도 있을 것입니다. 그러나 이런 때에도 당신은 자신의 영혼과 연결되어 있기 때문에 이러한 고난을 극복해낼 힘이 충분히 있으며, 더 지혜롭고 더 강하고 더 큰 자비심을 가진 존재로 거듭날 것입니다.

자유의지는 존재하는가?

태어나기 전에 내리는 선택들과 삶을 살면서 내리는 선택들은 영혼에게 있어 매우 중요합니다. 각 삶에서 어떤 경험을 할 것인지를 결정하고, 영혼의 진화를 이끌고 형성해나가는 것이 바로 이러한 선택들입니다. 배움과 경험을 가장 중요하게 여기는 영혼은 자유의지를 허용함으로써 온갖 진귀하고 교훈적이며 흥미로운 경험을 얻습니다. 모든 것이 이미 전부 정해져 있는 삶이라면 거기에 도대체 무슨 의미가 있을까요?

삶을 사는 재미는 미지의 영역을 탐험하는 데 있습니다. 자유의지 덕에 우리 삶에는 예측하지 못한 일들이 펼쳐집니다. 이런 일들에는 시련만 있는 것이 아니라 흥미롭고 놀라운 반전도 포함되어 있습니다. "다음엔 무슨 일이 벌어질까?", "이렇게 하면 어떨까?", "저렇게 하면 어떨까?" 이런 자유의지 덕분에 삶이 어떻게 펼쳐질지는 영혼도 정확히 알지 못합니다. 자유의지를 통해 영혼은 성장하고, 확장되고, 더 지혜로워지며 더 큰 사랑을 베풀게 됩니다. 게다가 재미도 있고 말이죠! 영혼은 시련마저 좋아합니다.

자, 이제 나는 자유의지에 관한 좀더 복잡한 주제로 들어가보려고 합니다. 자유의지란 과연 존재할까요? 자유의지는 존재하기도, 존재하지 않기도 합니다. 둘 다 맞습니다. 왜 그런지 지금부터 설명해보겠습니다.

예를 들어 당신에게는 아침 식사로 무엇을 먹을지 결정할 자유가 있습니다. 당신은 요거트를 먹을 수도, 오트밀을 먹을 수도, 아니면 다른 걸 먹을 수도 있습니다. 하지만 당신이 고려하는 선택지들과 당신이 내리는 선택은 당신의 습관, 기호, 몸의 소화력, 아침 식사에 적합한 음식이란 무엇인지에 관한 당신의 생각, 무엇이 당신 몸에 좋은지, 무엇을 먹어야 하는지에 관한 당신의 신념, 그리고 무의식적 힘에 좌우됩니다.

당신이 내리는 선택들이 이러한 요인들, 즉 주입된 생각과 환경에 의해 제한된다면 당신의 자유의지를 정말로 자유로운 것이라고 볼 수 있을까요? 네, 물론 당신에겐 자유의지가 있습니다. 그러나 당신의 선택은 다양한 요인에 의해 제한되고, 형성되고, 규정됩니다.

또, 태어나기 전에 영혼이 미리 정한 것들에 대해서는 당신에게 별다른 선택권이 없는데, 삶에는 이런 요소들이 꽤 많습니다. 당신은 성별이나 인종, 키, 외모를 자유롭게 선택할 수 없습니다. 자식이나 가족, 과거도 자유롭게 선택할 수 없습니다. 삶이 어떻게 펼쳐질지, 미래에 어떤 일이 벌어질지도 자유롭게 선택할 수 없습니다. 배우자나 연인, 친구를 선택하는 데에서도 당신은 의외로 자유롭지 않습니다. 이런 인간관계 대부분은 사전 생애계획 세션 때 미리 정해지기 때문입니다.

몸을 입은 뒤로는 자유롭게 선택할 수 있는 것보다 선택할 수 없는 것들이 더 많아집니다. 살다 보면 자유의지로 통제할 수 있는 일보다 통제할 수 없는 일들을 훨씬 더 많이 마주하게 되지요. 당신의 의지는 여러 요인에 의해 형성되는 것으로, 큰 틀에서 보자면 그리 거대한 영향력이 있는 것도, 그리 자유로운 것도 아닙니다.

하지만 당신이 자유의지로 선택할 수 있는 매우 중요한 것이 하나 있습니다. 바로 경험에 대한 당신의 태도입니다. 이것이 당신의 행복도와 삶의 경험은 물론, 진화 속도까지도 결정합니다. 어떤 일이 벌어졌을 때 행복을 느낄지, 속상해할지, 화를 낼지, 슬퍼할지, 억울해할지, 혹은 그것을 그저 받아들일지는 당신이 자유롭게 선택할 수 있습니다.

무엇을 경험할지는 당신이 정할 수 있는 것이 아니라 하더라도, 이 경험에 대한 당신의 '기분'과 '태도'는 당신이 결정할 수 있습니다. 또, 삶을 더 받아들이고 더 행복하게 살기 위해서 어떤 신념을 따를지도 당신이 결정할 수 있습니다. 이는 삶에서 배워야 할 가장 중요한 교훈 중 하나입니다! 자신이 원하는 것을 얻어내는 삶, 모든 것이 뜻대로 풀리는 삶이 좋은 삶이 아니라, 그렇지 않더라도 평화롭고 행복한 삶이 좋은 삶입니다. 이런 삶을 살 때 세상에서 가장 중요한 것이 흘러나옵니다. 바로, 사랑입니다.

당신은 언제나 행복, 감사, 수용, 평화, 사랑을 선택할 수 있습니다. '언제나' 말입니다. 어떤 한 경험을 행복하다거나 감사하다고 느끼지 않을 수는 있겠지만 행복과 감사를 안겨주는 일에 더 집중하고, 그렇지 않은 것에 주의를 덜 기울인다면 당신의 전반적인 상태는 행복과 감사로 채워질 수 있습니다. 하지만 에고는 이와 정반대로 행동합니다. 여러모로 영혼의 진화는 에고와 반대로 행동하는 법을 깨우치는 데 달려 있습니다.

생각과 감정을 '자각'하는 법을 배우고 프로그래밍을 거스르는 선택을 하려 노력하지 않는다면 당신은 스스로를 통제하지 못하고 생각과 감정의 통제를 받게 될 것입니다. 조건화(conditioning)에서 벗어나지 못하면 자유의지도 무용지물입니다. 여기서 핵심은 자기 생각과 감정의 자각입니다.

이런 자각은 어디서 올까요? 당연히 에고에서 오는 것은 아닙니다. 자각은 당신의 신성한 본성이 지닌 특성입니다. 영적 스승이나 가르침 등을 통해 내면의 신성함이 깨어나기 시작하면 당신은 자신의 프로그래밍과 여기에서 기인한 생각, 감정을 더 자각할 수 있게 됩니다. 생각과 감정 속에서 길을 잃고 이에 좌지우지되지 않는다는 말입니다.

내면에서 어느 정도 자각이 깨어나면 그때부터 당신은 예전과는 다른 선택, 다시 말해 평화와 기쁨, 사랑으로 향하는 더 나은 선택을 내리게 됩니다. 하지만 이런 자각이 발달하기 전까지 사람들은 프로그래밍의 영향에서 벗어나지 못합니다. 이런 이들에게는 선택의 자유가 거의 없기 때문에 프로그래밍 안에서 저마다의 기호와 습관, 에고가 욕망하거나 두려워하는 것, 남이 알려준 것, 자신이 배우거나 결론을 내린 것, 그리고 별자리 성향을 포함한 무의식적인 요인과 충동에 근거한 선택을 내립니다. 이런 의지가 과연 자유로운 의지일까요? 당신의 선택이 프로그래밍에 의해 결정되는 것이라면, 그 선택이 정말로 자유로운 선택이라고 말할 수 있을까요?

보다시피 이런 작은 의지, 즉 조건화와 별자리에 의해 결정되는 선택과 에고의 의지는 그다지 자유롭지 않습니다. 아침으로 요거트를 먹을지 오트밀을 먹을지 선택할 땐 이런 의지도 자유로운 것처럼 보일 수 있습니다. 당신은 로스쿨에 갈지, 영문학 전공을 할지 선택할 수 있으며, 이는 아침 메뉴를 선택하는 것보다 훨씬 더 중요한 선택일 것입니다. 하지만 이런 더 중요한 선택들은 대체로 당신의 별자리 성향, 그리고 더욱 중요하게는 프로그래밍의 일종인 영혼의 계획에 의해 이미 정해져 있습니다.

사실 당신의 삶은 더 큰 의지, 다시 말해 신의 의지 혹은 당신 영혼의 의도에 의해 끊임없이 형성되고 있습니다. 당신을 작가로 만드는 것이 영혼의 더 큰 뜻이라면, 당신이 로스쿨 진학을 결정하더라도 은총의 손길이 법학보다 더 적절한 전공으로 당신을 이끌 것입니다.

신의 의지와 영혼의 계획에 방해가 되지 않는 한, 작은 의지를 따르는 것은 허용됩니다. 신의 의지는 작은 의지를 언제나 이깁니다. 드물게 작은 의지가 신의 의지를 거스를 때면 어떻게든 삶은 당신이 작은 의지가 이끄는 방향으로 나아가는 것을 막아설 것이며 당신의 영혼이 경험하길 원하고, 또 경험해야만 하는 것이 놓인 방향으로 기회를 열어줄 것입니다.

영혼은 이렇게 기회를 제공하거나 길을 막아섬으로써 삶을 이끌며 당신과 함께 삶을 만들어 나갑니다. 에고가 원하는 것을 쫓도록 허용하거나 그러지 못하도록 막으면서 당신과 협력하는 것이죠. 에고의 욕망이 영혼에게 문제가 될 때는 그리 많지 않습니다. 영혼은 에고의 욕망을 이로운 방향으로 활용하거나 그 욕망과 다른 방향으로 삶을 이끌어나가기 때문입니다. 당신이 신성한 자아의 욕구와 열정을 직관적으로 깨닫고 이를 기꺼이 따를 때도 상당히 많습니다.

당신이 영적으로 성숙해짐에 따라 당신 삶에 작용하는 신의 의지의 영향력도 커집니다. 직관의 안내와 자연스러운 삶의 흐름 앞에 에고의 의지를 내려놓을수록 '신의 의지는' 곧 '당신의 의지'가 됩니다. 이렇게 되려면 연습이 필요하지만 윤회의 막바지에 접어들면 이렇게 사는 것이 자연스럽고 쉽게 느껴질 것입니다.

당신이 생각과 감정을 자각할수록 신성한 의지가 앞에 나서서 당신의 삶을 이끌 것입니다. 생각과 감정의 자각은 영적 수행, 특히 명상을 통해 빠르게 향상될 수 있습니다. 자각은 진정한 자유의 핵심인데, 이 자유는 역설적이게도 특정한 누군가가 아닌 당신의 신성 자아가 될 자유, 즉 모두에게 깃들어 있는 바로 그 단일한 의식으로 되돌아갈 자유를 말합니다.

당신이 신의 의지를 따른다면, 그러니까 당신에게는 아무 의지가 없으며 의지가 필요하지도 않다는 느낌이 든다면 이를 자유의지라 말할 수 있을까요? 작은 의지를 내려놓으면 당신에겐 신의 의지만이 남게 됩니다. 그러나 신의 의지는 결코 당신의 것이 아닙니다. 만약 당신에게 의지를 가진 자아(거짓 자아, 에고의 자아)가 없다면, 이때 남아 있는 것을 과연 자유의지라고 부를 수 있을까요?

신의 의지를 따른다는 것은 지금 이 순간의 진실을 따른다는 것입니다. 그러면 당신은 선택 아닌 선택을 하게 되고, 당신의 영혼이 삶을 이끌어나가게 됩니다. 당신은 이미 나타난, 자연스럽게 벌어지고 있는 이 일의 일부가 되며 논쟁하거나 무언가를 더 선호하거나 선택하고자 하는 거짓 자아를 더는 느낄 수 없습니다. 존재하는 모든 것(All That Is)과 합일되면 지금 이미 벌어지고 있는 일들과 당신의 의지가 같아집니다.

고난의 원인

사람이 살면서 고난을 겪는 데에는 여러 이유가 있습니다. 육신을 입은 채 물리 법칙 속을 살아가면서 이런 고난을 겪지 않는다면 그게 오히려 이상한 일일 것입니다. 우리의 육신은 곧잘 다치고, 망가지며, 늙어가다가 결국엔 죽습니다. 이런 일이 벌어지는 걸 좋아하지 않는 에고는 이 모든 걸 골칫거리로 여깁니다.

에고는 이런 일들을 부정적으로 해석하면서 매우 정상적이고도 자연스럽게 일어나는 일들을 나쁜 일처럼 느끼게 만듭니다. "벌어져서는 안 되는 일이었어", "난 못생겼어", "늙는다는 건 끔찍해", "죽는 건 무서워"라는 식으로 말이죠. 이것들은 누구에게나 일어나는, 그 누구도 피할 수 없는 일입니다. 왜 이런 일들을 비참하다고 느끼나요? 인간은 비이성적인 에고 때문에 비참하다고 느낄 필요가 없는 일에도 비참함을 느낍니다. 에고가 없다면 살면서 자연스럽게 벌어지는 이런 일들을 있는 그대로 받아들일 수 있을 것이며 괴로움도 훨씬 줄어들 것입니다.

자연스럽게 벌어지는 일들을 문제로 여기는 에고가 있다는 것, 이것이 당신이 고난을 겪는 첫 번째 이유입니다. 자연스레 일어나는 일들을 있는 그대로 받아들이는 법을 배우는 것은 인간이 진화하면서 깨우쳐야 할, 정말 중요한 교훈 중 하나입니다. 이는 쉽게 얻을 수 있는 교훈은 아닙니다. 에고가 당신을 어떻게 쥐고 흔드는지를 깨닫기까지, 그리고 살면서 벌어지는 수많은 일들에 사실은 아무런 문제가 없음을 깨닫기까지는 수천 또는 수백 번의 환생이 필요할지도 모릅니다. 당신이 골칫거리로 여기는 많은 일들은 사실 자연스럽고 정상적인 일들입니다.

이를 깨닫는 데 왜 이렇게 오랜 시간이 걸려야 할까요? 원래 깨닫기까지 오랜 시간이 걸리도록 설계된 교훈이기 때문입니다. 진리를 깨닫고 에고를 초월할 준비가 되기 전까지 당신은 에고 단계에 머물며 많은 것을 배워야 합니다. 당신은 인간의 삶 속에서 배울 수 있는 기본적인 교훈을 어느 정도 섭렵한 후에야 삶과 인간의 조건에 관한 진리를 깨달을 수 있도록 프로그래밍되어 있습니다. 앞에서 말했던 열두 가지 별자리가 주는 교훈이 바로 그 삶의 기본적인 교훈들입니다. 당신은 인간으로서 온전히 살아가며 에고가 만들어내는 경험을 충분히 겪도록 되어 있습니다. 에고는 당신의 영적 방앗간이 빻을 곡식입니다. 깨어날 준비를 마칠 때까지, 당신은 이런 유한하고 겁에 질린 자아로 아주 많은 생을 거듭 살아가야만 합니다.

이 말이 잔인하고 부당하게 느껴질 수도 있습니다. 그래서 당신에게 상기시켜주고 싶은 게 있습니다. 지금 이 책을 읽고 있다는 것은 당신이 진리를 깨달을 준비를 마쳤다는 것을 의미하며, 따라서 삶의 가장 어려운 교훈을 이미 배웠다는 것을 의미합니다. 기억하세요. 당신의 영혼은 이때까지의 모든 시련을 기꺼이 선택했습니다. 당신은 지금 진리를 깊이 탐구하고, 오해를 바로잡고, 당신 내면 가장 깊은 곳에 항상 자리하고 있었던 사랑의 존재로 거듭나기 위해 힘을 쏟고 있습니다. 수많은 환생에 걸쳐 다다른 이 중대한 순간, 당신의 영혼은 떨듯이 기뻐하고 있습니다.

이 깨달음의 과정은 느리지만 꾸준합니다. 그러니 당신은 이 과정에 걸리는 시간을, 이 경험의 신비로움과 알 수 없음을 인내해야 합니다. 그리고 당신이 보기에 아직 진화가 더딘 다른 사람들, 즉 에고의 의식 상태에서 헤어 나오지 못하는 사람들에 대해서도 인내해야 합니다.

이들에게는 당분간 이것이 올바른 경험입니다. 따라서 이들이 언젠가는 이루어야 할 영적 성장을 당신에게 도와달라고 요청한 게 아닌 이상, 당신이 굳이 나설 필요는 없습니다. 인간은 서로의 스승입니다. 그리고 모든 사람은 윤회 후반에 깨달음을 주는 존재, 진리를 전파하는 자로서의 역할을 다하게 됩니다.

모든 걸 문제로 해석하는 에고의 성향 외에도, 전생과 현생에 내린 잘못된 선택이 현생에서 또 다른 나쁜 카르마를 쌓도록 만든다는 사실 역시 사람들이 고난을 겪는 주된 이유로 꼽을 수 있습니다.

자유의지는 양날의 검과 같습니다. 영혼의 진화는 자유의지의 결과인데, 이것은 축복입니다. 하지만 나아갈 길을 선택하고 이 선택으로부터 배우는 과정에서 당신은 괴로움을 느끼기도 합니다.

당신이 겪는 거의 모든 고난과 감정적 고통은 당신이 선택한 어떤 행동, 말 혹은 믿음이 좋은 선택이 아니었음을 보여줍니다. 영혼의 계획이나 사랑을 거스르는 선택, 진실이 아닌 무언가를 믿겠다는 선택이 이러한 좋지 않은 선택들일 것입니다.

필요하다면 영혼은 당신이 나아가는 길 위에 시련 또는 좋은 기회를 배치함으로써 당신이 영혼의 계획을 성취할 수 있도록 이끕니다. 또한, 영혼은 타인의 부정적 혹은 긍정적인 피드백을 통해, 그리고 부정적 신념이나 감정이 만들어내는 괴로움을 통해 당신에게 사랑을 가르쳐줍니다. 영혼은 부정적 피드백으로 어떤 선택이 잘못된 선택인지를, 긍정적 피드백으로 어떤 선택이 올바른 선택인지 보여줍니다.

살다 보면 일이 뜻대로 되지 않을 수도 있고 사람들이 당신을 불친절하게 대할 수도 있습니다. 항상은 아니더라도 '가끔', 이것은 당신이 자초한 것이기도 합니다. 그러나 사람들은 이따금 별다른 이유 없이 당신을 무례하게 대하기도 합니다. 또 어떨 때는 자신의 자유의지를 현명하게 사용하지 못하는 사람들 때문에 당신까지 어려움을 겪기도 합니다. 당신이 겪는 고난 중에는 당신이 뭘 잘못해서가 아니라 타인의 잘못된 선택과 잘못된 행동 때문에 생겨나는 고난도 있다는 말입니다.

삶이나 다른 사람들이 당신의 앞길을 가로막는 일이 당신을 위한 것인지, 아니면 이들이 '자기만의 영혼의 계획'에서 이탈하면서 잘 펼쳐지고 있던 당신의 계획에 문제를 일으킨 건지 이 둘을 구분하기란 쉽지 않습니다. 어쩌면 이에 대한 답은 영원히 알 수 없을지도 모르며, 당신은 이 알 수 없음을 받아들여야 합니다.

영혼도 자유의지에 따른 타인의 선택을 항상 통제할 수는 없으므로 이에 대응해 끊임없이 진로를 수정합니다. 자유의지는 모두에게 있으며, 다른 사람들도 때로는 영혼의 안내를 따르기도, 때로는 따르지 않기도 합니다. 삶이 항상 당신 영혼의 계획을 따라 흘러가는 것은 아닙니다. 당신의 영혼도 이 사실을 잘 알고 있어서 상황에 맞게 융통성과 기지를 발휘합니다.

당신 역시 그래야 합니다.

　삶은 난장판입니다. 그래서 재밌는 것이기도 하고요. 삶을 골칫거리로 여기지 않고 이런 관점으로 바라볼 수 있다면, 상황이나 결과가 어떻든 행복할 수 있을 것입니다. 당신은 삶이 어떻게 펼쳐질지 통제할 수 없습니다. 당신은 이 차원에서 펼쳐지는 거대한 드라마 속 배우일 뿐입니다. 당신의 의지와 선택은 다른 사람의 의지와 선택과 마찬가지로 모든 것에 영향을 미칩니다. 삶은 그래서 예측 불가능한 것이고, 그래서 흥미롭고 재밌는 것입니다!

　당신은 배우고 즐기기 위해 이곳에 왔습니다. 그래서 삶을 사랑할 줄 아는 것이 중요합니다. 삶의 가장 기본적인 교훈은 사랑이며, 여기에는 삶에 대한 사랑도 포함되어 있습니다.

　삶을 사랑한다는 것은 삶과 삶 속에서 벌어지는 일들을 있는 그대로 받아들인다는 것입니다. 당신이 할 수 있는 합리적인 행동은 이것이 전부입니다. 삶에 저항하면 할수록 당신은 비참해질 뿐입니다. 그러나 이 사실을 제대로 보려면 높은 수준의 합리성이 필요하며, 이 합리성은 진화를 한참 거친 인간에게만 주어집니다. 그전까지 사람들은 삶을 이해하지 못하는 비이성적인 에고에 휘둘리며 살아갑니다.

　당신은 환생을 거듭하며 사랑이란 교훈을 배우는데, 이 사랑에는 타인을 향한 사랑뿐만 아니라 자신을 향한 사랑도 포함됩니다. 자신을 사랑한다는 것은 스스로에게 괴로움을 주지 않는 선택을 내린다는 것입니다. 무엇을 믿을지 주의 깊게 선택하는 것도 이에 포함되지요. 모든 불쾌한 감정과 해로운 행동 이면에는 잘못된 신념이 있기 때문입니다.

벌어지는 모든 일을 있는 그대로 받아들이기로 선택한다는 것은 고통이 없는 길을 선택함으로써 자신을 사랑하는 것입니다. 자기를 사랑하겠다는 이 선택은 곧 삶을 사랑하겠다는 선택과 같습니다. 그렇습니다. 이것은 선택의 문제입니다. 쉽진 않겠지만, 당신이 삶을 사랑하고 받아들이기로 선택하면 할수록 삶은 점점 더 쉬워집니다.

당신은 의도와는 상관없이 타인의 선택으로 인해 고난을 겪기도 합니다. 그러나 영혼의 계획을 거스르는 선택, 타인에게 해를 입히거나 상처를 주는 선택, 나쁜 카르마를 쌓는 선택을 내릴 때도 당신은 고난을 겪을 수 있습니다.

더 높은, 심층적인 지점에서부터 우러나온 선택, 다시 말해 영혼에서 우러나온 선택을 내리기란 쉽지 않습니다. 자기가 무엇을 선택하고 있는지에 대한 자각 없이 에고가 마음대로 선택을 내리게 두는 것이 이보다 훨씬 쉽습니다. 당신의 기본 의식 상태는 에고가 지배하고 있습니다. 그러나 에고가 어떤 선택을 내리며 이 선택이 어떤 부정적인 결과를 초래하는지 알아보는 능력이 커질수록 당신은 에고의 의지를 이겨내고 진정한 자유의지에 따른 선택, 영혼에서 우러나온 선택을 내릴 수 있습니다.

앞에서도 말했듯 에고의 선택은 자유롭다고 할 수 없습니다. 에고의 선택은 대부분 선택에 따르는 결과를 깊이 숙고하지 않는, 무릎 반사와 다를 것 없는 자동 반응입니다. 예컨대, 그냥 기분에 따라 입에서 나오는 대로 아무 말이나 하다 보면 상대에게 상처를 줄 수 있으며, 관계에 장기적인 악영향을 미칠 수 있습니다.

에고가 지배하는 의식 상태에서는 머릿속에 생각이 떠오르면 당신은 그 생각을 그대로 믿고, 또 입 밖으로 뱉게 됩니다. 에고의 의식 상태에 있으면 당신은 자신의 생각에 의문을 품지 않습니다. 그 생각이 너무나도 자기 것처럼 느껴질 테니까요! 근데 그것들이 정말로 당신 생각일까요?

명상의 묘미는 생각이 떠오른 후 그 생각을 그대로 믿거나 말하는 과정 사이에 잠깐의 틈을 둔다는 데 있습니다. 진정한 자유는 이 틈에 깃들어 있습니다. 에고가 원하는 모든 것을 다 표현할 수 있는 자유가 아니라, 뭔가를 '표현하지 않을' 자유가 진정한 자유입니다.

생각에 휘둘리지 않고 이 세상에 무엇을 내보일지 의식적으로 선택할 수 있는 자유가 곧 진정한 자기 자신이 될 자유입니다. 마침내 에고가 아닌 영혼을 세상에 표현할 수 있게 된 것입니다. 이제야 자기 자신, 즉 진정한 나 자신이 될 자유를 얻은 것이죠!

사람들이 이런 자유를 누리지 못하는 것은 이 세상에도 큰

문제입니다. 이 세상이 이렇게 살기 어려운 것은 모두가 에고
만을 표현하고 있기 때문입니다. 물질계에서 사는 것 자체는
그리 힘든 일이 아니지만, 에고의 표현이 만연한 세상에서 사
는 것은 힘든 일이지요. 당신의 조건화, 생각, 그리고 신념은
있는 그대로의 세상에 저항하고 당신을 불행하게 만드는 이야
기를 지어내며 삶을 어렵게 만듭니다.

대부분의 생각과 신념은 당신의 에고, 그리고 당신이 다른
에고들에게서 배운 것들로부터 생겨납니다. 이 생각들이 화,
불행, 불만족, 슬픔, 혼란 등 당신이 씨름하고 있는 온갖 감정
을 느끼게 합니다. 이는 당신의 영적 방앗간이 빻을 곡식과도
같은 것입니다. 언젠가는 끝없이 반복되는 이 괴로움을 넘어
설 때가 올 것이며, 그 '때'는 바로 지금입니다.

신념이 이 세상의 모든 괴로움을 만들어냅니다. 세상에는
거짓된 신념, 즉 사랑에서 어긋난 신념이 너무나도 팽배해 있
습니다. 당신의 신념들이 이런 거짓된 신념과 거리가 멀다면,
즉 진리에 부합하는 신념이라면 그만큼 괴로움도 줄어들 것입
니다. 잘못된 신념은 부정적인 감정의 원인입니다. 부정적인
감정은 해로운 행동을 유발하며, 이와 비슷한 타인의 반응 또
한 유발합니다.

당신이 거짓된 신념을 믿는 순간, 그것에 대한 당신의 확
신은 강렬한 감정을 만들어냅니다. 그리고 이 강렬한 감정은
당신이 타인을 향해 상처가 되는 행동이나 해를 입힌 것을 정

당화합니다. 카르마는 바로 이렇게 만들어집니다. 자기 신념에 확신이 별로 없고, 따라서 강렬한 감정이 올라오지 않는다면 당신은 위와 같은 자신의 행동이 정당하다고 느끼지 않을 것입니다. 그러면 스스로를 잠시 멈춰 세우겠지요. 내면 깊은 곳에서는 이것이 잘못된 행동임을 잘 알고 있기 때문입니다. 아주 어린 영혼들도 내면 가장 깊은 곳에는 선함이 있습니다. 이들은 그저 두렵고 절망스러운 마음에 남에게 상처를 주는 것입니다.

이 두려움은 어디에서 오는 걸까요? 쿡 찌르면 벌컥 화를 내는 내면의 야수와도 같은 이 두려움은 모든 인간의 내면에 잠재되어 있습니다. 이 쿡 찌르는 느낌은 두려움을 부추기는 생각을 품을 때 찾아오며, 이런 생각들은 어떤 말이나 행동을 참는 것이 거의 불가능해질 때까지 점점 더 많은 감정을 불러옵니다.

누가 이 생각과 감정에 책임을 져야 할까요? 당신에게 에고가 있다는 것은 당신 책임이 아닙니다. 에고는 당신이 가진 소프트웨어의 일부일 뿐이니까요. 또한 이러한 소프트웨어와 프로그래밍이 만들어낸 생각도 당신의 책임이 아닙니다. 그러나 당신이 경험하는 '모든 감정'은 당신의 책임이 맞습니다. 감정은 프로그래밍이 만들어낸 생각에 주의를 기울인 결과로 만들어지기 때문입니다.

마음속에 떠오른 잘못된 생각에 주의를 기울일지 말지 결정하는 것은 당신입니다. 아닌 것처럼 보일지 몰라도, 이것은 선택의 문제입니다. 아직 어린 영혼에게는 자신에게 이런 선택권이 없는 것처럼 느껴질 수 있습니다. 윤회 초반에 많은 카르마가 쌓이는 것도 이 때문입니다. 하지만 이 과정에서 시행착오를 겪으며 당신은 점차 생각에 놀아나는 것이 아니라 이를 떨쳐낼 수 있게 됩니다. 따라서 윤회 후반으로 갈수록 해로운 방식으로 감정을 표출하는 일이 점점 줄고, 문제를 일으키거나 카르마를 쌓는 일도 점점 줄어듭니다. 하지만 전생에 지은 카르마가 해소되지 않으면 에고가 계속 문제를 일으킬 수 있습니다.

사람들이 살면서 경험하는 가장 큰 시련들은 대체로 카르마에서 기인한 것들입니다. 이러한 시련들은 잘못된 선택 때문에 생겨납니다. 인간은 같은 상황에서 예전과 다른 선택을 내리는 법을 배울 때까지 자신의 잘못된 선택과 관련하여 계속해서 고난을 겪게 됩니다. 카르마로부터 배울 수 있는 교훈 대부분은 일반적으로 타인과의 관계에서 전과는 다르게 행동하는 것과 관련되어 있습니다. 요컨대, 사랑을 선택하는 법을 배우게 된다는 말입니다.

어떤 행동은 그에 뒤따르는 카르마를 해소하게 되기까지 여러 번의 환생을 거쳐야 할 수 있습니다. 카르마는 다음 중 하나 또는 그 이상의 방법들을 통해 해소될 수 있습니다. 역할 바꾸기, 해를 입힌 사람에게 덕 베풀기, 혹은 자신이 해를 입힌 사람을 대신하여 다른 누군가나 어떤 집단에게 덕 베풀기 등. 카르마의 빚을 꼭 자신이 해를 입힌 당사자에게 갚아야만 하는 것은 아니며, 타인을 통해서 갚을 수도 있습니다.

카르마의 균형을 맞추는 것은 까다로운 일이라서 그 과정에서 더 많은 카르마가 쌓일 수도 있습니다. 따라서 당사자인 영혼들은 카르마를 해소하기 위한 상황을 선택할 때 신중을 기해야 합니다. 역할 바꾸기의 경우, 두 당사자가 다시 만난다고 하더라도 카르마가 해소되리란 보장은 없습니다. 카르마를 해소하기 위해 다시 만난 두 사람도 전생에서와 유사한 상황에 놓이면 아무런 변화 없이 또다시 같은 상황에 빠질 수 있습니다. 이는 모두에게 자유의지가 있기 때문이며, 모든 사람이 항상 자기 영혼의 계획이나 희망에 따라 움직이지는 않기 때문입니다.

당사자들이 계획대로 움직이지 않아 관계가 더 어려워지는 경우에는, 대체로 카르마적 '접착제'가 이 관계에 들러붙어 있는 경우가 많습니다. 카르마저 접착제란 카르마 해소에 협력하도록 당사자들을 한데 묶는 것으로, 카르마가 해소되지 않고 있거나 해소에 실패하더라도 관계에 남아 있습니다. 아이들 때문에 헤어지지 못하는 부부, 혹은 당사자들을 그들의 의사와는 상관없이 묶어두는 가족 관계, 혹은 사업 관계가 그 사례입니다. 이 카르마적 접착제로 인해 애초에 당사자들을 지금의 곤경으로 몰고 간 감정적 습관이 더 굳어지는 결과가 나타날 때도 있습니다.

제가 카르마에 관해 이런 이야기를 전해드리는 것은 이미 어려울 대로 어려운 당신의 상황에 도움을 주기 위해서지 괴로움을 더하기 위한 게 아닙니다. 당신에게 자유의지가 있다는 사실을 기억하는 것이 중요합니다. 또, 당신이 누군가와 건강하지 않은 관계를 맺고 있으며 그 관계가 계속 삐걱댄다면, 지금까지와는 다른 선택을 내려야 할 때라는 것을 기억하세요. 당신에게는 카르마로 묶여 있는 관계에서 얼마든지 떠날 자유가 있습니다. 그러면 영혼은 다른 방법으로 어떻게든 그 카르마를 해소하고자 할 것입니다. 항상 있는 일이니 이에 대해 부끄러워할 것도 없습니다. 가끔은 어떤 관계나 상황을 떠나버리는 것이 더 나을 때도 있습니다. 그렇지 않으면 서로에게 최악의 결과만 가져다줄 뿐이니까요.

중요한 점은, 이런 힘든 관계 속에서 자신을 피해자로만 여기거나 자신이 끔찍한 사람이기 때문에 해소해야 할 카르마가 있는 것이라고 생각하면 안 된다는 점입니다. 이러니저러니 해도 정확한 전후 사정은 알 수 없는 일이니까요. 다만 반드시 이해해야 할 점은, 거의 모든 사람이 자신의 카르마를 해소하기 위해 노력하고 있다는 사실입니다. 영혼은 바로 이런 식으로 배우고 진화합니다.

당신의 에고는 해소해야 할 카르마가 남아 있다는 사실에 수치심을 느끼거나 분노할 수도 있습니다. 하지만 카르마는 에고가 삶에 관해 받아들여야 할 여러 사실 중 하나일 뿐입니다. 당신은 다른 모든 사람과 마찬가지로 불완전합니다. 실수를 저질렀더라도 다음번에는 좀더 나은 선택을 내리는 것이 진화 과정의 본질입니다. 이것이 카르마의 존재 이유입니다. 당신의 영혼은 이전과 같은 상황에서 더 나은 선택을 내리기 위해 노력하고 있습니다. "이번에는 좀더 이해심을 갖고, 좀더 인내하고, 좀더 친절하게 해봐야지. 그런 다음 어떻게 될지 보자"면서 기죽지 않고 다음 테이크를 찍는 배우처럼 말입니다.

당신은 우발적인 '사고' 때문에 고난을 겪기도 합니다. 제아무리 영혼이라 해도 언제나 누군가를 이런 사고로부터 보호할 수 있는 것은 아닙니다. 예상치 못한 상황에 마주한 사람들은 종종 뜻밖의 선택을 내리기 마련이고, 이런 선택이 사고로 이어질 수 있습니다. 예상치 못한 고난을 마주한 영혼 또는 영혼들은 대개 사고의 결과에 적어도 어떤 식으로든 영향을 미쳐서 그 피해를 줄이곤 합니다. 그러나 항상 그럴 수 있는 것은 아닙니다. 내적 안내, 즉 영혼의 안내가 머릿속에서 분명히 들려오는 경우더라도 당신이 여기에 귀 기울이지 않으면 소용이 없습니다. 또, 상황이 너무 급박하게 변하면 영혼이 미처 개입하지 못할 때도 있습니다.

사고 중에는 영혼의 계획에 포함된 것도 있지만, 그렇지 않은 사고 중에는 영혼의 계획을 흔들어 놓는 사고도 있습니다. 이런 사고가 벌어지면 계획의 수정이 불가피해집니다. 사고의 원인이 되었던 실수와 잘못된 선택들처럼, 영혼의 계획을 흔들어 놓는 이런 사고들도 삶의 자연스러운 일부입니다. 그리고 영혼은 이런 경험조차 최대한 이용하려 노력할 것입니다.

지금까지 나는 당신이 겪을 수 있는 고난과 문제의 원인 몇 가지를 짚어봤습니다. 이를 요약하자면 다음과 같습니다.

― 문제가 아닌 것들도 모두 문제로 만들어버리는 당신의 에고
― 당신의 자유의지, 그리고 당신이 믿는 잘못된 신념과 여기에서 비롯된 부정적 감정에 휩쓸려 내리게 되는 잘못된 선택들
― 타인을 향한 당신의 나쁜 행동, 그리고 여기에 대한 타인의 반응
― 당신이 떠안을 필요가 없는 문제를 당신에게 떠안기는 타인의 잘못된 선택
― 카르마를 해소하는 과정에서 발생하는 일들
― 영혼의 계획에는 없었던 우발적인 사고들

당신이 겪는 고난 중에는, 필요에 의해서가 아니라 순전한 용기에서 삶이 시작되기 전에 당신의 영혼이 받아들이기로 선택한 고난도 있습니다. 신체적 장애를 얻는다거나 폭력적인 환경에 놓이는 등 삶 전반에 영향을 미치는 큰 고난 중에 이런 경우가 종종 있습니다. 물론 이 중에도 카르마 때문에 겪게 되는 고난이 있지만 말입니다.

이에 더해, 영혼은 살아가는 중에 사전생애 계획에서는 정

해진 바 없었던 시련을 받아들이기도 합니다. 당신의 삶이 영혼이 원래 계획했던 방향으로 돌아갈 수 있도록 당신의 습관적인 패턴이나 삶의 궤적을 크게 흔들 필요가 있을 때 이런 결정이 내려집니다. 혹은 삶이 시작되기 전에는 예측할 수 없었지만, 어떤 상황이 당신에게 필요한 교훈을 줄 수 있으리라 판단될 때도 이런 일이 있을 수 있습니다. 영혼은 종종 예상치 못했던 상황들도 배움의 기회로 활용하고자 합니다.

타인이 겪고 있는 고난, 장애, 혹은 시련을 보고 그를 함부로 판단해서는 안 됩니다. 이들이 겪는 시련은 카르마에 의한 것이 아니라 나이 든 영혼이 여러 이유로 인해 선택한 시련일 수 있습니다. 당신은 상대가 왜 그런 경험을 겪고 있는지 함부로 판단하거나 짐작할 수 있는 위치에 있지 않습니다. 이는 당신이 알 수 있는 것이 아니며 이 사실을 겸허히 받아들이는 것이 당신이 할 수 있는 최선입니다. 이러한 겸허한 마음을 지니고 있으면 당신의 가슴은 그들을 향해 계속 열려 있게 됩니다.

자신밖에 모르는 에고는 카르마를 운운하며 어려운 환경에 놓여 있거나 고난을 겪고 있는 타인을 돕고 보살필 책임을 모면하고자 할 것입니다. 남을 함부로 판단하는 무정한 태도를 고치지 않으면 언젠가는 자비심과 공감에 대한 가르침을 받게 될 것입니다. 다음 생애에서 자신이 함부로 판단했던 상대와 정반대의 처지가 되는 경험을 할 수도 있겠지요. 어떤 방식으로든 삶은 에고를 겸허하게 만들 겁니다. 삶의 목적은 에고의 파괴성에 빛을 비추는 것이고, 또 영혼은 여기에 꼭 맞는 교훈을 설계하기 때문입니다.

당신의 형제자매를 지켜야 할 사람이 바로 당신임을 아는 것이야말로 남을 함부로 판단하는 마음의 독을 치유하는 약입니다. 사람들의 상황과 처지는 항상 뒤바뀌어왔고, 또 뒤바뀔 것입니다. 이것이 바로 삶의 법칙입니다. "남에게 대접을 받고자 하는 대로 너희도 남을 대접하라"는 교훈은 현 인류가 배우고 있는 가장 기본적이고 핵심적인 교훈입니다. 이것은 사랑의 교훈입니다.

삶이 시작되기 전이나 삶을 살아가는 동안 영혼이 선택하는 시련은 카르마적 교훈을 얻기 위해 겪는 고난이나 영혼의 나이가 어리기 때문에 겪게 되는 고난보다는 덜 혹독한 편입니다. 어떤 영혼들은 안내자들과의 상의하에 성장을 위한 중대한 시련을 기꺼이 받아들이기도 합니다. 이 시련을 성장의 자양분으로 삼을 수 있을 만큼 자신이 강하다고 믿거나 진화 속도를 높이고자 할 때 이런 결정이 내려집니다.

누군가가 어떤 특정한 선택을 내렸다고 해서 영혼이 실패하는 일은 없습니다. 그러나 가끔 당신은 한 개인이 감당하기에는 너무 큰 고난을 겪기도 합니다. 실제로 육신을 입고 어떤 시련을 직접 겪어 보니 너무 복잡하고 혹독하다고 여겨진다면, 영혼은 다음번 시련을 선택할 때 좀더 신중을 기할 것입니다.

고난을 겪는 이유나 원인이 무엇이든 영혼은 그 고난으로부터 교훈을 얻을 수 있으며 또 얻고야 맙니다. 심지어 우발적인 사고에서도 말입니다. 사전에 의도된 것은 아니더라도 영혼은 언제나 거기서 교훈을 얻을 수 있습니다. 그러나 안타깝게도 사람들은 종종 자신이 겪고 있는 고난으로부터 잘못된 결론을 도출하고, 올바르지 않은 교훈을 얻곤 합니다.

이들은 남을 탓하거나, 피해의식을 느끼거나, 실제와는 달리 자신이 무언가 잘못했다고 느끼곤 합니다. 이런 잘못된 결론은 크나큰 괴로움을 유발하며 사람들을 불필요한 후회와 분노, 복수심, 자기연민, 증오, 질투, 시기, 수치, 혹은 죄책감에 휩싸이게 합니다. 스스로의 경험에 대한 자신만의 믿음과 머릿속 이야기 때문에 사람들은 끔찍한 기분을 느낍니다.

안타깝지만 많은 사람들이 안 좋은 일이 벌어지거나 실수를 저지를 때마다 자신이 이런 끔찍한 기분을 느껴야 '마땅하다'고 믿습니다. 따라서 이들은 자기혐오와 후회, 죄책감, 수치심으로 자신을 계속해서 벌합니다. 하지만 이래서는 아무런 도움도 되지 않습니다. 자신을 이런 식으로 벌하는 일이나 타인에게 복수하는 일은 당신이 힘든 시기로부터 배워야 할 교훈과 반대되는 행동입니다.

당신은 자신과 타인을 향한 이해심, 자비심, 수용 그리고 용서를 통해 이런 감정을 극복해야 합니다. 이것이야말로 삶의 고난에 대한 답입니다. 당신이 해야 할 일은 이게 전부입니다. 자신 혹은 타인이 저지른 실수를 받아들이고, 자비심을 가지고 자신과 타인을 용서하며, 같은 실수를 반복하지 않도록 최선을 다하는 것이지요.

비난, 증오를 비롯한 모든 부정적인 감정은 이들이 얼마나 정당하게 느껴지든 상관없이 당신을 과거에 묶어둡니다. 이 감정들은 당신을 이미 지나간 과거 경험의 노예로 만들고 에고의 의식 상태, 즉 성장과 배움이 불가능한 고통의 상태에서 벗어날 수 없게 만듭니다. 이런 상태는 그 누구에게도 유익하지 않으며 그저 아름다운 삶을 낭비하게 할 뿐입니다. 여기서 벗어나기 위해서는 이런 에고의 의식 상태에 지배되는 삶을 한 번 혹은 그 이상 겪어야만 할 수도 있습니다. 인간의 조건이란 그런 것입니다.

성장과 배움의 목적은 이런 의식 상태에서 벗어나 더 자유롭고, 더 큰 사랑으로 넘치는 의식 상태, 즉 자신의 신성한 본성으로서 살아가는 데 있습니다. 여러분 모두는 이런 의식 상태에서 살아갈 권리가 있으며, 누구든 윤회를 마칠 때쯤이면 어떤 삶이 그런 삶인지 정확히 알 수 있습니다. 이러한 의식은 당신이 거쳐온 그 모든 생애들에 대한 보상입니다. 마침내, 당신은 평화를 느낍니다. 마침내, 당신은 있는 그대로의 삶을 선물처럼 느끼게 되며 삶을 사랑하게 됩니다.

지금까지 당신이 겪는 고난의 원인을 살펴봤습니다. 당신의 생각과 신념은 현실의 경험을 창조하는 데 중요한 역할을 하지만, 이것만이 당신이 겪는 고난을 포함한 삶의 경험들을 규정하는 전부는 아님을 이로써 분명히 아셨기를 바랍니다. "당신은 당신의 현실을 창조한다"라는 명제가 참에 더 가까워지기 위해서는 주어인 '당신'에 당신의 영혼이 포함되어야 합니다. 에고적 자아, 거짓 자아로서의 '당신'은 결코 당신의 현실 혹은 현실 일반을 만드는 유일한 요인이 아닙니다.

당신의 자유의지는 중요한 역할을 합니다. 하지만 당신의 영혼 또는 신의 의지야말로 당신의 삶에서 벌어지는 모든 일의 궁극적인 결정권자이며, 이런 일들에는 타인의 자유의지가 영향을 미치기도 합니다. 당신은 모든 생명, 모든 영혼, 모든 타인의 자유의지와 함께 당신의 현실을 공동 창조하고 있습니다. 셀 수 없이 많은 힘이 아름답고, 신비롭고, 어지럽고, 복잡하고, 예측 불가능한 방식으로 얽혀 있는 것이 삶입니다. 모든 사람, 그리고 모든 영혼은 이런 삶을 즉흥적으로 헤쳐 나가고 있습니다.

3장 ― 영혼의 진화

　모든 영혼은 수백 번 또는 수천 번 환생을 거듭하면서 다양한 교훈을 얻고, 이를 통해 여러 단계로 진화합니다. 윤회 초반에 얻는 교훈은 주로 육체의 생존, 그리고 기본적인 기술을 획득하는 것과 관련이 있습니다. 이러한 기술을 충분히 배운 뒤에 영혼은 타인과 유대를 맺고 감정을 발달시키는 데 집중합니다. 이어지는 단계는 독립성을 기르고, 목표를 달성하고, 특정 재능을 계발하는 에고 발달 단계입니다. 이다음 단계에서는 지적 추구와 심리적인 성장이 강조되며, 특정한 기술과 재능을 연마하고 사회와 타인의 행복에 이바지하는 법을 배웁니다. 진화의 마지막 단계는 영적 발달 단계입니다. 이 단계에서는 자신의 참된 본성이 나타나 표현되기 때문에 봉사하는 능력이 두드러지게 되고, 지성과 기술, 재능을 훨씬 더 깊은 수준으로 연마하게 됩니다.

윤회 초기의 삶

처음으로 인간의 육신에 깃드는 영혼은 이미 흠 없이 완벽하고 온전합니다. 영혼은 다른 필요에 의해서가 아니라 단지 인간으로 살아가는 이 특별한 경험을 겪기 위해 육신으로 환생합니다. 인간에 내재해 있는 왜곡된 인식과 제약이 안겨주는 시련을 원하는 것이지요. 그리하여 영혼은 인간으로서 기능하기 위한 최소한의 프로그래밍만 입력된 백지상태로 태어나기 위해 자기 존재의 장엄함, 자신의 고향을 포함해 그전까지 알고 있었던 모든 것을 잊기로 선택합니다.

이 프로그래밍이 바로 가장 원시적인 형태의 생존 메커니즘인 에고입니다. 에고는 분명 필요한 것이지만, 복잡한 인간 사회에 좀처럼 적응하지 못합니다. 왜냐하면 에고는 기본적으로 이기적이며, 공동체와 사회의 존속에 필수적인 협동과 나눔에는 소질이 없기 때문입니다. 그렇긴 해도 에고는 당신이 당분간 인간 연기를 하며 살아가는 데 필요한 개인으로서의 감각과 '일체'(Oneness)와의 단절감을 제공한다는 점에서 필수적이고 영구적인 기능입니다.

인간으로 환생하는 모든 영혼에게는 점성학적 프로그래밍이 내장되어 있어서 저마다 특별한 욕망과 행동 경향, 성격을 가집니다. 이러한 프로그래밍과 유전적 기질이 조합된 결과로, 마치 눈송이가 그러하듯 모든 인간은 한 명 한 명이 고유하며 이러한 고유성이 보장되도록 프로그래밍됩니다. 신은 똑같은 경험을 두 번 겪을 필요가 없으니까요.

새로 태어난 영혼은 배울 게 너무나도 많습니다! 이들에겐 전생에서 쌓은 지혜가 없기 때문에 어떤 게 인간다운 것인지를 모릅니다. 인간으로서 사랑하는 법조차 알지 못합니다. 이들의 본질은 다른 모든 영혼과 마찬가지로 사랑입니다. 하지만 이 세계의 높은 밀도가 이들이 자신의 진정한 본성을 보지 못하도록 가려버립니다. 따라서 이들은 사랑하는 법부터 배워야 합니다. 지구라는 학교도 오직 이를 위해 존재하는 것입니다.

어린 영혼일수록 느낄 수 있는 사랑의 크기는 매우 제한적입니다. 이들이 경험하는 사랑과 기쁨은 인간이라면 터득할 수밖에 없는 대가성의 고마움 정도에 더 가깝습니다. 하지만 이조차도 보호자가 이들을 보호하지 못하거나 그 책무를 저버린다면 순식간에 화나 증오로 변할 수 있습니다.

새로 태어난 영혼은 사랑하는 법 외에도 별자리들이 나타내는, 인간으로서 살아가는 데 필요한 모든 교훈들을 배워야 합니다. 영혼은 윤회 과정 전체에 걸쳐 이러한 교훈들을 배우게 되는데, 이를 통해 인내, 끈기, 겸손, 용기, 분별력, 실용성, 관용, 조심성, 책임감, 자주성, 독립성, 공감, 협동, 적극성 등의 특성을 얻게 됩니다. 새로 태어난 영혼이 갖고 있지 못한 이런 특성들은 숱한 환생에 걸친 훈련과 시행착오 그리고 시련을 겪지 않고서는 계발될 수 없습니다.

또한, 새로 태어난 영혼은 삶이 더 고달파지지 않도록 자신의 감정을 다루는 법도 배웁니다. 감정을 다루는 법은 통달하기가 매우 어렵기 때문에 윤회 전반에 걸쳐 배우게 됩니다. 심지어 윤회 막바지에 이른 영혼조차 자신의 감정을 완벽하게 다루기는 쉽지 않습니다.

새로 태어난 영혼, 어린 영혼일수록 두려움이라는 감정을 지배적으로 느낍니다. 이는 두려움이 에고의 기본적인 감정 상태이기 때문입니다. 윤회 초반의 생애에서는 에고가 삶이라는 무대를 장악합니다. 어린 영혼은 어려움이나 위협에 노출되면 이를 회피하려 하거나 분노를 터뜨리기도 하며, 때로는 화를 못 이겨 폭력을 행사하기도 합니다. 이들이 표현하는 화는 자동적인 반응이며 무절제하고 원초적으로 표출됩니다.

새로 태어난 영혼과 어린 영혼은 상대를 자기 뜻대로 조종하기 위해 두려움을 활용하기도 합니다. 이외의 다른 방법으로는 타인과 소통할 줄 모르기 때문입니다. 이 영혼들은 사랑과의 단절로 인해 누군가와 관계를 맺는 것이 굉장히 어려워집니다. 그리고 그 결과, 스스로를 부양하며 세상을 살아가는 일도 굉장히 어려워집니다.

영혼은 관계 맺기 기술이나 다른 더 복잡한 기술을 익히기에 앞서 음식, 물, 주거, 온기, 자기방어 등의 기본적인 생존 욕구를 해결하는 법부터 배워야 합니다. 윤회 초반에 겪는 경험들은 어린 영혼들에게 고된 노동의 가치, 끈기, 인내심, 참을성, 책임감, 조심성, 현실 감각, 실용성 등 생존에 필수적인 모든 것을 가르쳐줍니다.

생존이 달린 문제가 아닌 한, 어린 영혼은 자신의 지적 능력을 개발하는 데 큰 에너지를 쏟지 않습니다. 모든 영혼이 나이에 상관없이 어느 정도의 사고 능력을 갖추고 있긴 하지만 어린 영혼에게는 진화를 한참 거치고 나서야 습득하게 되는 객관성과 합리적 사고 능력이 부족할 수밖에 없습니다.

어린 영혼들 대부분은 가족이나 공동체와의 유대가 매우 끈끈한 농경, 유목, 혹은 부족 사회 안에서 태어나며, 여기서 생존과 관련된 단순한 일을 하며 살아갑니다. 하지만 어린 영혼들만 이런 형태의 사회에서 살아가는 것은 아닙니다. 더 나이 든 영혼들도 나름의 이유로 이런 환경에서 환생할 수 있습니다. 오늘날 지구에는 이제 막 태어난 영혼이나 아주 어린 영혼이 그리 많지 않습니다.

새로 태어난 영혼, 아주 어린 영혼은 인간의 삶을 견디기 힘들 수도 있습니다. 배울 것은 넘쳐나지만 그에 비해 관계 맺기 기술, 사건에 대한 대처 능력, 삶에 활용할 지혜는 턱없이 부족합니다. 다른 모든 것이 그러하듯 지혜도 오직 삶의 경험을 통해서만 얻을 수 있기 때문입니다.

영혼의 진화 단계

오늘날 지구에 사는 거의 모든 인간은 제가 방금까지 설명한 진화 단계를 크게 넘어서지 못했습니다. 지금 이 세계에서 살아가고 있는 영혼 대부분은 아직 어립니다. 앞에서 말한 영혼들만큼은 아니더라도, 이 책을 읽고 있는 여러분들보다는 대체로 훨씬 어리지요. 당신 세계의 영혼 대다수가 에고 중심적 성취와 권력을 손에 넣기 위해 씨름하는 어린 영혼들입니다. 반면 더 나이 든 영혼들은 지식과 이해, 개인적 성장과 영적인 성장, 평화, 사랑, 합일, 만인의 평등을 추구합니다.

영혼은 여러 단계를 거쳐 진화합니다. 그리고 각각의 진화 단계는 서로 다른 교훈, 목표, 가치, 인식을 갖고 있습니다. 사람마다 '견해차'가 있는 이유는 각자가 다른 눈으로 세상을 바라보기 때문입니다. 사람은 각자 영혼의 나이에 맞게 세상을 바라봅니다. 사람들은 저마다 믿는 것도, 원하는 것도 다릅니다. 오해와 충돌은 이러한 다름에서 빚어집니다.

서로 다른 진화 단계에 있는 사람들은 서로를 이해하지 못하고 상대를 함부로 판단하곤 합니다. 내가 이제부터 할 이야기가 서로를 더 잘 이해하고, 인간관계에서 더 너그러운 마음을 가지는 데 도움이 되기를 바랍니다. 여러분은 생각보다 그렇게 크게 다른 존재들이 아니니까요. 사람들은 진화를 거치면서 결국에는 자신의 제한된 신념과 인식에서 벗어나게 될 것입니다. 이를 위해서 여러 번의 환생을 거쳐야 할 수도 있습니다. 그때까지는 서로를 받아들이고, 각자가 자신의 교훈을 배울 수 있도록 허용하는 것이 중요합니다. 또, 요청을 받았거나 적절한 상황이라고 생각되면 최선을 다해 사람들을 가르쳐주고 그들을 고무해주는 것도 중요합니다.

아래는 앞에서 설명한 신생 단계 이후 각 진화 단계에 관한 간략한 설명입니다.

앞에서 설명한 신생 영혼과 마찬가지로, 어린 영혼들은 세상을 두려움의 눈으로 바라보며 회피 혹은 공격이라는 방식으로 세상의 문제를 처리합니다. 이들은 다양한 방법으로 타인을 조종하려고 합니다. 타인이 무엇을 필요로 하는지, 무엇을 믿어야 하는지, 어떻게 행동해야 하는지 자신이 알고 있다고 믿기 때문입니다. 이들의 사랑은 다른 사람들을 향한 통제욕과 소유욕에 물들어 있습니다.

어린 영혼들은 자신이 배워온 경직된 신념과 종교 등에 매달린 채 다른 모두가 자기처럼 생각해야 한다고 믿습니다. 이들의 마음은 편협하고, 새로운 생각을 좀처럼 받아들이지 못하며, 권위적이고 위계적입니다. 고집이 세고, 변화를 거부하고, 과거에 집착합니다. 이들의 지적 관심사는 좁고, 자신과 자신의 안전, 안위에 직접 영향을 미치지 않는 것에는 거의 관심을 두지 않습니다.

두말할 것 없이 이런 특성은 융통성, 열린 마음, 객관성, 합리성, 다름을 인정할 줄 아는 태도, 무지를 인정할 줄 아는 겸손함 등 행복한 삶을 사는 데 필요한 것들과는 거리가 멉니다. 안타깝게도 영혼들은 이런 중요한 특성들을 현재 인류 대부분이 거치고 있는 진화 단계를 한참 넘어선 후에야 배우게 됩니다.

이보다 조금 더 나이가 있는 영혼들은 기존의 신념과 도덕률보다는 그 어떤 일을 감수하더라도 자신이 원하는 것을 얻어내는 데에 더 큰 관심을 가집니다. 이들은 자기중심적이고, 자기 마음대로 행동하며, 목적을 달성하기 위해서 자신의 신념이나 도덕관을 바꾸기도 합니다. 이들은 좀더 어린 영혼들보다 덜 가족 지향적이고, 타인과 더불어 살아가는 것보다는 자신의 독립과 자기계발에 더 치중합니다.

이 단계에서 에고의 힘은 절정에 달하며 아름다움, 권력, 관심, 안락함, 인정, 명성, 부, 쾌락, 출세 등 에고가 추구하는 목표가 가장 중요시됩니다. 이 단계에 있는 이들은 경쟁적이고 행동 중심적이며, 출세하려는 욕망이 강합니다. 또한 음주, 영화나 음악 감상, TV, 춤, 섹스, 게임, 스포츠 등에서 얻을 수 있는 쾌락을 좇습니다.

이 단계에 있는 영혼들은 목표를 달성하거나 원하는 것을 얻는 것에 타인이 간섭하지 않는 한, 어린 영혼들보다 다름을 더 잘 인정하는 모습을 보입니다. 이들에게는 더 나은 관계 기술을 포함한 더 많은 기술들과 더 발달한 지적 능력이 있으며, 이를 활용해 자신이 그렇게도 욕망하는 물질적 안위와 권력을 얻어내곤 합니다. 그리고 대부분은 이 과정에서 가족이나 가까운 친구를 제외한 타인은 별로 신경 쓰지 않습니다. 가장 친밀한 관계 안에서도 이들의 사랑은 자신의 욕구를 충족하기 위한 수단에 불과하며 거래적인 성격을 띱니다. 이들에게 연인이란 만족의 대상이자 안정감의 원천입니다. 영혼은 이 단계에서 숱한 시행착오를 거치며 사랑에 관해 많은 것을 배우게 됩니다.

이 단계에 속한 사람들은 큰 힘과 영향력을 가지고 있으며, 정부의 고위 관료나 기업을 운영하는 권력자의 자리에 올라 있는 경우도 많습니다. 또는, 자신에게 이득이 되는 쪽으로 권력을 휘두르는 사람일 수도 있습니다. 이들은 타인의 안위를 신경 쓰지 않는 것은 물론이고, 애국심마저 없습니다. '적자생존'은 이들이 따르는 기본 원칙이자 이들이 자신의 안위만 추구할 때 대는 핑곗거리이기도 합니다. 이들은 가능한 한 모든 것을 다 가지려 하는데, 보통은 법의 한도 내에서 그렇게 하지만 가끔은 불법적인 일을 저지르기도 합니다. 이 단계에 있는 이들 대부분은 어떻게 하면 정부를 자기 이익을 위해 조종하고 조직할 수 있을지에만 관심을 둡니다. 이 이야기가 어쩐지 익숙하게 느껴지지 않나요? 오늘날 지구의 인류 대부분이 이런 의식 상태에 머물러 있습니다.

이보다 더 나이를 먹고 성숙한 영혼은 무엇이 자신과 타인을 움직이게 하며, 또 무엇이 사회와 사회 구조를 작동하게 하는지에 더 관심을 두기 시작합니다. 의미 있는 방향으로 사회에 기여하고자 하는 정부 관료, 사회복지사, 교육자, 심리학자, 교수, 과학자, 혁신가, 그리고 자유사상가 등이 여기에 속합니다. 이들은 인도주의적이고, 민주주의와 만민평등 사회를 옹호하며, 동료 인간들을 위한 봉사에 관심을 둡니다. 예술가, 음악가, 안무가 그리고 여러 생애에 걸쳐 재능을 연마해 자기 분야에서 두각을 나타내는 사람들도 이 단계에 속할 수 있습니다.

이 진화 단계를 밟고 있는 영혼들은 어린 영혼들과는 달리 더 사려 깊고, 자기인식이 더 발달해 있으며, 자신의 결점과 실수에 책임을 지고자 합니다. 이들은 자기분석과 내면 성찰에 몰두하다가 어린 영혼들은 좀처럼 느끼지 못하는 어떤 고뇌와 갈망을 느끼기도 합니다. 아직 인류 대다수는 이 단계에 이르지 못했지만, 그래도 꽤 많은 사람들이 이 단계에 있습니다.

이다음 단계는 영혼의 진화 마지막 단계입니다. 영혼은 삶의 의미를 이해하고, 지혜와 자비심을 기르고, 사랑을 키워 이를 봉사로 표현하고, 초감각적 능력을 계발하고, 에고를 초월하는 데 집중합니다. 삶의 목적을 이루는 데 도움이 되지 않는 한, 나이 든 영혼은 일반적인 의미의 성공에는 좀처럼 집착하지 않습니다. 이들을 움직이게 하는 것은 자신의 진정한 본성을 경험하고 고향으로 돌아가고자 하는 갈망입니다.

이 단계에서 영혼은 에고와 머릿속 목소리로부터 자신을 분리하는 법을 배우고, 마침내는 부정적 감정을 초월하여 이를 평화, 사랑, 기쁨, 받아들임의 마음으로 대체하는 법을 배우게 됩니다. 나이 든 영혼의 사랑은 훨씬 포괄적이기 때문에 너와 나를 구분하지 않으며, 이 사랑은 심지어 원수에게까지

적용됩니다. 이들이 아는 사랑이란 인간의 삶에서는 좀처럼 찾아보기 어려운, 이상적이며 조건 없는 사랑에 가깝습니다. 이 단계의 막바지에 이르게 되면 개체적인 인격은 영혼 발달의 수단으로 인식되며 다른 사람들과의 합일감과 진정한 자아를 더 일상적으로 경험할 수 있습니다.

차이를 대하는 자세

당신의 세상에서는 관점의 차이가 함의하는 바가 매우 큽니다. 당신은 인종과 문화의 차이 때문에 사람들 사이에서 문제가 발생한다고 생각하겠지만, 사실 영혼 사이의 나이 차가 이런 문제를 일으키는 더 큰 요인입니다. 사람들 간의 차이는 종종 인종 간, 문화 간 차이라는 탈을 쓰고 있지만, 이것은 실제로는 영혼의 나이에 따른 인식과 가치관의 차이입니다. 예컨대 종교적, 정치적 견해 차이 역시 대개는 영혼의 나이가 다르기 때문에 생겨납니다.

각 인종과 국가는 다양한 나이대의 영혼들로 구성됩니다. 하나의 인종과 국가로 묶인다고 해서 그 구성원 모두가 동질적이라고 볼 수는 없습니다. 인종과 국가는 다양한 연령대의 영혼이 모인 집단일 뿐이며, 이는 가족도 마찬가지입니다. 같은 인종, 국적, 혹은 가족 구성원끼리의 공통점보다 같은 진화 단계에 있는 사람끼리의 공통점이 훨씬 많습니다. 같은 진화 단계에 있는 사람들이야말로 서로를 더 잘 이해하고, 지지하고, 격려할 수 있는 사람들로, 당신은 이들과 함께 있을 때 더 즐겁습니다. 당신이 삶의 목적을 성취하는 데 중요한 역할을 하는 것도 보통은 이들입니다.

이웃, 가족, 친구 등 당신과 함께 혹은 당신을 위해 다양한 방법으로 일하고 봉사하는 당신 주변의 모든 사람들은 영혼의 나이를 비롯한 여러 요인의 영향 아래에서 삶과 세상을 바라보는 관점을 다르게 형성해왔습니다. 당신은 이들에게, 이들은 당신에게 가르침을 얻을 수 있습니다. 지구라는 이 거대한 학교는 이렇게 작동합니다. 여러분 모두는 서로에게 배우기 위해 이곳에 모였습니다. 그 어떤 영혼도 아무 곳에 아무 이유 없이 내던져지지 않습니다. 모든 것이 계획대로 이루어지고 있으며 이 계획에 어긋난 일이란 존재하지 않습니다.

사람들은 서로의 다름을 받아들여야 합니다. 모든 영혼이 저마다 다른 진화 단계를 거치고 있음을, 그리고 모든 영혼이 자신의 진화 단계에 해당하지 않는 다른 방식으로 생각하고, 믿고, 느낄 수 없음을 이해한다면 서로의 다름을 더 쉽게 받아들일 수 있습니다. 네, 이들은 계속 성장하고 진화할 것입니다. 하지만 진화는 몹시 더딘 과정입니다. 그러니 서로 인내하고, 받아들이고, 각자가 자기만의 속도와 방식대로 필요한 것을 배울 수 있도록 허용해야 합니다. 타인의 실수를 허용하고, 이들로부터 배우고, 만약 도움을 요청하는 부탁을 받았다면 이들이 배움을 얻을 수 있도록 도와주세요.

당신이 어떤 신념을 가지고 있든, 당신과 완전히 같은 신념을 가진 사람은 별로 없습니다. 한 사람 한 사람이 고유한 것도, 삶과 인간관계가 흥미진진한 것도 저마다 신념과 관점이 다르기 때문입니다.

신념의 차이가 문제가 될 필요는 없습니다. 그 신념이 그 자체로 타인의 의사 결정권이나 신념의 자유를 침해하지 않는 한은 말입니다. 당신의 신념이 타인의 자유를 침해하지 않으며 타인의 고유성과 인간성을 존중한다면, 신념의 차이는 전혀 문제가 될 이유가 없습니다.

어쩌면 믿고 싶은 것을 믿을 자유는 가장 기본적인 자유일지도 모릅니다. 이 자유가 없다면 그 사회가 다른 쪽으로 얼마나 자유롭든 당신은 진정으로 자유로운 것이 아닙니다. 이 자유가 없다면 당신은 국가나 종교 혹은 특정 개인으로부터 강요된 신념에 지배당하게 될 것이며, 이런 상황은 사회와 국가 모두에 위험하고 해롭습니다.

긍정적인 신념이든 부정적인 신념이든, 삶에서 신념이 가지는 힘이 얼마나 큰지를 배우는 것은 인류 진화의 중요한 과제입니다. 이것은 모든 인간이 배워야 할 기본적이고 본질적인 교훈으로, 모두가 자유롭게 이를 탐구할 수 있어야 합니다. 타인이 가진 신념의 자유를 침해하지 않는 선에서 사람은 자신이 믿고 싶은 것을 자유롭게 믿을 수 있어야 하며, 그 선택에 따른 결과를 겪어야 합니다.

대부분의 사람들이 외부로부터 주입된 해롭고 제한적인 신념을 믿으며 살아갑니다. 하지만 문제는, 이와는 다른 신념을 믿을 수 있고 이를 통해 삶을 훨씬 순조롭게 살아갈 수 있다는 사실을 이들이 모른다는 것입니다. 경직된 신념 체계 속에서 자란 사람들은 자신이 겪는 괴로움이 자신이 믿는 잘못된 신념에서 비롯된 것인 줄도 모르고 힘겨워합니다. 이들은 이 신념을 믿어야만 한다고, 여기에 문제를 제기하면 끔찍한 일이 벌어진다고 배워왔습니다. 사실은 이 신념 때문에 삶이 필요 이상으로 괴롭고 어려운 것인데도 말입니다. 이들은 자신의 신념 때문에 괴로움을 겪으면서도 이 신념에서 벗어나면 더 큰 괴로움이 찾아올까 봐 두려워합니다. 이들은 참된 신념에 따라 사는 삶이 어떤 것인지를 모릅니다. 고통을 안겨주지 않으면서도 자기 실수로부터 배울 수 있는 유연성을 갖게 하는 것이 이러한 참된 신념인데도 말입니다.

모두가 알다시피, 어떤 신념은 개인과 사회 모두에 이로운 결과를 안겨주는 반면, 나쁜 결과를 안겨주는 신념도 있습니다. 당신은 인간으로 살아가면서 개인과 사회에 도움이 되는 신념과 그렇지 못한 신념을 분별하는 법을 배우게 됩니다. 또, 어떤 규칙을 따르며 살 것인지도 자기 스스로 정하게 됩니다.

당신보다 앞서 태어나 자신이 발견한 것들을 기록했던, 더 지혜로운 이들이 당신이 올바른 신념을 찾을 수 있도록 도울 것입니다. 이들은 삶의 진리를 배웠습니다. 즉, 개인과 사회가 번영할 수 있는 원칙들을 발견했다는 뜻입니다. 이들은 개인과 사회를 발전시키는 신념과 그렇지 않은 신념을 구분할 줄 압니다. 이러한 지혜 가운데 일부는 종교에 기록되어 있습니다. 그러나 안타깝게도 종교는 이롭지 못한 신념, 크나큰 고통을 불러일으키는 잘못된 신념으로 가득하기도 합니다.

더 높은 차원에 있는 우리는 여러분에게 더 큰 행복과 평화, 사랑으로 안내해줄 신념을 가리켜 알려줄 수 있습니다. 그리고 이미 여러분 중 많은 사람이 이러한 신념을 삶에 적용해 자신의 진실을 깨닫고 있습니다. 이러한 과정은 꼭 필요하다고 할 수 있습니다. 왜냐하면 당신의 거의 모든 신념은 부모님 혹은 타인으로부터 주입받아온 것들이며, 이는 당신이 잠재성을 최대한 실현하여 최고의 모습으로 거듭나는 데 방해가 되는, 이롭지 못한 신념이기 때문입니다.

물론, 이들도 당신에게 '옳은' 신념을 전해주고 싶었을 것입니다. 하지만 애초에 잘못된 신념을 배운 사람에게서 어떻게 옳은 신념을 배울 수 있을까요? 거의 모든 사람들은 자신이 배운 신념에 의문을 제기하지도, 이를 시험해보지도 않습니다. 이러한 상황은 대개 배운 대로 하지 않으면 안 된다는 두려움 때문에 일어납니다. 결국, 이 두려움 때문에 많은 이들이 진리로 향하는 길을 영영 찾지 못합니다.

그러나 당신의 운명은 다를 수 있습니다. 당신은 자신의 신념에 질문을 던지고, 제한적이고 부정적인 신념을 당신을 번영으로 이끄는 신념으로 대체할 수 있습니다. 당신을 번영으로 이끄는 신념은 당연히 사회에도 이롭습니다. 신념 중에는 다른 신념보다 진실에 더 가까우며 개인과 사회에게 훨씬 더 도움이 되는 신념이 있습니다. 당신의 과제는 이런 신념으로 향하는 길을 찾는 것입니다. 열린 마음으로 자신이 배워온 신념에 질문을 던지고, 사랑과 평화로부터 멀어지는 신념을 사랑과 평화에 가까워지는 신념으로 대체하면 그 길을 찾을 수 있습니다.

당신을 더 큰 사랑과 평화로 이끄는 신념은 취하고, 당신을 두려움, 부정성, 제약, 증오, 화, 혼돈으로 이끄는 신념은 버리라. 이것이 진리를 찾는 당신에게 우리가 제안하는 기준입니다.

이 기준대로라면 당신에게는 버려야 할 신념이 참 많을 것입니다! 물론, 삶을 뜻대로 살고 가능한 한 가장 나은 인간이 되는 데에는 그렇게 많은 신념이 필요하지 않습니다. 당신이 새로 가질 신념은 타인이 자기 뜻대로 삶을 사는 데에도 도움이 될 것입니다. 사랑과 평화로 향하는 신념 속에는 언제나 타인의 평안, 사랑, 평화를 허용하는 신념이 포함되어 있기 때문입니다.

그렇다면, 당신과 매우 다른 신념을 가진 사람은 어떻게 대해야 할까요? 특히 상대의 신념이 그 스스로를 증오와 분열, 화, 비난, 억울함 등의 부정적인 감정으로 깊이 물들이고 있다면요? 당신은 타인의 선택에 그리 큰 영향을 미칠 수 없습니다. 당신은 상대의 자유의지를 존중하고 상대가 스스로 선택을 내릴 수 있도록, 그리고 이로부터 교훈을 얻을 수 있도록 허용해야 합니다. 이는 우리와 당신의 관계에서도 마찬가지입니다. 모든 사람은 배우고 진화하며, 그 과정에서 실수를 저지르고 잘못된 신념 때문에 고통에 시달립니다. 인간의 진화 과정은 원래 혼란스럽습니다. 그러니 이 사실을 받아들이고, 이 혼란스러움을 허용해야만 합니다.

"저들을 용서해주소서. 저들은 자기들이 무슨 일을 하고 있는지 알지 못합니다." 이 성경 구절은 잘못된 신념(무지)과 이런 신념이 유발하는 고통에 대처하는 최고의 방법을 설명하고 있습니다. 상대가 어떤 선택을 내리든 묵인한다는 것도, 상대가 부정적 감정에 빠져 허우적대는 걸 내버려둔다는 것도 아닙니다. 당신은 용서를 통해 실질적으로 이들을 도울 수 있습니다. 즉, 상대의 부정적 감정에 당신의 부정적 감정을 더하지 않으면 당신은 이들이 부정적 감정으로부터 자유로워질 수 있도록 돕는 셈이 됩니다.

때로는 당신이 처해 있는 상황에 더 이상의 부정적 감정을 더하지 않는 것이 당신이 할 수 있는 최선일 때도 있습니다. 이들에게 맞서거나 이성적으로 설득을 시도하더라도 당신이 이들의 마음을 돌려놓을 가능성은 적습니다. 부정적 에고 상태에 빠져 있는 사람은 이성으로 설득할 수도 없고, 그것을 원하지도 않습니다. 이들은 자신의 신념을 거스르는 사실이나 조언, 혹은 가르침을 받아들일 준비가 되어 있지 않습니다. 하지만 만약 이들이 먼저 다가와 당신의 의견을 구한다면 그땐 당신의 의견을 나누어도 좋습니다. 그러나 그 전까지는 바꿀 수 없는 것을 바꾸려고 애쓸 필요가 없습니다.

에고의 신념과 부정적인 감정에 깊이 젖어 있는 사람을 친절하게 대하는 것이 최선의 대응 방식이긴 하지만, 이들은 당신의 사랑과 빛을 반기지 않을 것이며 당신이 건넨 친절과 사랑, 평화에 분노할 것입니다. 부정적인 상태에 빠져 있는 사람들은 당신이 무슨 말을 하든 당신이 잘못됐다고 말할 것입니다.

그러니 자기들이 무슨 일을 하고 있는지 알지 못하는 그들을 용서하세요. 그러면 상대의 부정적 감정으로부터 자신을 떼어놓을 수 있고, 그에 맞서 싸우지 않을 수 있으며 내려놓고 신에게 맡기는 것이 가능해집니다. 다시 말해, 이 일에 관한 모든 두려움을 전부 내려놓는 것이지요. 상대에게 주어진 환경과 진화 수준을 고려한다면 그가 지금처럼 행동할 수밖에 없다는 것을 아세요. 이 상황은 당신이 어찌할 수 있는 상황이 아니란 것을, 그리고 실은 모든 것이 신의 손에 달려 있으므로 다 괜찮다는 것을 아세요.

실로 모든 일은 펼쳐져야 하는 대로 펼쳐지고 있습니다. 그러니 걱정과 두려움은 내려놓으세요. 걱정과 두려움은 당신을 부정적인 감정으로 내몰 뿐입니다. 이럴 때일수록 진동 주파수를 높게 유지하고, 앞날을 가능한 한 긍정적으로 바라보며, 타인의 부정적 감정이 당신에게 영향을 주지 못하도록 하는 것이 중요합니다. 부정적인 사람들이나 부정적인 소셜 미디어로부터 멀어져야 이것이 가능하다면, 실제로 그렇게 하는 것이 최선일 것입니다.

타인을 있는 그대로 받아들이세요. 이들이 당신에게 지혜를 나눠달라고 요청한 게 아닌 한, 이들의 신념을 바꿀 책임은 당신에게 있지 않습니다. "너는 너대로, 나는 나대로 살기"의 태도는 삶의 신조로 삼을 만한 긍정적인 철학입니다. 이는 각자 자신이 선택한 삶의 방식과 신념에 따라 살아가도록 허용하면서, 이런 선택을 통해 모두가 배우고 진화하리란 것을 믿는 태도입니다. 민주주의에서는 이러한 자유를 가치 있게 여기는데, 실제로 민주주의를 이루려면 자유가 필요하기 때문입니다. 따라서 "너는 너대로, 나는 나대로 살기"는 민주주의의 기초가 됩니다.

내가 위에서 언급한 "신의 손에 달렸다"는 말은 당신에게 주어진 이 삶이 성스러운 인도를 받아 더 큰 사랑을 향해 나아가는 중이라는 뜻입니다. 물론 그 과정에서 고통을 겪을 수도 있겠지만, 얼마나 오랜 시간이 걸리든 삶은 모든 사람을 더 큰 사랑으로 데려가줍니다. 고통은 결국 모든 사람을 사랑이라는 고향으로 인도합니다.

증오로 가득하거나 화가 잔뜩 난 사람 또는 두려움에 떨고 있는 사람을 만난다면 그에게 자비심을 베풀도록 하세요. 이런 감정 상태에 머무는 것은 무척 고통스러운 일이기 때문입니다. 자비심을 보이되 이들을 바꾸려 하거나 이들이 틀렸음을 증명하고자 하는 마음에서 멀어질 수만 있다면, 당신은 이들의 부정적인 감정에 영향받지 않고 긍정적인 상태를 유지할 수 있을 겁니다. 이것이 이 세상에 존재하는 추악함을 변성시킬 수 있는 가장 효과적인 방법입니다. 악에 맞서 싸우는 것은 당신이 바꾸고 싶어하는 그 상대와의 갈등만 부추길 뿐, 실제로 상대를 바꾸지는 못합니다.

가능한 한 좋은 사람이 되어 스스로를 드높이세요. 그리고 다른 사람들을 증오, 화, 두려움에 휩싸이게 만드는 것들로부터 거리를 둠으로써 당신의 진동수를 유지하세요. 당신은 이런 것들을 가까이할 필요가 없습니다. 당신이 할 수 있는 최선은 당신을 부정적인 에고 상태로 이끄는 신념에는 의문을 제기하고, 이 상태에서 벗어나도록 이끄는 신념은 긍정하는 것입니다. 당신이 해야 할 일은 남을 바꾸는 일이 아니라 스스로를 바꾸는 일입니다. 당신이 책임져야 할 사람은 당신 자신입니다.

당신이 책임져야 할 것은 타인의 의식이 아닌 자기 자신의 의식입니다. 결국 지구 전체의 의식을 끌어올릴 수 있는 유일한 방법은, 논리적인 설득이 아닌 공명을 통해 타인의 의식을 당신의 의식 수준까지 끌어올리는 것입니다. 의식은 사랑을 베푸는 친절함과 받아들임을 통해 높아집니다. 그 어떤 싸움에도 휘말릴 필요가 없습니다. 정치적, 종교적, 혹은 인종 간 싸움은 모두 양극단이 부딪혀서 벌어지는 전쟁입니다. 싸움에 휘말리지 않는다면, 싸우길 원하는 이들도 싸울 거리가 없어 싸울 수 없을 것입니다.

자비심은 여러분 모두의 내면에 잠재되어 있는 힘입니다. 당신이 가진 초능력 중 하나지요. 하지만 몇몇 슈퍼히어로들이 그랬듯, 당신도 자기 내면에 이런 능력이 존재한다는 사실을 잘 모르고 있을 수도 있습니다. 그래서 나는 당신의 이러한 능력을 완전히 일깨워주고자 합니다.

자비심이 초능력이란 말은 전혀 과장이 아닙니다. 매우 강력하고 또 '언제 어디서나 쓸 수 있는' 능력이란 점에서 자비심은 초능력입니다. 이 초능력은 누구나 태어날 때부터 가지고 있으며 따로 계발할 필요도 없습니다. 자비심은 항상 존재하므로 필요하다면 언제든 손쉽게 사용할 수 있습니다. 애쓸 필요도 없습니다. 당신 내면에 자비심이 있다는 것을 알고 이를 기꺼이 사용할 마음만 있다면 그것으로 충분합니다.

자비심의 가치를 모르는 것이 자비심을 내는 것을 막는 유일한 장애물일 때가 많습니다. 자비심을 자주 내지 않거나 아예 내지 않으면 그것이 삶 속에서 얼마나 큰 힘을 가지고 있는지 알 수 없지요. 당신은 자비심을 활용함으로써 그것이 큰 힘을 지녔음을 알게 됩니다. 물론 다른 것들도 다 마찬가지긴 하지만, 자비심을 대수롭지 않게 여기며 이를 온전히 활용하지 않는 일들은 비일비재합니다. 심지어 자비심이 존재한다는 사실이나 그것을 활용해야 한다는 사실조차 잊기 쉽지요. 그래서 나는 당신에게 이를 다시 일깨워주고자 합니다.

먼저 자비심이 필요한 상황들을 알아보겠습니다. 이 초능력을 발휘해야 할 (자비심을 실천해야 하는) 가장 중요한 순간은, 자기 스스로가 못마땅하게 여겨지는 순간입니다. 자신을 향해 자비심을 내는 것이 맨 첫 번째가 되어야 합니다. 그러지 않으면 타인을 향한 자비심도 절대 낼 수 없습니다. 당신은 자기 자신을 대하는 방식 그대로 타인을 대하며, 당신이 타인을 대하는 방식은 당신이 자기 자신을 대하는 방식을 반영합니다. 그러니 자기 자신에게 자비심을 내는 것이 우선입니다.

당신은 스스로를 어떻게 대하나요? 평소 머릿속 목소리의 어조는 어떤가요? 야단치고, 밀어붙이고, 비판하고, 함부로 판단하고, 수치심을 주고, 비교하진 않나요? 어쩌면 그 목소리는 이 모든 걸 다 하고 있을 수도 있습니다. 하지만 이것이 당신의 진정한 목소리가 아니라는 사실을, 이 목소리는 당신에 관한 그 어떠한 진실도 말하지 않으며 어디에도 도움이 되지 않는다는 사실을 당신은 알고 있나요? 또, 이 목소리에 귀를 기울일 필요가 전혀 없다는 사실을 알고 있나요?

문제는, 이 목소리가 하는 말을 믿는 순간부터 당신은 어느 정도는 이 목소리가 규정하는 사람이 되어버린다는 것입니다. 예컨대, 이 목소리가 당신이 누군가보다 낫다고 말한다면 당신은 이 말을 믿고 그를 당신보다 못난 사람으로 대할 것입니다. 이 목소리를 믿기 때문에, 당신은 목소리가 규정하는 당신이 됩니다. 당신이 계속 이 목소리를 따라 말하고 행동하면, 안 그랬던 사람들도 언젠가는 이 목소리가 말하는 그대로 당신을 보게 될지 모릅니다.

자신을 다른 사람보다 낫다고 여기는 게 자신을 아끼는 거라고 착각할 수도 있습니다. 하지만 이런 착각은 당신이 자신을 못마땅하게 여기고 있음을 숨기기 위한 방어 기제일 뿐입니다. 깊은 내면에서는 자기 자신을 속일 수 없습니다. 만약 이런 자신의 모습을 발견했다면, 이때 필요한 약이 자비심입니다. 자신이 진실을 호도하고 거짓 자아를 만들어내는 머릿속 목소리를 가진, 곤경에 빠진 한 인간이라는 사실에 자비심을 내세요. 이 목소리는 거짓을 말하며 당신이 스스로를 못마땅한 눈으로 보게 만듭니다. 또, 이런 결핍 의식을 가리기 위해 자만을 심어주며, 나중에 후회할 일을 하게 만듭니다.

당신은 머릿속 목소리가 아닙니다. 본질에 있어서 당신은 평화, 사랑, 만물과의 합일을 원하는 사랑의 존재입니다. 이 말의 진실됨이 느껴지나요? 잠시 하던 일을 멈추고 내면에 귀를 기울이기만 하면 이것이 진실임을 느낄 수 있을 겁니다.

당신은 그 목소리와 싸울 필요가 없습니다. 필요한 건 자비심이 전부입니다. 머릿속 목소리를 있는 그대로 바라보면서 이 목소리에 자비심을 내세요. 그러면 이 목소리가 당신에게 주입하고자 하는 모든 부정적 감정과 거짓 정체성으로부터 자유로워질 수 있습니다. 자비심, 이 얼마나 대단한 초능력인가요!

목소리를 있는 그대로 바라보세요. 목소리와 싸우면 거기에 사로잡혀 있게 될 뿐입니다. 이렇게 해서는 자유로워질 수 없습니다. 목소리를 싫어하는 것도 별로 도움이 되지 않습니다. 사실, 목소리를 있는 그대로 바라보는 것만으로는 좀 부족합니다. 여기서 한 걸음 더 나아가 머릿속 목소리에 자비심을 베풀어야 합니다. 자비심을 내면 진정한 자아와 동조될 수 있으며, 바로 이것이 목소리로부터 자유로워지는 법입니다. 이렇게 자비심의 관점에서 자신을 볼 때만 당신은 머릿속 목소리가 아닌 자기 자신을 경험할 수 있습니다.

자비롭다는 것은 무엇일까요? 자비심으로 무엇을 할 수 있을까요? 자비심이란 당신의 진정한 자아입니다. 당신이 자신에게 (거짓 자아에게) 자비심을 내면, 거짓 자아는 녹아내려 더는 문제를 일으키지 못합니다. 거짓 자아의 거짓말로부터 놓여나게 되는 것입니다. 거짓 자아는 끝도 없이 거짓말을 늘어놓는 거짓말 그 자체입니다. 당신은 인간을 연기하고 있는 신성입니다. 그러나 거짓 자아는 이와는 반대로 당신이 결핍되어 있으며 단절되어 있다는 거대한 미망을 만들어냅니다.

자비심을 통해 당신은 에고가 만들어낸 미망의 세계에서 벗어나 자유를 되찾습니다. 무엇이 될 자유를 되찾는 걸까요?

진정한 당신, 즉 신성한 존재가 될 자유를 되찾는 것입니다. 진실은 당신이 스스로를 다르게 경험할 수 있는 자유를 줍니다. 이로써 당신은 스스로가 선하고, 친절하고, 사랑을 베푸는 사람이며 타인에게 축복이 되는 사람임을 경험하게 됩니다.

당신은 자비심을 냄으로써 스스로를 사랑할 수 있습니다. 그리고 이 사랑은 흘러넘쳐서 타인에게도 전해집니다. 자기 자신을 사랑하면 자연스럽게 타인도 사랑하게 되기 때문입니다. 자신을 향한 자비심이 타인을 향한 자비심을 가능하게 합니다. 이로써 당신은 타인과 더 긍정적으로 관계를 맺을 수 있게 되고, 타인도 그 자신을 치유하고 사랑할 수 있게 됩니다. 자신을 사랑하고, 타인을 사랑하고, 타인을 치유하는 이런 업적을 이룰 수 있는 능력이 또 어디에 있을까요? 앞에서도 말했지만, 자비심은 초능력입니다.

자비심은 당신이 느끼는 모든 부정적 감정의 해독제이기도 합니다. 부정적 감정이 일어난다는 것은 당신이 에고(머릿속 목소리)의 거짓말에 속아 넘어갔다는 것을 뜻합니다. 그래도 괜찮습니다. 항상 있는 일이니까요. 슬픔, 화, 속상함, 후회, 수치심 같은 부정적 감정이 느껴질 때일수록 자신에게 자비심을 베풀도록 하세요. 인간으로 산다는 것은 힘든 일입니다. 다른 모든 사람과 마찬가지로 당신도 자비심의 품에 안길 자격이 있습니다. 당신도, 다른 모든 사람도 이 어지럽고 예측 불가능한 세상에서 온 힘을 다해 살아가고 있으니까요.

사실 세상이나 삶 자체가 어려운 것은 아닙니다. 인간으로 살아가는 것(에고를 가지고 있다는 것)이 세상과 삶을 어렵게 만드는 것이지요. 모든 인간에겐 비슷한 에고가 있습니다. 우리가 에고라 부르는 이 프로그래밍을 타고나지 않은 사람은 그 어디에도 없습니다. 에고를 가지고 있다는 것은 가장 강한, 가장 진화한 영혼에게도 큰 시련입니다. 그 누구도 완벽한 삶을 살 수 없으며, 모든 면에서 완벽한 성인군자는 없습니다. 누구라도 가끔은 에고에 휘둘리기 마련입니다.

에고와 인간의 조건에 관한 앎과 이해를 바탕으로 모두가 온 힘을 다해 살아가고 있습니다. 머릿속 목소리에 관한 진실을 본 당신은 운이 좋은 편에 속합니다. 이제 자비심이란 해결책을 삶에 적용하기가 훨씬 쉬워졌을 테니까요. 문제(머릿속 목소리가 문제라는 것)를 이해하지 못하면 문제에 대한 해결책도 이해할 수 없습니다. 하지만 문제가 무엇인지 알면 그 문제에 해결책, 즉 자비심을 적용할 수 있습니다.

하지만 이 사실을 이해하기 전까지, 에고는 자비심을 나약한 것, 앞뒤가 맞지 않는 것, 무언가의 해결책이 되기에는 부족한 것으로 여길 것입니다. 자비심이 다른 의식 상태에 도달하기 위한 입장권이란 사실을 깨닫지 못하는 한, 당신은 자비심을 무시하고 대수롭지 않은 것으로 여기면서 그 진정한 힘을 알아보지 못할 것입니다.

자비심은 당신이 에고의 의식 상태에서 벗어나 신성한 본성, 즉 가능한 최선의 자아를 실현할 수 있도록 당신의 의식을 변화시킵니다. 사실 당신의 기본 자아는 최악의 자아입니다! 그러니 이런 자아에게 자비심을 베푸는 게 마땅하지 않을까요? 당신의 기본 자아는 삶과 타인을 부정적으로 느끼고 이에 부정적으로 반응합니다. 이것은 당신의 잘못이 아닙니다. 그렇기에 자비심을 베풀어 마땅한 것입니다. 타인 역시 똑같은 이유에서 자비심을 누릴 자격이 있습니다.

그렇다고 에고의 의식 상태가 만들어내는 부정성을 묵인하자는 것은 아닙니다. 나는 그저 단순한 사실을 이야기하는 것뿐입니다. 부정적 신념은 부정적 감정을 낳고, 이는 해롭고 잘못된 행동으로 이어집니다. 당신이 이렇게 프로그래밍되어 있는 것은 당신의 잘못이 아닙니다. 이는 다만 당신이 자비심으로 품어 마땅한 인간의 조건일 뿐입니다. 이 사실만 안다면, 부정적인 신념이 부정적인 감정으로, 부정적인 감정이 부정적인 행동으로 이어지는 고리를 끊어낼 수 있습니다. 자비심은 당신을 이 고리로부터 해방하는 강력한 힘입니다! 자비심은 당신이 최선의 당신이 될 수 있도록 당신을 해방합니다. 왜냐면 당신은 결코 최악의 당신이 아니라, 본질적으로 훌륭하고 선한 존재이기 때문입니다.

지금까지 저는 당신이 자비심으로 품어야 할 두 가지를 소개했습니다. 첫째는 당신 자신에 관한 당신의 부정적인 생각이고, 둘째는 부정적인 감정입니다. 그리고 마지막, 세 번째로

얘기할 것은 자신에게 그러하듯 타인에게도 똑같이 자비심을 베풀어야 한다는 것입니다. 상대가 못된 행동을 하고 있나요? 그에겐 지금 당신의 자비심이 필요합니다. 상대가 화가 났거나, 누군가를 증오하거나, 비탄에 빠져 있나요? 그에겐 지금 당신의 자비심이 필요합니다. 이들이 당신을 공격하거나, 책망하거나, 미워하거나, 함부로 판단하고 있나요? 그에겐 지금 당신의 자비심이 필요합니다.

당신에게 못되게 구는 사람에게 자비심을 베푸는 일은 쉽지 않습니다. 그러나 자비심이야말로 갈등을 해소하고 타인을 치유하는 데 필요한 것입니다. 갈등과 충돌은 두 당사자 '모두' 에고에 휘둘리고 있을 때만 발생합니다. 자비심은 모든 갈등을 해결할 수 있는 해독제입니다. 갈등 상황에서 내면의 자비심을 깨우는 것은 상대에게 굴복하는 것도, 투항하는 것도, 피해자가 되는 것도 아닙니다. 이것은 당신을 공격하는 사람의 의식을 바꾸거나, 적어도 당신 자신의 의식이 낮아지지 않도록 막아주는 건설적인 행동입니다.

당신의 자비심은 친절한 한마디 말, 즉 상대가 지금 어떤 느낌인지 이해하고 있음을 나타내는 말로 표현될 수 있습니다. 아니면 단순히 당신의 의식이 상대의 에고에 휘말리지 않도록 평정을 유지하는 것도 자비심일 수 있습니다. 때에 따라서는 당신의 에고까지 상황에 휘말릴 위험을 감수하기보다는 거기서 빠져나와 상황의 열기가 가라앉기를 기다리는 것이 당신의 자비심이 해낼 수 있는 최선일 때도 있습니다. 나중에는 자비심이 용서라는 형태로 나타날 수도 있습니다. 이 용서는 당신의 내면에서만 조용히 이루어질 수도, 혹은 상황이 진정된 후 타인을 향한 당신의 행동에 반영되어 나타날 수도 있습니다.

"저들을 용서해주소서. 저들은 자기들이 무슨 일을 하고 있는지 알지 못합니다." 이 말에는 고금을 막론한 진리가 담겨 있습니다. 그러나 아직도 너무나 많은 사람들이 이 말이 무슨 뜻인지, 이를 어떻게 실천해야 하는지 모르는 채 자신의 에고에 휘둘리고 있습니다. 이들은 자신이 프로그래밍의 희생자임을 알지 못하고 있으며 이 프로그래밍을 어떻게 바꿔야 하는지도 명확히 알지 못합니다. 이들은 자신이 필요로 하는 답, 진실이 어딘가에 존재한다는 사실조차 까맣게 모르고 있습니다.

당신은 운이 좋은 편입니다. 진실과 맞닥뜨렸기 때문입니다. 이 진실을 알기까지 당신은 몇 번의 환생을 거쳤을까요? 당신과 마찬가지로 다른 사람들도 이 진실을 확인하고 받아들이기까지 수많은 환생을 거쳐야 할 것입니다. 물론 여기까지 오는 데 시간이 덜 걸리는 사람도 있을 것입니다. 인류의 진화 속도는 점점 더 빨라지고 있으니까요. 그러나 인류 대부분은 여전히 원시적인 의식 수준에 머물러 있습니다. 2,000년이 지나 엄청난 기술적 발전을 성취한 지금까지도 말입니다.

진실을 아는 당신은 당신에게 주어진 축복을 인정하고 힘이 닿는 대로 이 진실을 타인과 나누어야 하며, 당신을 이해하지 못하는 사람들에게 자비심을 베풀어야 합니다.

진동수를 높이고 진화를 가속하는 법

당신이 타인의 의식 상태와 진화를 위해 할 수 있는 것은 많지 않습니다. 그러나 당신 자신을 위해서는 할 수 있는 게 있습니다. 당신은 삶의 자연스러운 흐름에 동참함으로써 진화를 가속할 수 있습니다. 당신의 영혼이 당신의 진화를 굽어살피고 있으며 이에 맞게 당신의 삶을 펼쳐내고 있습니다. 당신이 해야 할 일은 이 흐름에 더 과감히 몸을 맡기는 것뿐입니다.

이를 위해서는 당신의 직관, 의도, 자유의지를 활용할 필요가 있으며 오래된 습관과 에고 프로그래밍의 관성을 초월하기 위한 기도도 필요합니다. 머릿속 목소리로부터 자신을 분리하고, 더 고요하고 작은 내면의 목소리에 귀를 기울이는 법을 배워야 합니다. 그러려면 당신의 마음이 고요해야 하는데, 고요한 마음은 더 큰 사랑과 평화로 향하는 길을 당신에게 밝혀줄 것입니다. 다음은 여기에 도움이 되는 명상을 비롯한 여러 수행 방법에 관한 내용입니다.

명상

명상에서 가장 중요한 것은 명상을 어떻게 하느냐가 아닙니다. 명상은 정말 쉽고, 하나도 복잡할 게 없기 때문입니다.

하겠다는 의지만 있으면, 명상을 왜 하는지도 중요하지 않습니다. 명상에서 가장 중요한 것은 얼마나 자주 하느냐입니다. 가끔 한 번씩 하는 명상은 딱 그만큼만 당신에게 유익할 것입니다. 그 한 번이 얼마나 긴지와 상관없이 말입니다. 중요한 것은 매일, 하루에 적어도 45분 이상씩 하는 것입니다. 명상 수행은 근육을 단련하는 것과 비슷해서, 실제 근육처럼 당신의 '명상 근육'도 꾸준히 단련하지 않으면 물러집니다.

명상은 일반적인 의식 상태인 에고의 의식 상태가 아닌 또 다른 의식 상태에서 휴식할 수 있도록 뇌를 훈련하는 것입니다. 이를 위해서 당신은 매일 일정 시간을 명상 상태로 있어야 합니다. 그래야만 비로소 이 또 다른 의식 상태가 당신의 기본적인 의식 상태가 될 가능성이 생겨납니다. 이것이 명상의 목적입니다.

매일 명상 수련을 하면 더 편안하고 만족스러운 상태, 즉 현존의 상태에서 살아갈 가능성이 열립니다. 실제로 적지 않은 사람들이 이런 현존의 상태에서 살아가고 있고, 그들 대부분은 이 상태를 목표로 삼아 날마다 명상을 해온 사람들입니다.

자신의 목표가 무엇인지, 즉 자신이 중요하게 여기는 가치가 무엇인지 아는 것이 도움이 될 수 있습니다. 당신에겐 무엇이 중요한가요? 대부분의 사람에게는 해야 할 일을 해치우는 것이 우선적인 목표일 것입니다. 당신도 이런 사람에 속한다면 명상에 쏟을 시간이 비생산적인 사치로 느껴질 수 있습니다. 시간은 항상 부족하니까요. 하지만 이는 전혀 사실이 아닙니다. 명상은 사치가 아니라 필수입니다. 명상은 사람이 하는 모든 일에 능률과 생산성, 그리고 기쁨을 더합니다. 명상을 꾸준히 하는 사람은 무엇에 시간을 쏟든 그 시간을 더 충실하게 보냅니다. 명상을 통한 현존 상태에서 당신이 내리는 선택은 머릿속 목소리가 아니라 당신 내면의 지혜가 내리는 선택이기 때문입니다.

명상을 꾸준히 하다 보면, 당신의 시간을 갉아먹던 어떤 일들을 전혀 안 하게 될 수도 있습니다. 당신이 시간을 쏟는 일 중에는 시간을 쏟을 가치가 전혀 없는 일도 있습니다. 명상은 당신이 이를 볼 수 있게 도와줍니다. 당신은 더 많은 기쁨을 가져다주는 일에 더 긴 시간을 쓰고, 쇼핑, 운동, 친구와의 수다, 텔레비전이나 유튜브 시청 등 에고가 원하는 것에는 시간을 덜 쏟게 될 것입니다. 거의 모든 사람이 하루 중 많은 시간을 자신의 영혼이 아니라 에고를 살찌우는 데 씁니다. 이런 습관이 바뀐다면 내면에서 변화가 느껴지고 삶은 더 나은 방향으로 변할 것입니다. 현존 상태에서 살아간다는 것은 에고의 의식 상태와는 다른 의식 상태에서 살아간다는 것이며, 이것이야말로 영적 수행의 목적입니다.

요지는, 뇌의 상태를 영구적으로 바꾸려면 매일 꾸준한 명상이 필요하다는 것입니다. 매일 명상하지 않으면 현존 속에 뿌리내리기 위해 뇌가 필요로 하는 변화란 거의 불가능하거나, 이 변화를 성취하기까지 엄청나게 긴 시간이 걸릴 것입니다. 영적 진화는 매우 더딘데, 이를 가속하는 방법에는 명상과 의식 감응(transmission)라는 두 가지 방법이 있습니다. 책을 더 읽고 더 많은 가르침을 흡수하는 것이 의식의 변화를 가져올 것이라고 생각한다면 그것은 자신을 속이는 것이나 다름없습니다. 다른 이들의 가르침도 물론 중요하지만, 이를 읽고 듣는 것만으로는 뇌를 바꾸지는 못합니다. 오직 명상만이 당신의 뇌를 바꿀 수 있습니다.

하여, 기본적인 명상 기법을 간단하게 소개하고자 합니다. 먼저, 긴 시간 동안 몸을 움직이지 않아도 되게끔 아주 편안한 자세를 찾는 것이 매우 중요합니다. 일부 요가나 명상 선생님이 흔히 말하듯 단순히 몸을 똑바로 세우라는 것이 아닙니다. 움직이지 않아도 편히 쉴 수 있는 편안한 자세를 찾으세요. 허리에 베개를 받치고 침대 위에, 혹은 안락의자에 45도 각도로 등을 기댄 채 앉으세요. 그러면 한 시간 이상 명상을 해도 불편함 없이 더 깊은 의식 상태에 도달할 수 있습니다.

명상이란 기본적으로 하나 혹은 모든 다섯 가지 감각에 정신을 집중하는 행위입니다. 명상에는 몇 가지 기본적인 종류가 있습니다. 이 중 어떤 것이 자신에게 가장 맞을지는 직접 해보면서 찾아가야 합니다.

소리 명상: 듣는 행위와 생각은 동시에 이루어질 수 없습

니다. 듣기는 마음에서 벗어나 자연스럽고 기분 좋게 지금 이 순간으로 돌아오는 방법입니다. 듣기 명상에서는 종소리, 음악, 명상 가이드의 목소리, 만트라, 확언 등 특정 소리에 주의를 집중합니다. 아니면 속으로 반복해서 기도문을 읊조려도 좋습니다.

전통적으로 전해져 내려오는 의미심장한 산스크리트 단어나 구절을 반복하는 만트라 명상법 역시 소리 명상의 일종으로 역사가 깊습니다. "옴", "옴 샨티, 샨티, 옴" 혹은 "옴 나마 시바야" 등이 이런 만트라입니다.[*] 당신에게 개인적으로 더 의미 있거나 울림을 주는 단어, 구절, 혹은 짧은 기도문에 주의를 집중해도 좋습니다. 찬미, 감사, 사랑, 혹은 그저 편안한 기분을 불러일으키는 구절이 이런 명상법에서 더 힘을 발휘하는 구절입니다.

단순히 주변에서 들려오는 소리에 주의를 집중해도 좋습니다. 마치 어떤 소리를 경청하고 있는 것처럼, 주변의 모든 소리를 귀담아들어 보세요. 이렇게 소리를 경청하다 보면 주의가 살아나고, 기민해지고, 호기심이 생기면서 지켜봄의 상태로 들어가게 됩니다.

들려오는 소리를 머리로 해석하지 말고 있는 그대로 받아들이세요. 개 짖는 소리와 같은 특정 소리에 저항하고 있는 자

---

* "Om", "Om Shanti, Shanti, Om", "Om Nama Shivaya".

신을 발견한다면, 이 저항을 알아차리고 다시 경청하는 상태로 돌아가세요.

소리와 소리 사이, 생각과 생각 사이의 고요에 귀 기울여볼 수도 있습니다. 이 고요에도 소리가 있습니다. 이 고요에서 어떻게 소리가 생겨났다가 다시 사라지는지 알아차리세요.

또한, 아름답고 편안한 기악곡을 감상하면서도 듣기 명상을 할 수 있습니다. 들려오는 음악에 완전히 몰입해보세요.

호흡 명상: 가장 흔한 명상법입니다. 하지만 그렇다고 호흡 명상이 다른 명상법보다 우월한 것도, 누구에게나 잘 맞는 것도 아닙니다. 최고의 명상법은 당신 자신에게 가장 잘 맞는 명상법입니다.

호흡 명상은 호흡 과정에서 느껴지는 감각에 집중하는 명상입니다. 코를 통해 들어오고 나가는 공기를 느끼세요. 애쓰지 않고, 부드럽고 조용하게, 평소 당신의 호흡 패턴을 바꾸려 하지도 말고, 숨을 내쉬고 들이쉬는 가슴과 몸통의 움직임을 그저 알아차리세요. 호흡이나 몸에 대한 생각 혹은 다른 어떤 생각에 빠진 자신을 발견했다면 호흡하는 '경험'으로 다시 주의를 돌려놓으세요.

들숨에 숫자를 몇 번 세고, 잠시 숨을 참으며 숫자를 몇 번 세고, 날숨에 다시 숫자를 몇 번 세는 호흡 명상도 있습니다.

호흡하며 호흡 횟수를 세는 명상법도 있습니다. 조용히,

들숨에 "하나"를 세고, 날숨에 "둘"을 셉니다. 다시 들숨에 "셋"을, 날숨에 "넷"을 셉니다. 이렇게 "열"까지 숫자를 셌다면, 다시 "하나"로 돌아갑니다. 주의를 잃지 않고 열까지 셀 수 있는지 보세요. 집중이 흐트러졌다면 다시 "하나"로 돌아갑니다. 이렇게 마음에 과제를 줌으로써 배회하는 마음을 추스를 수 있습니다.

호흡 명상이 효과적인 것은 숨과 마음이 긴밀하게 연결되어 있기 때문입니다. 당신의 숨이 느리고 깊다면 마음 역시 더 고요해지고 차분해집니다. 단순히 호흡을 알아차리는 것 외에도, 숨을 더 느리고 깊이 쉬면서 여기에 마음이 어떻게 반응하는지 관찰하는 실험을 해볼 수도 있습니다.

걷기 명상: 걸으면서 느껴지는 감각에 집중하는 명상법입니다. 태극권, 기공, 요가는 걷기 명상과 유사한 명상법으로 볼 수 있습니다. 가만히 앉아 있는 걸 어렵게 느끼는 사람이나 더 활동적인 명상법을 찾는 사람에게는 이런 명상법이 더 잘 맞을 수 있습니다.

아름다움 명상: 아름다운 자연물 하나를 골라 그것을 주의 깊게 바라봅니다. 꽃, 노을, 나무 사이로 불어오는 산들바람, 하늘을 가로지르는 구름 등, 당신의 주의를 사로잡을 수 있는 아름다운 풍경이라면 그 무엇이라도 좋습니다. 시각적 인상을

있는 그대로 받아들이며 그것이 당신의 존재에 미치는 영향을 경험하세요.

혹은, 시선을 한 사물에만 가만히 두지 말고 여러 사물로 옮겨볼 수 있습니다. 이는 자연 속을 걷고 있을 때 특히 좋은 수행법입니다. 주변 환경을 자유롭게 살펴보세요.

에너지 명상: 정묘체(subtle body)의 에너지를 느낄 수 있을 만큼 예민한 사람에게 알맞은 명상법입니다. 아무것도 하지 말고 정묘체의 미묘한 감각을 그저 알아차리고 가만히 둡니다.

오감과 정묘 에너지를 모두 동원한 명상: 이 명상법은 소리나 신체에 전해지는 감각, 호흡, 혹은 정묘 에너지를 포함한 느껴지는 모든 것을 눈을 감은 채 그저 알아차리는 명상입니다. 무엇이 느껴지든 그것에 주의를 보내고, 주의가 한 감각에서 다른 감각으로 자연스럽게, 자기 뜻대로 움직일 수 있도록 둡니다.

지금 이 순간 당신은 무엇을 느끼고 있나요? 무엇을 경험하고 있나요? 소리인가요? 온기인가요? 혹은 차가움인가요? 공기의 움직임인가요? 긴장인가요? 고통인가요? 보통은 여러 감각이 동시에 느껴지고 있을 것입니다. 평가하지 말고, 토 달지 말고, 생각하지 말고 이 느낌을 있는 그대로 알아차리세요.

이런 느끼기 명상을 하고 있노라면 주의가 자연스럽게 이

리저리 움직이고 있음을 알 수 있습니다. 어떤 소리에서 어떤 촉각으로, 혹은 어떤 생각으로 주의는 끊임없이 움직입니다. 물론, 어떤 한 가지 것에 잠시 머물 수도 있습니다. 이때 주의를 움직이거나 한곳에 머물게 하는 것은 '당신'이 아니라 당신의 존재입니다. 이 명상법에서는 주의를 통제하지 않고 당신의 주의가 어디로 움직이는지, 당신의 '존재'가 자연스럽게 어디로 향하는지 그저 알아차립니다. '당신'이 하는 유일한 것은 당신의 주의가 원하는 곳으로 움직일 수 있도록 허용하는 것, 그리고 이를 알아차리고 즐기는 것입니다.

이 명상법은 일상을 살면서도 지금 이 순간에 단단히 뿌리를 내릴 수 있게 해주는 좋은 명상법입니다. 생활하면서 생각이 아니라 지금 이 순간 느껴지는 것에 주의를 기울이는 습관을 기르세요.

이 모든 명상법에서 가장 기본이 되는 것은 당신이 주의를 기울이기로 한 그것에 최대한 집중하는 것입니다. 주의를 기울이기로 한 대상은 호흡이 될 수도, 신체적 감각이 될 수도 있으며 만트라, 소리, 에너지 경험, 아니면 지금 보고 있는 것이 될 수도 있습니다. 생각이나 감정이 떠오르는 걸 막을 수 없을 겁니다. 그때는 이를 그저 알아차리고 다시 당신의 만트라, 호흡, 명상 가이드의 목소리, 주변의 소리, 신체 감각이나 에너지 경험으로 주의를 돌려놓으세요. 그러면 언젠가는, 이런 생각들이 떠오르는 바로 그 순간, 그것에 휘말리기 전에 그것을 알아차리고 당신이 원래 주의를 보내고 있던 초점으로 다시 돌아갈 수 있게 될 것입니다.

명상법은 이 이상으로 복잡할 필요가 없습니다. 명상의 어려움은 명상법에 있는 것이 아니라 얼마나 주기적으로, 한 번에 얼마나 오랫동안 할 수 있느냐에 있습니다. 대부분의 사람들, 특히 초보 명상가들은 명상을 통해 더 깊은 의식 상태에 접어드는 데 45분 이상의 시간이 소요됩니다. 더 깊은 의식 상태에 빠져들었다면 자신이 그런 상태에 빠졌다는 것을 바로 알게 됩니다. 이 상태에서만 느껴지는, '의식이 변했다'는 말만으로는 표현하기 어려운 뭔가가 있기 때문입니다. 이 상태에 접어들면, 잠시 그 상태에 머물도록 합니다. 길면 길수록 좋습니다. 그 시점부터는 명상은 잠시 접어두고 그 상태에서 느껴지는 것들을 마음껏 즐겨도 좋습니다.

더 깊은 의식 상태에 접어들기 전에 명상을 멈추게 되면 명상 수행의 전반적인 질이 떨어질 수 있습니다. 명상이 덜 보람차게 느껴지기 때문입니다. 이 상태로 접어드는 것이 점점 더 빨라지고 쉬워질수록 명상 시간이 더욱 기다려질 것입니다. 명상에 시간을 할애하는 것도 더 편해질 것입니다. 하지만 그전까지는 무얼 하든 명상에 우선순위를 두고 매일 45분씩 꾸준히 명상하는 것이 중요합니다. 충분히 길게, 자주 하지 않으면 명상은 보람찬 일이 되기 어렵습니다. 많은 사람이 명상을 포기하는 것이 바로 이런 이유에서입니다.

명상에는 나쁜 명상도, 실패한 명상도 없다는 사실을 덧붙이고 싶습니다. 당신이 명상에 쏟는 모든 노력은 그 자체로 값지고 중요합니다. 당신이 명상으로 무엇을 얻었는지 아는지 모르는지는 중요하지 않습니다. 다른 이들에게서 전해 들은 영적 체험, 자기계발 등 특정한 목적을 위해 명상하는 것은 바람직하지 않습니다. 명상은 당신이 당장은 느낄 수 없는 방법으로 당신을 바꿀 것입니다. 영적 성장의 과정은 신비로운 것이라 당신의 마음은 이를 평가하거나 판단할 능력이 없습니다. 오히려, 마음은 아무런 발전도 없는데 뭐하러 명상을 하느냐고 당신에게 이야기할 것입니다. 당신을 좌절시키고자 하는 이런 마음의 목소리를 경계하세요. 당연한 이야기지만, 마음은 당신이 명상하길 원하지 않습니다.

다른 차원에서 당신을 안내하고 있는 존재들은 당신이 명상에 쏟는 노력을 잘 알고 있습니다. 당신의 노력을 통해 이들은 당신이 영적 성장을 위해 힘쓰고 있다는 사실을 알게 됩니다. 이들은 이런 당신의 노력을 보며 이들의 에너지를 당신에게로 집중시켜 당신의 영적 성장을 가속할 것입니다.

당신의 삶에 관여하는 영적 존재들의 힘을 과소평가하지 마세요. 당신이 명상에 시간을 들이는 만큼 다른 차원의 힘이 당신에게 이끌린다는 사실을 알아두세요. 이 힘들이 당신의 치유와 의식의 고양을 도울 것입니다.

그러니 명상을 시작하기 전에 이들에게 도움을 부탁하는 걸 잊지 마세요. 치유와 영적 성장을 향한 진정성을 표현하고 다른 차원들의 존재에게 도움을 구하는 기도문을 외우는 것은 언제나 도움이 됩니다. 명상하는 동안 당신은 당신의 안내자들과 더 가까워지고 더 연결됩니다. 이들이 당신을 돕고 있다는 사실을 잊지 마시고, 필요할 때라면 언제든 이들에게 도움을 구하세요.

마음을 고요하게 하는 수행법

여러분 모두가 마음이 더 고요해지는 데 관심이 있을 겁니다. 여기에 도움이 될 만한 수행법을 알려드리겠습니다. 다른 모든 수행법과 마찬가지로 이 방법 역시 매우 쉽습니다. 어려운 점이 있다면 잊지 않고 수행을 계속해나가는 것이지요. 결국에는 당신에게 달려 있습니다. 다른 모든 수행법처럼 이 수행법 역시 실천하면 할수록 점점 습관이 되어 몸에 밸 것입니다.

하루를 보내면서, 혹은 명상하면서 과거나 미래, 혹은 다른 사람이나 다른 무언가에 관해 짐작하는 생각이 떠오른다면, "내가 그걸 어떻게 알아?", "그걸 누가 알겠어?"라고 자신에게 말하세요.

이 수행법이 강력한 이유는 당신의 마음속에 떠오르는 수많은 생각이 결국에는 알 수 없는 것에 대한 당신의 추측에 불과하기 때문입니다. 이 수행법은 마음의 이런 습관을 직시하고 알 수 없는 뭔가를 알고 싶어하는, 혹은 그것을 '알 수 있다고' 생각하는 습관의 굴레에서 벗어나는 데 도움을 줍니다. 당신이 안다고 생각하는 것 중에 실제로는 절대로 알 수 없는 게 얼마나 많은지 알게 되면 당신은 깜짝 놀랄 겁니다.

머릿속 목소리는 당신과 온종일 수다를 떨며 지혜로운 척, 모든 걸 다 알고 있다는 듯 시늉합니다. 의견이란 것이 그 예시입니다. 마음이 내놓는 의견 중 확실한 근거가 있는 것은 그리 많지 않습니다. 그런데도 마음은 항상 자신감에 차서 강하게 자기주장을 펼칩니다. 의견을 내는 것을 좋아하는 마음은 모든 걸 다 안다는 듯 당신에게 이런저런 정보를 전해주고자 할 것입니다. 자신이 마음이 아닌 척, 프로그래밍이 아닌 척한다는 점에서 마음은 사기꾼이나 다름없습니다.

저는 종종 이런 에고의 마음, 머릿속 목소리를 마법의 8번 공(magic 8-ball)*에 비유합니다. 여러분 중 누군가는 어린 시절 이 장난감을 가지고 놀아봤을 겁니다. 질문을 던진 후 8번 공을 흔들면 "예"나 "아니오" 혹은 다른 문구가 답으로 나타납니다. 8번 공이 내놓는 대답은 전적으로 무작위성을 띠며, 그 이면에는 어떤 지혜도 없습니다. 이렇듯 전혀 앞뒤가 안 맞는데도 이 게임은 큰 인기를 끌었습니다. 사람들은 이런 식으로라도 답을 듣기를 원하니까요. 모든 질문에 답을 원하는 것이 에

---

* 포켓볼에서 쓰이는 검은색 8번 공 모양의 구체를 흔든 다음 그 안을 보면 무작위로 여러 가지 답 중 한 가지 답이 나오는 장난감.

고의 본성입니다.

당신의 마음은 당신이 품는 모든 질문과 스쳐 지나가는 모든 생각에 답하는 데에서 행복을 느낍니다. 그 답이 마법의 8번 공처럼 완전히 날조된 것이라 하더라도 말입니다. 마음은 항상 호기심으로 가득하며 온갖 것에 관해 알고 싶어합니다. 또한, 타인에 대해서도 그들이 무얼 생각하는지, 무얼 느끼는지, 무얼 하는지, 당신에 대한 그들의 생각이 어떨지, 그들이 당신의 친구가 될 가치가 있는 사람인지, 당신과 그들의 관계에 어떤 가능성이 있는지 끝없이 알고 싶어합니다. 에고는 호기심이 많으며 모든 걸 알고 싶어합니다.

선정적인 가십으로 가득한 타블로이드 신문처럼, 마음은 답을 아무렇게나 지어서 자신을 기쁘게 합니다! 추정과 날조로 자신을 만족시키고 강화하면서 안정감, 우월감, 행복감을 느낍니다. 심지어는 스스로 분노를 부추기기도 합니다. 에고는 실제로 화난 기분과 감정적인 동요를 즐기니까요.

마음속 목소리가 당신이 궁금해하는 무언가에 답을 해주는 것은 당신에게 감정적 동요를 일으키기 위해서입니다. 드라마를 좋아하는 에고는 감정적 동요를 느끼기 위해서라면 타인이나 상황을 얼마든지 부정적으로 해석할 준비가 돼 있습니다. 에고가 쏟아내는 말 대부분이 감정적 동요를 일으키기 위한 말입니다. 감정적 동요를 일으키는 데 에고는 선수나 다름없습니다.

그리고 당신이 화가 나거나, 슬프거나, 질투가 나거나 두려울 때 에고는 지혜로운 현자나 속 깊은 친구 흉내를 내며 자신이 불러일으킨 부정적 감정을 당신이 어떻게 다스려야 하는지 충고할 겁니다. "일단 쿠키 하나 먹고 친구한테 전화해서 무슨 일이 있었는지 이야기해." 아니면 이런 말을 할 수도 있습니다. "그 녀석이랑은 앞으로 상종도 하지 마!", "걘 널 좋아하지도 않고, 이해하지도 못해. 동부 출신이라서 그럴 거야. 어린 시절에 학대도 당했을 거야." 이렇게 당신이 그 사람과 다시는 어울려서는 안 되는 이유를 구구절절 늘어놓을 것입니다. 하지만 이는 전부 밑도 끝도 없는 추측이자 지어낸 말일 뿐입니다!

당신은 에고가 신이 나서 몰고 다니는 이 생각의 열차를 멈출 수 있습니다. 열차에 속도가 붙어서 당신을 감정의 폭풍 속으로 몰아넣기 전에 말입니다. "내가 그걸 어떻게 알아?"라는 진실의 말 한마디면 충분합니다. 사실 생각과 진실이 동일하지 않다는 것은 굉장히 쉽게 알 수 있습니다. 속지 않겠다는 마음만 있다면, 생각으로 스스로 속이는 일을 멈출 수 있습니다. 사람들은 대개 자기 생각에 대한 자각이 없으며, 그 생각이 타당한 것인지 의문을 제기하지 않습니다.

사람들은 자신이 틀린 생각을 하고 있는 줄 잘 모릅니다. 정말 흥미로운 일이죠! 그렇지 않았다면, 벌써 모두가 에고의 속임수를 간파했을 것입니다. 머릿속에서 정말 기괴한 일이 벌어지고 있다는 것도 빤히 보일 것입니다! 사람들이 머릿속 목소리가 하는 말에 그 어떤 의문도 제기하지 않고, 목소리의 말이 얼마나 해로운지, 그리고 얼마나 우스꽝스럽고 비이성적 인지를 보지 못하고 있는 모습을 보고 있노라면 참 놀랍습니 다. 당신이 머릿속 목소리를 철석같이 믿도록 프로그래밍되어 있는 게 아닌 한 설명될 수 없는 현상입니다. 당신은 에고, 머 릿속 목소리라는 프로그래밍을 믿도록 프로그래밍되어 있습 니다.

진실인지 아닌지 알 방법이 없을 때도 그걸 진실이라고 믿 고 싶나요? 에고는 믿고 싶을 겁니다. 아직도 많은 사람이 자 신도 잘 모르는 것을 그렇게 믿고 싶다는 이유 하나만으로 진 실이라고 받아들입니다. 에고에게는 뭐가 참인지 거짓인지는 중요하지 않으며, 아는 척하는 게 아는 것만큼 좋은 것입니다. 에고는 자신이 아무것도 모른다는 사실을 절대로 인정하고 싶 지 않기 때문입니다. 그러면 무식하고 나약하게 보일 테니까 요. 그러니 잘 모르는 것에 관해서도 에고는 전부 다 아는 흉 내를 냅니다. 에고에게 제일 중요한 것은 살아남는 것, 그리고 무슨 수를 써서라도 이기는 것이며, 이를 위한 에고의 전략은 뭔가를 아는 것, 아니면 적어도 아는 척하는 것입니다.

하지만 제가 지금 이야기를 드리고 있는 바로 '당신'은 확 실한 증거 없이 뭐든 덥석 믿는 수준에서는 분명 더 나아갔습 니다. 당신은 비이성적인 에고가 아닙니다. 당신에게는 에고가 있지만, 당신이 곧 에고인 것은 아닙니다. 당신이 제가 지금 한 이 말의 진실을 볼 수 있다는 사실이 바로 그 증거입니다. 당신과 에고 중 무엇이 진실을 보며, 기꺼이 진실을 보고자 할까요?

당신은 '참인지 거짓인지 모름', '참과 거짓을 알 수 없음'을 참이라고 믿기로 선택할 수도 있습니다. 이미 많은 사람이 그러고 있지요. 이 역시 당신의 선택입니다. 물론 의식적으로 자신의 마음에 속아 넘어가기로 선택하는 사람은 거의 없지만 말입니다. 하지만 마음만 똑바로 서 있다면, 다시 말해 에고가 아니라 신성한 자아와 동조되어 있다면, 당신은 참이 아닌 것을 참이라 믿지 않을 것이며 이를 흥미롭게 느끼지도 않을 것입니다. 에고와 달리 당신의 신성한 자아는 진실에 기인해 있기 때문에 오로지 정직할 수밖에 없습니다.

에고의 마음은 자신이 알 수 없는 것을 알고자 하며, 신성한 자아는 모름의 상태에서도 삶에 만족할 수 있습니다. 어떤 건 절대로 알 수 없다는 사실을 인정하고, 이를 억지로 알고자 하지도 않습니다. 당신의 신성한 자아는 모든 걸 알아야 할 필요는 없다는 것을, 그리고 알 필요가 있는 것은 자연스럽게 알게 되리란 것을 압니다.

제 말이 뜬구름 잡는 소리처럼 들리나요? 그렇다면 그건 에고의 의견일 것입니다. 에고는 뭔가를 몰라도 괜찮다는 사실을 절대 믿지 않을 테니까요. 에고는 모름의 상태를 두려워합니다. 두려움을 싫어하는 에고는 두려움을 느끼지 않기 위해 거짓말을 지어냅니다. 진짜 뜬구름 잡는 소리는 이런 에고의 거짓말입니다.

모름에 직면한 마음이 어떤 말을 지어내는지를 보고 있으면 퍽 재미있습니다. "내가 그걸 어떻게 알아?" 혹은 "그걸 누가 알겠어?" 수행법은 에고가 일상의 크고 작은 일을 두고 당신을 어떻게 속이고 있는지 간파할 수 있도록 돕습니다.

가상의 현실을 창조하는 에고 마음은 진짜 현실에 대해서는 아무런 관심도 없습니다. 사실 에고는 현실로부터 끊임없이 도망칩니다. 왜냐고요? 당신이 현실에 단단히 뿌리를 내리면 에고가 하는 생각들은 그 어떤 의미도 없으며 전혀 현실적이지도 않다는 사실이 드러나기 때문입니다. 당신 머릿속 목소리의 생각은 에고의 이득에만 몰두합니다. 이들의 목적은 진짜 현실이 아닌 에고가 만드는 가상 현실에 당신을 가두는 것이기 때문입니다.

생각이 없는 현실이란 뭘까요? 지금 이 순간, 당신이 숨 쉬고, 보고, 듣고, 만지고, 냄새와 맛을 느끼고, 내면 깊은 곳에서 무언가를 느끼는 바로 이 경험 자체입니다. 당신 내면 깊은 곳에서는 무엇을 느낄 수 있을까요? 사랑, 평화, 기쁨, 자비, 용기, 힘, 희망, 믿음, 호기심, 영감, 직관, 지혜, 아름다움, 크나큰 여유, 연결감, 만족감, 살아 있음, 진동, 에너지를 느낄 수 있습니다.

현실, 지금 이 순간의 현존에 온전히 뿌리를 내리고 있으면, 부드러움, 열려 있음, 편안함, 여유, 삶과 하나된 느낌을 느낄 수 있습니다. 삶이 당신을 쉽고 자연스럽게 여기에서 저기로, 저기에서 여기로 이끌 수 있기 때문입니다. 삶이 이런 고도의 지성을 가지고 편안하게 당신을 이끌고 있다면, 굳이 더 알아야 할 게 있을까요? 앎이란 현실의 일부로서 자연스럽게 얻게 되는 것입니다. 중요한 것은 현실에 대한 생각이 아니라 현실의 '경험'입니다. 하지만 마음에게는 반대입니다. 마음은 현실을 비롯한 모든 것에 관한 자기 생각을 바탕으로 현실을 취사선택합니다.

그렇습니다. 생각은 현실의 일부이며 '지금 이 순간'을 근원으로 하는 다른 모든 것과 마찬가지로 생겨났다가 사라집니다. 하지만 생각은 호흡, 시각, 청각 등의 느낌이 당신에게 선사하는 즐거움을 가져오지는 못합니다. 지금 이 순간 당신에게 전해지는 느낌을 느끼는 것, 그것이 진짜 경험입니다. 생각은 당신의 현실 경험을 방해하며 실제 현실과는 단절된 가상의 현실로 당신을 내몹니다.

창의적인 상상력과 이성적인 사고력은 유용한 도구입니다. 그러나 당신의 머릿속 목소리는 조금 다릅니다. 이것은 삶, 현실, 사랑의 반대편에 서 있습니다. 이것은 당신의 숙적으로, 이 사실을 지금 당장 깨닫는 것이 좋습니다. 머릿속 목소리는 당신의 친구가 아닙니다. 현명하거나 도움이 되는 친구는 더더욱 아닙니다.

　그러니 소중한 여러분, 내가 알려준 이 수행법을 꼭 실천하길 바랍니다. 머릿속 목소리가 거짓 권위를 내세워 당신에게 자기 의견을 강요한다면 이를 당장 멈추고 이렇게 말하세요. "아니, 그걸 내가 어떻게 알아? 난 정말 모르겠는걸." 알 수 없는 것을 알 수 없다고 인정했을 때 몸에서 무엇이 느껴지는지 알아차리세요. 그러면 마침내 긴장을 풀고 모든 것을 있는 그대로 받아들일 수 있습니다. 당신은 모든 것을 알 수 없고, 알 필요도 없습니다. 얼마나 속 편한가요!

기도와 수행

　당신에게 빛에 관해 말씀드리고자 합니다. 구하는 자 모두에게 주어지는 창조주의 사랑과 빛 말입니다. 물론 빛이 무엇인지는 모두들 잘 알고 있을 겁니다. 빛은 당신이 세상 만물을 볼 수 있는 이유이자, 만물이 번창하고 자라날 수 있는 이유입니다. 빛은 곧 생명이며, 창조주의 사랑과 빛의 물리적 현현입니다.

　창조주의 사랑과 빛은 모든 살아 있는 것에 생명을 불어넣습니다. 당신이 보통 당연하다고 여기는 대부분이 사실은 당신 세상에 작용하고 있는 창조주의 사랑과 빛입니다. 예컨대, 당신이 기쁨이나 사랑을 느낀다면 그것은 창조주의 사랑과 빛이 당신을 통과해 지나가고 있기 때문입니다. 혹은 당신이 소중한 인연을 만났다면 이 역시 창조주의 사랑과 빛이 당신과 상대를 이어준 결과입니다. 당신이 자녀를 낳거나 생명을 가꿀 수 있는 것도 창조주의 사랑과 빛 덕분에 가능한 일입니다.

이 사랑과 빛은 살아 있는 모든 것을 유지하고 움직이는 생명의 힘입니다. 이것은 세상 만물에 깃들어 있습니다. 이것은 만물의 본질입니다. 당신은 '그 자체로' 창조주의 사랑과 빛이며 이는 다른 모든 것들도 마찬가지입니다. 당신은 사랑과 빛의 바다 속에 살면서도 그 사실을 알지 못합니다!

바다는 온갖 생명체들을 깊이 품어 이들이 살아갈 수 있게 합니다. 당신 역시 창조주의 사랑과 빛 덕분에 살 수 있습니다. 이건 단순한 비유가 아닙니다. 당신은 말 그대로 사랑과 빛의 바다에서 헤엄치고 있는 존재입니다. 사실 당신은 이 바다이기도 합니다. 바다와 당신은 분리되지 않습니다. 당신과 이 빛의 바다 사이, 살아 있는 모든 것과 이들이 '헤엄치고 있는' 사랑과 빛의 바다 사이에는 서로 스며들 수 있는 피막(membrane)이 있습니다.

이제, 당신이 당신 내면의 사랑과 빛을 어떻게 경험할 수 있는지 잠시 살펴보도록 합시다. 이 사랑과 빛을 경험하려면 아주 고요한 상태에서 에너지체(energy body)의 미묘한 감각에 집중해야 합니다. 당신에겐 뼈와 살로 이루어진 육체만이 아니라, 이 육체를 둘러싸는 동시에 육체와 상호침투하는 에너지체도 있습니다. 지금 바로 이 에너지체의 감각에 집중해봅시다.

당신을 살게 하며 만물과 연결하는 이 신비한 에너지체에 의식을 보내는 것을 의도로 삼아봅니다. 그리고 느껴지는 모든 미묘한 감각에 주의를 집중합니다. 지금 잠시 동안 말이죠….

여러분 중 대부분이 몸에서 어떤 미묘한 진동을 느낄 수 있을 겁니다. 이게 바로 에너지입니다. 에너지는 진동합니다. 이 에너지가 창조주의 사랑과 빛입니다. 이 에너지의 바다를 창조주의 몸이라고 말할 수도 있고, 그 자체로 모든 형상이기도 한, 세상의 모든 형상에 생명을 불어넣었던 창조주의 숨이라고 말할 수도 있습니다. 이 에너지는 살아 있습니다. 이것은 당신을 둘러싼 채 끝없이 스스로 새로워지는 생명의 흐름입니다. 이것은 멈추는 법이 없습니다. 끝없이 변하고 새로워지며, 당신에게로 흘러가고 다시 당신에게서 흘러나와 당신과 다른 사람과 모든 살아 있는 것을 연결합니다. 영원히 존재하고, 언제든 쓸 수 있으며, 항상 당신을 도와주는 이 에너지의 흐름에 의해 모든 생명은 자라나고, 새로워지고, 치유됩니다.

이 에너지의 특징 중 하나는 이것이 당신의 의도 혹은 의지(에고의 의지가 아닌 당신의 신성한 의지)에 영향을 받는다는 것입니다. 개인의 의지, 즉 에고의 의지는 당신의 에너지를 위축시키며 응고되고 정체되게 합니다. 보통 에고의 의지는 생명의 자연스러운 갈마듦을 거역하고자 하기 때문입니다. 이런 점에서 에고의 의지는 신성한 의지와는 크게 다릅니다. 신성한 자아의 의지는 오직 당신의 행복과 건강만을 바랍니다. 이 의지는 당신이 진심으로 원하는 것을 가져다주고, 신성한 자아나 영혼이 당신을 위해 계획한 것을 실현하며, 영혼의 성장에 더 이상 도움이 되지 않는 것을 없앱니다.

신성한 의지가 때로는 상실을 경험하게 만드는 것도 이 때문입니다. 가끔 이 생명의 흐름은 당신의 에고가 빼앗기지 않고 싶은 것, 혹은 당신이 어떤 오해 때문에 붙들고 있던 것을 가져가버리기도 합니다. 이런 일이 벌어지면 실제로는 득이 되는 것임에도 당신은 이를 상실로 느낄 수 있습니다. 삶에는 당신에게 필요한 것이 주어지기 위해 없어져야 하는 것도 있습니다. 여기엔 사람도 포함됩니다. 삶은 유한하므로, 무언가 새로운 것을 받아들이기 위해서는 뭔가를 버려야 할 때도 있는 법입니다. 특히 그 새로운 것이 당신이 상상하거나 의도하지는 않았지만, 앞으로 당신의 계획이 실현됨에 있어 중요한 역할을 하는 것일수록 그렇습니다.

당신에게 벌어진 일 중에는 벌어지리라고는 상상하지 못했던 일도 많습니다. 당신이 당신 삶의 모든 것을 창조하지는 않습니다. 물론 개인적인 신념이 삶에 크게 작용하기는 하지만 말입니다. 당신은 창조자입니다. 그러나 더 큰 창조는 당신의 상상이나 당신이 생각하는 당신의 욕망과 기호를 초월하는 창조주에 의해 일어납니다.

아래는 이런 더 숭고한 의지를 반영한 기도문입니다. 당신에게 최고의 이익이 되는 방향으로 나아가는 데 이 기도문이 도움을 줄 것입니다.

"나는 오늘 나를 위해 준비된 일들을 기꺼이 경험하고자 합니다. 나는 내 길 위에 놓인 모든 것으로부터 기꺼이 배우며 성장하고자 합니다. 나는 당신이 내게 주시는 치유, 도움, 풍요를 열린 마음으로 받아들입니다. 나는 삶이 내게 베푸는 것을 받을 자격이 있으며, 또 이를 기꺼이 받아들입니다. 그리고 나는 삶이 주는 선물, 치유, 도움을 받는 데 방해가 되는 모든 것을 뿌리치거나 이로부터 등 돌릴 것입니다."

이 기도문이나 이와 비슷한 다른 기도문을 읊은 후 몇 분간 편안한 마음으로 창조주가 당신에게로 보내는 사랑과 빛의 흐름을 미묘한 에너지 수준에서 느껴보세요. 이 기도문은 이 흐름을 촉진하고 느낌을 증폭시킵니다. 신성한 의지는 당신이 치유와 도움, 풍요를 받아들이길 원하기 때문에 이 기도문을 읊고 나면 이런 흐름을 느끼는 것이 가능해집니다. 당신은 그저 구하기만 하면 됩니다. 이 마음을 기도문으로 표현하면 사랑과 빛의 흐름이 움직이기 시작하면서 당신에게 최선의 이득이 되는 것을 당신에게 가져다줄 것입니다. 이것은 자연의 법칙입니다. "구하라, 그러면 얻을 것이다"라는 가르침은 이 법칙을 잘 설명합니다.

이런 당신의 의도는 항상 응답받습니다. 태어나면서부터 부여된 신성한 권리에 의해 받기로 되어 있던 그것을 향해 당신이 마음을 열었기 때문입니다. 여기에 마음을 여는 것을 막는 한 가지가 있다면, 그것은 이를 온전히 받기를 거부하는 무의식적 차단입니다. 모두가 창조주의 사랑과 빛의 형태로 주어지는 치유, 도움, 풍요를 얻을 수 있으며, 창조주의 사랑과 빛이 이것을 당신의 삶에 실현할 것입니다. 이 사랑과 빛은 어디에나 존재하지만, 모두가 이를 활용할 줄 아는 것은 아닙니다. 자신을 무가치하게 여기거나 이런 빛과 사랑이 존재한다는 생각 자체에 마음이 열려 있지 않기 때문입니다. 그래서 자신이 마땅히 누려야 할 사랑과 빛을 구하지 않고 마음을 닫는 것입니다. 구하는 모두에게 도움과 치유, 그리고 풍요가 주어진다는 믿음만 있다면, 당신은 당신을 위해 준비된 교훈과 영혼의 계획에 따른 사랑과 빛을 충만하게 받아들일 문을 열어젖힐 수 있습니다.

물론 건강상의 위기 등 한계를 경험해야만 하는 때도 있습니다. 이럴 때는 이 기도문을 읊고 그 의도를 자신의 것으로 삼더라도 구하는 것이 온전히 주어지지 않는 것처럼 보일 수 있습니다. 그러나 당신은 당신에게 가장 필요한 방식으로 이것들을 얻게 될 것입니다. 그리고 이로써 당신은 당신 스스로 만든 것일지도 모르는 당신의 치유와 진화 여정의 걸림돌을 결국 넘어설 것입니다. 그것이 지금 당장의 치유나 풍요를 의미하진 않을 수 있지만 말입니다.

당신은 당신이 필요로 하는 것을 항상 얻을 것입니다. 특히 그것이 어떤 것이어야 하는지 아무런 제한을 두지 않고 그것을 구할 때는 더 그렇습니다. 하지만 당신이 아무것도 구하지 않는다면 당신은 자기 힘으로만 삶을 살아내야 할 것입니다. 그리고 이는 당신의 자유의지로, 당신이 원해서 내린 선택으로 간주될 것입니다. 이를 원치 않는다면, 당신은 살면서 필요한 치유, 도움, 그리고 풍요를 구체적으로 구해야 합니다. 그러면 그것이 그 순간 가장 적절한 형태로 당신 앞에 나타날 것입니다.

구하는 행위가 얼마나 중요한지 이제 아시겠나요? 다른 차원에 머물고 있는 우리는 항상 당신과 공동으로 무언가를 창조하면서 우리가 할 수 있는 방식으로 당신을 돕고 있습니다. 당신과 우리는 단독이 아닌, 공동으로 창조해야만 합니다. 또한, 당신은 자신의 의지를 신성한 의지에 일치시켜 그것과 진정한 동반자 관계를 맺어야 합니다. 사람들이 창조하고자 하는 것은 신성한 의지가 창조하고자 하는 것과 다를 때가 많습니다. 신성한 의지와 개인의 의지가 충돌할 때도 있습니다. 하지만 이 둘이 일치한다면 삶은 훨씬 더 순조롭고 평화로우며, 기쁨으로 넘쳐날 것입니다.

따라서, 수행의 일환으로 이 기도문이나 이와 비슷한 기도문을 외우는 걸 일상의 한 부분으로 만들고, 신성한 의지를 따르겠다는 의도를 매일 분명하게 새길 것을 당신에게 제안합니다. 이 기도문이 너무 길게 느껴진다면 "신의 뜻이 이 순간, 그리고 매 순간 이루어질 것입니다" 혹은 "내게 필요한 것이라면 언제든 이를 기꺼이 받을 준비가 되어 있습니다" 등으로 줄일 수도 있습니다. 아니면 내가 알려준 기도문에서 한 문장을 골라 그것만 읊어도 좋습니다. 중요한 것은 토씨 하나하나가 아니라 당신이 가슴속으로 품는 의도입니다. 다시 한번, 전체 기도문을 알려주겠습니다.

"나는 오늘 나를 위해 준비된 일들을 기꺼이 경험하고자 합니다. 나는 내 길 위에 놓인 모든 것으로부터 기꺼이 배우며 성장하고자 합니다. 나는 당신이 내게 주시는 치유, 도움, 풍요를 열린 마음으로 받아들입니다. 나는 삶이 내게 베푸는 것을 받을 자격이 있으며, 또 이를 기꺼이 받아들입니다. 그리고 나는 삶이 주는 선물, 치유, 도움을 받는 데 방해가 되는 모든 것을 뿌리치거나 이로부터 등 돌릴 것입니다."

친절 수행

친절은 자동으로 발현되는 성질이 아니기 때문에, 즉 에고로 길들여진 당신의 기본 네트워크에 처음부터 내장되어 있는 기능이 아니기 때문에 친절을 베푸는 데에도 필요한 것이 있습니다. 에고는 항상 투쟁-도피(공격 혹은 도망)의 정신 상태에 놓여 있으며, 이런 에고에게 친절은 적당한 생존 전략이 아닙니다. 그러나 사람 간의 협동을 이끌어내는 데 친절만큼 좋은 전략은 없습니다.

협동 없이 인간은 살아남을 수 없고, 사회도 작동할 수 없습니다. "남에게 대접받고자 하는 대로 남을 대접하라"는 황금률을 사람들이 그토록 중요하게 여기고 존중하는 것도 이 때문입니다. 이런 수준의 도덕성이 없다면 사람들은 힘을 합칠 수도, 같이 지낼 수도 없습니다. 사람들은 하나의 세계로는커녕 하나의 국가로 단결하는 데도 어려움을 겪고 있습니다. 이 점을 생각해본다면 오늘날 당신의 세계에서 부족한 것이 무엇인지 쉽게 유추할 수 있습니다. 바로 친절함입니다.

친절은 사회, 국가, 가족을 비롯한 모든 종류의 관계를 연결하는 접착제입니다. 친절을 베풀 수 있으려면 기본 의식 상태에서의 반응, 즉 에고 수준에서의 반응을 기꺼이 멈출 수 있어야 합니다. 친절은 인간에게 자연스러운 것이 아닙니다. 따라서 친절을 베푸는 데에는 잠시 하던 것을 멈추고 상대를 존중하겠다는 의식적인 선택을 내리는 노력이 필요합니다.

존중은 친절의 필수적인 구성 요소입니다. 타인을 향해 아무리 친절을 베푼다 해도 여기에 존중이 없다면, 이는 상대로부터 원하는 것을 얻기 위한 에고의 조종에 불과한 것일 수 있습니다. 친절은 "당신과 나는 동등한 존재입니다. 나는 당신의 선함을 알며, 당신을 더 알아감으로써 나타날 선함을 기꺼이 발견하고자 합니다"라는 마음에서 우러나와야 합니다.

친절이란 누군가에게 선의로 손을 뻗는 것이며, 그 답으로 선의가 돌아올 것을 기대하는 것입니다. 이런 점에서 친절은 하나의 계약이라고 할 수 있습니다. 사회 구성원은 서로 친절하게 대하며 협동하는 데 동의해야 합니다. 이렇게 하면 모두가 혜택을 누릴 수 있으니까요. 사회에는 이렇게 더 큰 선을 이루기 위해 모두가 힘을 합쳐야 한다는 것이 전제되어야 합니다. 이 암묵적인 계약 없이 사회는 번영할 수 없으며, 사회를 구성하는 개인도 성장할 수 없습니다.

친절은 생각보다 훨씬 더 중요합니다. 내가 이 이야기를 꺼낸 것도 이 때문입니다. 친절의 힘은 과소평가되기 쉽기 때문에 친절하기 위해 의식적으로 노력하는 것도 쉬운 일은 아닙니다. 친절의 힘을 과소평가하는 사람이 친절하기는 어려울 것입니다. 친절은 지고한 가치로서 받들어져야 합니다. 실제로도 그렇기 때문입니다. 친절은 사랑하는 마음의 표현이고, 사랑하는 마음은 개인과 사회, 그리고 세계의 행복과 안녕의 열쇠입니다. 친절은 이만큼이나 중요합니다. 표현되지 않는 사랑에는 아무런 가치도 없을 테니까요.

사랑은 가장 위대한 이상이자 가치입니다. 하지만 실천되지 않는 사랑, 표현되지 않는 사랑은 아무런 의미가 없습니다. 실천되지 않는 사랑은 사랑의 관념에 불과합니다. 사람들이 사랑에 관해 아무리 이야기하고 생각하고, 교회가 사랑에 관해 아무리 설교를 해도 그 사랑이 실천되지 않는다면 지구에 평화는 찾아오지 않을 것입니다.

매일, 매 순간 당신은 당신에게 가장 중요한 것을 선택합니다. 당신에게 무엇이 가장 중요한지는 주어진 시간을 어떻게 보낼 것인지에 대한 당신의 선택을 통해 표현됩니다. 하지만 이보다도 중요한 것은 당신이 오늘 하루를 어떻게 살아갈 것인지입니다. 혹시 당신은 바쁘게 하루를 보내면서 사랑할 기회를 전부 놓치고 있지는 않나요? 당신은 당신이 하는 일 하나하나에 충분한 주의를 기울이고 있나요? 이 일들에 사랑을 쏟고 있나요? 사람들을 사랑으로 대하고 있나요?

자신이 하는 일에 사랑을 쏟는다는 것은 무슨 의미일까요? 지금 하고 있는 일의 소중함과 성스러움을 알고, 감사와 기쁨으로 이 일에 온전히 주의를 기울인다는 것을 의미합니다. 무언가를 사랑할 때 당신은 감사와 기쁨의 마음으로 그것에 온전한 주의를 기울입니다. 사랑이란 다른 게 아닙니다.

저는 "당신이 주의를 기울이는 그것이 당신이 사랑하는 것"이라고 말하곤 했습니다. 당신이 머릿속 목소리에 주의를 기울이고 있다면, 당신은 지금 그 목소리를 사랑하고 있는 것입니다. 당신이 여기에 사랑을 주고 주의를 기울일수록 목소리는 당신의 경험에 더 큰 영향을 미칠 것이고, 결국에는 당신의 경험 그 자체가 될 것입니다. 생각은 당신이 주의를 기울이고 주변 타인에 의해 강화되고 있는 한 사라지지 않으며, 계속해서 당신에게로 돌아올 것입니다.

반면 지금 이 순간 일어나는 것, 즉 지금 당신이 하고 있는 일이나 듣거나 보거나 경험하고 있는 것에 주의를 보낸다면, 당신은 그 순간을 온전하게 만끽할 수 있습니다. 현존한다는 것은 끊임없이 변하고 있는 지금 이 순간에 온전히 주의를 기울인다는 것입니다. 같은 일을 반복하고 있더라도 당신의 경험 자체는 매 순간 다릅니다.

지금 이 순간의 경험에 주의를 기울일 때라야 진정으로 삶을 산다고 할 수 있습니다. 진짜배기 삶을 경험하는 것입니다. 하지만 마음은 이런 진짜 삶에는 별 관심이 없습니다. 그렇기에 당신을 자연스럽게 진짜 현실에서 끌어내 가상의 현실로 끌고 가고자 하는 것입니다. 삶은 당신의 주의를 필요로 합니다! 삶에 주의를 기울인다면 에고의 의식 상태에서는 얻을 수 없는 풍부함, 만족감, 기쁨을 얻을 수 있습니다.

물론 당신이 진짜 삶을 사는 데 충분한 시간을 쏟지 않는 한, 당신은 지금 이 순간의 기쁨과 만족감을 알 수 없을 것입니다. 거의 모든 사람이 그렇듯 말이죠. 이들은 지금 이 순간에 온전한 주의를 기울였을 때 찾아오는 절묘한 기쁨과 만족감을 이해하거나 감사하게 여길 줄 모릅니다.

명상이 중요한 것도 이 때문입니다. 꾸준한 명상 없이는 수박 겉핥기식으로밖에 살 수 없습니다. 지금 이 순간에 머물고 싶다면 먼저 삶이라는 수박의 속살을 맛봐야만 합니다. 명상을 통해 그 맛을 볼 수 있습니다. 하지만 더욱 중요한 것은, 명상을 통해 당신은 명상하지 않을 때는 불가능한 방식으로 현존할 수 있다는 사실입니다.

"명상 없이도 현존할 수 있다"고 생각하는 사람들도 있습니다. 앞뒤가 안 맞는 생각입니다. 움직임은 마음을 자극하기 마련이므로 꾸준히 명상하지 않으면 일상을 살며 긴 시간 현존을 유지할 수 없습니다. 현존 상태로 있고 싶다는 의욕도 생겨나지 않을 것입니다. 하지만 꾸준히 명상한다면 현존 상태로 일상을 살아가기가 훨씬 쉬워집니다. 명상이란 다름이 아니라 뇌를 현존 상태에 두는 연습이기 때문입니다. 따라서 움직이면서도, 현존하기 어려운 상황에서도 현존할 수 있도록 명상을 통해 현존을 연습하고 이런 의식 상태를 강화해야 합니다.

친절을 베풀 때도 마찬가지입니다. 친절은 현존 상태에서 자연스럽게 우러나오는 산물입니다. 명상을 수련하지 않는다면 삶 속에서 친절을 베풀기가 더 어려울 것입니다. 친절보다는 일 처리를 더 중요하게 여기는 에고에 계속해서 휘둘릴 것이기 때문입니다. 에고에 휘둘리는 사람은 하루하루를 헤치우듯 살아갑니다. 이런 사람은 현존 상태에 있다고 볼 수 없으며, 이런 삶에서 친절은 생겨나기 어렵습니다.

여러 영적 가르침이 당신에게 명상을 비롯한 다양한 영적 수행법을 전합니다. 영적 수행과 명상은 영적 가르침을 실천으로 옮기는 데 필수이기 때문입니다. 말씀드렸듯이, 사랑을 아무리 생각하고 믿고, 또 사랑에 관한 책을 아무리 읽고 떠들어보아도, 이것은 사랑을 실천하는 것과는 아무런 상관이 없습니다. 사랑의 실천에는 무언가가 더 필요합니다. 더 사랑하고자 하는 욕구를 넘어서는 무언가가 필요합니다. 많은 사람이 더 많이 사랑하고 싶어하지만 실패합니다. 왜일까요? 사랑을 거역하는 의식 상태에서 살아가고 있기 때문입니다. 사랑은 이런 의식 상태에서는 결코 나올 수 없습니다. 당신은 사랑이 자연스럽게 표현되는 의식 상태에서 살아가야만 합니다. 이런 의식 상태는 명상을 비롯한 영적 수행을 통해서만 도달할 수 있고, 또 계발될 수 있습니다.

짚고 넘어가야 할 중요한 점이 또 하나 있습니다. 당신의 세계에서 큰 권력을 가진 자리에 올라서야 할 사람은 친절한 사람, 혹은 적어도 친절을 자신의 목표나 가치로 두고 있는 사람이어야 합니다. 과거에는 기독교인 대다수가 이러했지만, 시간이 지나면서 기독교는 변질되었고 지금은 나의 가장 근본적인 가르침마저 훼손되었습니다. 마치 에고가 사랑을 나약한 것으로 보듯이, 일부 기독교 종파도 사랑과 친절함을 나약한 것으로 보고 있습니다. 이들은 내 가르침과 완전히 반대되는 이야기를 전하며 자신을 기독교인이라 칭하고 있습니다.

사랑, 평화, 합일을 최고의 가치로 두지 않은 모든 가르침은 내가 전하는 가르침이 아닙니다. 이것만큼은 분명해야 합니다. 스승, 설교자, 정치인 등 영향력을 가진 사람들과 사회 지도층의 목소리가 분열된 사회는 살아남을 수 없습니다. 당신은 오직 친절을 바탕으로 사회를 이끄는, 친절한 사람만을 선출하고 따라야 합니다. 그리고 분열을 조장하고, 증오를 불

러일으키고, 불친절하고 권력에 굶주린 사람들, 그리고 자신
이 남보다 우월하다고 생각하는 이들에게서는 권력을 박탈해
야 합니다.

4장 ― 카르마적 정의와 트라우마의 치유

이번 장에서는 내가 여러분에게 말해주고 싶은, 중요한 의의가 있는 내용을 담고 있기 때문에 내용이 조금 길 수 있습니다. 이번 장은 영혼이 여러 생애에 걸쳐 트라우마를 치유하는 과정에 관해, 그리고 타인을 해친 사람이 그 행위의 결과로써 쌓게 될 카르마에 관해 다룹니다. 하지만 이 장이 나머지 내용을 이해하는 데 필수적인 주제는 아니므로, 흥미가 없는 분들은 건너뛰어도 좋습니다.

이 장의 내용은 지나가 1997년에 채널링을 통해 집필했으나 현재는 절판된 책《잠시 머무르다》(Sojourn)에 수록된 바 있습니다. 나를 비롯한 다른 상승 마스터들과 긴밀히 협력하고 있는 한 존재가 지나의 입을 빌려 이야기한 이 장의 내용이 당신에게 깨달음과 치유를 선사하길 바랍니다.

죽을 뻔한 경험과 트라우마적인 죽음

죽을 뻔한 경험

죽음에서 가까스로 살아남는 체험을 한 사람들 대부분은 트라우마를 겪게 됩니다. 다음의 이야기에서는 이러한 체험 후의 일들이 얼마나 중요한지를 알려줍니다. 체험자가 겪을 트라우마의 강도는 사건과 그 사건이 미친 영향을 처리하는 방식에 따라 달라집니다. 그러나 트라우마의 내면화에 영향을 미치는 것은 이것뿐만이 아닙니다. 타고난 점성학 차트, (전생의 경험을 포함한) 과거의 경험, 성별, 나이 역시 사건에 대한 체험자의 반응을 형성하는 중요한 요소로, 이 모든 것이 체험자의 심리적 적응도에 영향을 줍니다.

사례 1

이 이야기는 여러 생애 전 잔혹하게 강간당한 후 과다 출혈로 죽을 뻔했던 알라나라는 여자아이의 이야기입니다. 알라나는 온 힘을 다해 가해자와 몸싸움을 벌이다 정신을 잃었습니다. 그리고 가해자는 알라나를 버려두고 도망갔습니다.

다음 날 이른 아침, 한 나그네가 길가에 쓰러져 있던 알라나를 발견합니다. 나그네는 알라나를 수레에 싣고 근처에 있는 집으로 데려가서 의사를 불렀습니다. 몸이 좀 회복된 후, 그녀는 연로한 엄마가 있는 자기 집으로 보내졌습니다.

알라나의 엄마는 별다른 질문을 하지 않았습니다. 강간당해 죽을 뻔한 여성들을 종종 본 적이 있었던 엄마는 딸이 겪은 일을 입에 올리는 것이 부적절하다고 생각했습니다. 엄마는 알라나를 세심하게 보살폈습니다. 하지만 둘은 그날 벌어졌던 일에 대해서는 절대로 이야기하지 않았습니다.

알라나는 열세 살이었고 남자와 함께 있어 본 경험이 없었습니다. 그녀는 겁에 질려 있었고, 혼란스러웠으며, 외로웠습니다. 이 일을 겪은 이후로는 남자와 함께하는 것을 상상도 할 수 없었기 때문에 자신에게는 미래가 없다는 생각이 들었습니다. 안타깝게도 알라나의 아빠는 그녀가 태어난 직후 엄마를 떠났기 때문에 그녀는 아빠를 본 적이 없었습니다. 이 이후로도 알라나의 삶에는 남자에 대한 그녀의 생각을 바꿔줄 남자가 나타나지 않았습니다. 그녀는 불과 몇 년 후에 당시 유행하던 병에 걸려 사망했습니다.

알라나의 다음 환생에는 전생의 트라우마를 치유하기 위한 계획이 반영되었습니다. 그녀는 불 요소가 강한 점성학 차트를 타고 태어났기 때문에 상처를 치유하는 데 필요한 독립성, 굳건함, 적극성을 가지고 있었습니다. 새 가족은 그녀에게 그레타라는 이름을 지어줬습니다. 그레타는 언제 어디서든 사랑을 듬뿍 표현해주는 부모님 앞에서 자신의 고민을 터놓고 이야기할 수 있었습니다. 게다가 그레타는 아름다웠습니다. 이런 환경으로 미루어봤을 때, 영혼의 계획은 분명했습니다. 바로 낭만적인 사랑을 꽃피우는 것이었죠.

그레타의 성장 환경은 영혼의 의도와 그대로 일치했지만, 그녀는 전생의 상처로 여전히 고통받고 있었습니다. 불의 기운이 많은 점성학 차트를 타고났음에도 그레타는 수줍음이 많았고 소극적이었으며 자기 생각을 이야기하는 데 어려움을 겪었습니다. 그레타는 다른 가족 구성원과는 조금 달랐습니다. 하지만 가족들은 그레타를 있는 그대로 받아들였고 그레타가 더 자신감을 가질 수 있도록 격려해줬습니다. 자신의 잠재력을 실현할 수 있으려면 그레타는 전생의 아픔을 극복해야만 했습니다. 당시 그레타가 살던 나라에는 심리상담사나 샤먼, 마녀 같은 치유자들은 없고 성직자만 있었습니다. 따라서 그녀의 치유를 도울 수 있는 건 주변 사람들과 그레타의 영혼밖에는 없었습니다.

어느 날, 언덕 위 외딴곳에 앉아 있던 그레타는 문득 그 어떤 구속도 없는 완전한 자유를 느꼈습니다. 뭐든 할 수 있다는 느낌, 자신도 어떤 중요한 것을 해낼 수 있겠다는 느낌이었습니다. 그레타는 이날 처음으로 하루하루를 어떻게 살 것인지가 아니라, 앞으로 결혼을 하고 가족을 이루고 살아갈 수 있겠다는 생각을 했습니다.

이 느낌이 내면에서 점점 자라나던 중, 그레타는 전신이 마비된 동년배 아이의 집에 방문하게 됐습니다. 그레타는 매일 그 여자아이에게 가서 책을 읽어줬습니다. 어느 날, 그레타가 한 댄서에 관한 이야기를 읽어주자 여자아이가 울기 시작했습니다. 전신이 마비된 아이는 춤을 춘다는 것이 어떤 느낌인지 결코 알 수 없었습니다. 이 일로 그레타는 자신이 가진 자유와 활력에 커다란 감사를 느꼈습니다. 그레타의 주변 환경이 그레타가 타고난 불의 기운을 서서히 끌어내고 있었습니다.

그레타는 아빠와 비슷한, 따뜻하고 사랑이 넘치며 튼튼하고 다정한 남자와 결혼했습니다. 하지만 그레타는 부부간의 성생활에 적응하는 데 어려움을 겪었습니다. 자신도 이해할 수 없는 어떤 이유로, 그녀는 부부간의 친밀감을 두렵고 수치스럽게 느꼈습니다. 하지만 남편의 다정한 격려와 세심함 덕분에 그레타는 서서히 그를 신뢰하고 그에게서 편안함을 느낄 수 있었습니다. 행복하고 자유로운 영혼을 가진 개인으로서 자라나는 자녀들을 보며 그레타의 삶은 꽃피기 시작했습니다.

자비심이 많았던 그레타는 바쁘게 살면서도 정기적으로 병원에 방문해 여러 환자와 대화를 나누며 자신의 밝은 마음을 나눴습니다. 그레타의 수줍음은 타인의 고통을 보듬는 따뜻한 마음으로 거듭났습니다. 그녀의 다정함과 낙천성은 다른 이들에게 희망을 전하고 그들의 고통을 덜어줬습니다. 그레타는 자신에게 타인을 돕는 데 타고난 재능이 있다는 사실을 깨닫고 여생 동안 이 재능을 펼쳤습니다.

다음 생애에서도 그레타는 여자로 태어났습니다. 지난 생애에서 받은 상처를 치유하기 위해서는 한 걸음을 더 나아가야 했습니다. 예정되지 않았던 전생의 강간 사건으로 그레타의 영혼의 계획은 수정될 수밖에 없었습니다. 그래서 영혼이 예정보다 일찍 질병으로 육신을 떠났던 것입니다. 그녀의 영혼은 전생의 상황을 재현하되 그 결과는 다르게 펼쳐질 수 있도록 계획을 세웠습니다. 단호한 저항을 통해 가해자의 공격으로부터 풀려나는 상황을 계획한 것이었지요. 전생에서는 공격자에게 맞서 싸우는 것이 별 도움이 되지 못했으며, 이는 극심한 무력감으로 이어졌습니다. 하지만 이번에 영혼은 성공 확률을 높이기 위해 그레타의 주변 환경, 점성학 차트, 초기 경험을 세심하게 선택했습니다.

결국 이번 생애에서 그레타는 가해자의 공격 시도로부터 달아날 수 있었고, 이로써 전생에서 내면화된 무력함을 극복할 수 있었습니다. 이 일이 있고 나서 그녀는 다른 강간 피해자를 돕기 시작했습니다. 그레타에게 이번 삶은 피해의식에 빠지지 않고, 봉사 정신과 힘을 발휘하는 삶이었습니다. 그녀는 더 큰 자비심, 굳건함, 그리고 정신력에 대한 믿음으로 시련을 극복하는 데 성공했습니다.

일이 벌어지고 있는 당장의 순간에는 이해하기 어려울 수 있겠지만, 모든 일은 결국 더 큰 선, 더 큰 선물로 이어집니다. 그러나 어떤 일이 당신에게 어떤 선물을 가져다줄지는 이번 삶을 마치고 다음 삶에 이르기 전까지 분명하게 보이지 않을 수 있습니다. 이 사실을 받아들이기가 어려울 수 있습니다. 지구의 관점에서 보면 이만큼 불공평한 것도 없을 테니 말입니다. 하지만 영혼의 관점에서 보면 삶은 공평한 것일 뿐만 아니라, 기꺼이, 그리고 간절한 마음으로 당신 스스로 선택한 것입니다.

사례 2

다니엘이란 남자아이가 강가에서 친구와 낚시를 하고 있었습니다. 강 건너편 다른 낚시터로 가려던 다니엘은 그만 급류에 휩쓸리고 말았습니다. 물속에서 얼마간을 허우적거리던 다니엘은 수면 위로 다시 올라와 통나무를 붙잡고 가까스로 뭍으로 올라올 수 있었습니다. 그러는 사이 도움을 구하러 갔던 다니엘의 친구가 두 남자와 함께 밧줄을 들고 돌아왔는데, 이들은 근처 강기슭에서 쓰러져 있던 다니엘을 발견했습니다.

이들은 기쁨에 겨워 다니엘을 부르며 손을 흔들었습니다. 죽을 고비를 넘긴 다니엘은 자신이 살아 있다는 것이 새삼 실감 났습니다! 학교의 모든 친구들이 죽다 살아난 다니엘의 이야기를 듣고 싶어했습니다. 다니엘은 영웅이 된 듯한 기분이었습니다. 이 사건은 다니엘 내면에 깊이 각인되었습니다. 다니엘은 자신을 죽을 고비를 극복한 생존자로 여겼습니다.

다니엘은 다음 생애에서 메리라는 이름의 여자로 태어났습니다. 아이였을 때부터 메리는 용감하고 자신감이 넘쳤습니다. 메리의 점성학 차트에는 이런 요소가 나타나지 않았지만, 그녀에게는 보기 드문 자신감과 자기만족감이 있었습니다.

메리가 살던 마을에서 여자는 노소를 불문하고 집안일을 도맡았고, 남자는 사냥, 농사 등의 생업에 종사했습니다. 특별한 사람이 되길 원했던 메리는 이것이 못마땅했습니다. 어느 날, 메리가 헛간에서 아빠의 허드렛일을 돕던 중 가축 한 마리가 등불을 걷어차 불이 났습니다. 불길은 순식간에 번졌고 메리는 근처에 있던 양동이에 든 우유를 뿌려 불길을 제압했습니다. 이 일로 메리는 자신이 그토록 바라던 주변의 존중을 얻을 수 있었습니다. 고난을 이겨내는 자신의 능력에 대한 메리의 무의식적인 믿음도 한층 더 단단해졌습니다.

영혼은 메리가 다음 생애에서까지 용기와 주체성을 더 기를 수 있도록 계획을 세웠습니다. 더 큰 용기와 모험심이 필요한 환경과 이런 자질을 더 발전시키는 데 도움이 될 점성학 차트가 선택됐습니다. 이번에 메리는 빌리라는 이름의 남자로 환생했습니다. 빌리는 야생마를 사로잡아 길들이는 것을 업으로 하는 가족에서 자랐습니다. 빌리는 아빠와 함께 야생마를 쫓아가 밧줄로 사로잡고 길들이는 이 일을 너무나도 좋아했습니다.

어느 날, 혼자 말을 타던 빌리는 바위 위에서 일광욕을 즐기던 퓨마를 발견했습니다. 퓨마의 모습을 더 가까이에서 보기 위해 빌리는 말을 묶어 둔 후 조용히 퓨마에게 다가갔습니다. 하지만 퓨마가 빌리의 냄새를 맡고는 빌리에게 달려들었습니다. 퓨마가 앞발을 휘둘렀고 미처 이를 피하지 못했던 빌리는 팔에 큰 상처를 입고 말았습니다. 퓨마는 팔에 피를 흘리는 빌리를 남겨두고 달아났습니다. 빌리는 입고 있던 셔츠를 팔에 감은 채 집으로 돌아갔습니다.

가족은 빌리를 나무라면서도 기쁘게 맞았습니다. 누군가에게는 이런 경험이 자기불신과 무의식적인 두려움의 계기가 됐을지도 모릅니다. 그러나 전생에서 이미 죽음을 이겨낸 적이 있었던 빌리는 이 경험을 통해 자기 능력에 대한 더 큰 믿음과 불굴의 정신을 가지게 됐습니다. 이제 빌리의 영혼은 자신의 용기와 대담무쌍함을 한층 더 발전시키거나 이미 가진 용기를 더 발휘할 수 있는 상황을 계속해서 만들어나갈 것입니다.

트라우마적인 죽음

트라우마적인 죽음은 사망자보다 사망자의 주변 사람들에게 더 큰 심리적인 충격을 줄 수 있습니다. 특히 이들이 사망자의 죽음을 직접 목격한 경우에는 더욱 그렇습니다. 그러나 트라우마적인 죽음은 사망자에게도 다음 생애에서까지 보살핌이 필요한 감정적 흉터를 남기곤 합니다.

상처의 크기, 그리고 이를 치유하기 위해 무엇이 필요한지는 개개인이 처한 환경과 그의 진화 수준에 따라 다릅니다. 여기에서 무엇보다 중요한 것은 사망자가 사망 시점에 어떤 마음을 하고 있었느냐입니다. 사망자가 사망 직전에 모든 것을 받아들이는 마음으로 내면의 평화를 찾았다면 많은 것들이 쉬워집니다. 하지만 사망 시점에 사망자가 공포, 후회, 화, 슬픔에 휩싸여 있었다면 이런 감정 저변에 자리하고 있는 문제가 먼저 다뤄져야 합니다.

사망자는 죽는 순간 강렬한 감정을 느낍니다. 이 감정에는 삶에 대한 사망자 자신 혹은 자기 삶에 대한 신념이 반영되는데, 트라우마적인 죽음으로 인한 상처를 치유할 때는 거의 모든 경우 이 신념이 함께 다뤄져야 합니다. 이러한 신념과 느낌은 점성학 차트와 전생의 모든 경험에 영향을 받습니다. 어떤 마음으로 죽음을 맞는지가 얼마나 중요한지는 내가 뒤에 소개할 이야기들에서 분명하게 드러날 것입니다.

영혼이 삶과 삶 사이 아스트랄계에 머무는 동안에도 치유는 일어납니다. 죽은 후 아스트랄계에 온 사람에게는 물질계에서의 치유를 이어가는 데 도움이 될 지침과 안내, 치유가 주어집니다. 이런 도움이 얼마나 효과가 있을지는 이들이 이런 도움에 얼마나 마음을 열어 두고 있느냐에 달려 있습니다.

죽음으로 인한 상처가 너무나도 크거나 사망자가 도움을 거부하는 경우, 사망자는 시련이 기다리고 있는 평범한 삶 혹은 치유를 위한 삶을 다시 살 준비가 될 때까지 몇 번의 삶에 해당하는 시간 동안을 아스트랄계에서 기다릴 수도 있습니다.

이렇게 아스트랄계에 머무는 게 아니라 좀더 쉬운 삶을 살기로 택할 때도 있습니다. 이런 선택은 영혼이 보기에 상처의 치유를 잠시 미뤄두는 것이 더 유익하다고 판단될 때 가능합니다. 이때 영혼은 자신에게 상처를 남긴 사건의 심리적 여파를 차단하도록 무의식에 지시를 내립니다. 이는 마음의 고통으로부터 잠시나마 놓여나기 위한 임시적인 조치에 불과하지만, 이 시간 동안 그 사건으로부터 잠시 거리를 둔 채 마음의 힘을 기르면 이후 환생에서 치유가 수월해질 수 있습니다.

이어지는 이야기들은 트라우마적인 죽음의 상처 혹은 이를 목격한 이들의 상처가 어떻게 치유될 수 있는지를 보여줍니다.

사례 3

톤톤이라는 어린 남자아이가 숲을 걷고 있었습니다. 그러던 중 톤톤은 큰 짐승을 잡기 위해 놓은 덫에 한 남자가 걸려 있는 것을 발견했습니다. 그는 만신창이가 된 채 피를 흘리며 죽어가고 있었습니다.

남자를 직접 돕기에는 너무 어렸던 톤톤은 도와달라고 울부짖는 수밖에 없었습니다. 어린 톤톤은 충격이 너무 컸던 나머지 직접 발로 뛰며 도움을 구할 수 있다는 사실을 떠올리지 못하고 그 자리에 주저앉은 채 울었습니다. 그리고는 이따금 도와달라고 소리를 계속 질러댔습니다. 주변을 지나던 사냥꾼 무리가 마침내 톤톤을 발견했지만, 그때는 덫에 걸린 남자가 이미 숨을 거두고 난 뒤였습니다.

톤톤이 더 나이가 많았더라면 이런 충격을 견뎌낼 정서적 자원과 더 도움이 될 만한 행동을 취할 지적 능력이 있었을지도 모릅니다. 남자의 죽음에 대한 책임이 자신에게 있다고 생각한 톤톤은 여생을 수치심과 죄책감에 시달리며 살아갔습니다.

이 상처를 치유하기 위해 영혼은 다음 생애에 누군가의 목숨을 살릴 수 있는 기회를 갖고자 했습니다. 그러나 이런 방식으로 상처를 치유하는 것은 위험한 일입니다. 적당한 기회가 아예 찾아오지 않을 수도 있고, 자신감이 부족하면 기껏 찾아온 기회를 날려버릴 수도 있기 때문입니다. 이를 위해 영혼은 주변 환경과 점성학 차트를 신중하게 선택했습니다. 이제 남은 일은 알맞은 기회를 만드는 것뿐이었습니다.

이 기회는 톤톤이 군인이었을 때 찾아왔습니다. 한 전투에서 여러 사람의 목숨을 구할 기회였습니다. 톤톤은 한 사람의 목숨은 구해냈지만 나머지는 구하지 못했고, 이 사실을 뼈아프게 괴로워했습니다. 다행히도 톤톤은 비슷한 경험을 가진 사람들에게 자신의 감정을 털어놓을 수 있었고, 자신이 다른 이들의 죽음에 책임이 있다는 생각에서 놓여나도록 도움을 받을 수 있었습니다. 그는 나중에 무공훈장까지 받게 됩니다.

이 모든 일은 톤톤이 자기 상처를 치유하는 데 도움을 줬지만, 가슴 깊은 곳에 남아 있는 그의 죄책감까지 사라지게 하지는 못했습니다. 이런 마음을 다스리기 위해 톤톤은 생존용사 지원그룹을 설립했습니다. 자신을 치유하고자 하는 욕구가 다른 많은 사람을 치유할 기회를 낳은 것입니다. 톤톤은 자신의 고통을 치유하고 초월할 방법을 봉사에서 찾았습니다. 톤톤은 타인을 향한 자비심은 물론 자기 자신을 향한 자비심도 길러나갔습니다. 그리고 이 자비심에서 치유 여정의 마지막 단계인, 용서하는 마음이 자라났습니다.

사례 4

이 이야기는 고문 끝에 죽어간 알렉산더라는 남자의 이야기입니다. 고문은 인류 역사에서 끊임없이 자행되어왔으며, 이 사실은 부정하고 싶어도 부정할 수 없습니다. 인류가 에고에 계속해서 휘둘리는 한 이런 악행은 그치지 않을 것입니다.

고문 같은 사건은 한 사람의 정신에 어떤 영향을 미칠까요? 여기에는 한 가지 답만 있지 않습니다. 사람들은 저마다 다른 방식으로 경험을 내면화하니까요. 알렉산더는 죽음을 통해 진실이 목숨보다 소중하다는 신념과 자신이 단순한 육신 이상의 존재라는 신념을 강화합니다. 그러나 동시에 알렉산더는 비관주의와 허무주의까지 내면화해 이를 다음 생애까지 가지고 갑니다. 고문 끝에 사망한 사람이 인간의 선함에 대한 믿음을 지키기란 어려운 일입니다. 한 생애 안에서만 보면 선이 항상 악을 이기는 것은 아니며, 개인은 이런 사실에 영향을 받을 수밖에 없습니다.

다음 생애에서 알렉산더는 전생에서의 비극적인 죽음으로

부터 배운 자비심을 표현하고 봉사라는 영적 목표를 향해 계속 나아갈 수 있었습니다. 전생에서 고문으로 죽음을 맞았음에도 불구하고 그는 다음 생애에서까지 타인을 향한 봉사를 멈추지 않았습니다. 하지만 그는 항상 엄청난 무게에 짓눌리는 듯한 기분 때문에 삶을 온전히 즐길 수 없었습니다. 기쁨이 없는 봉사란 진정한 봉사가 아니라 노예살이에 더 가깝습니다. 이 과제를 해결하기 위해 그는 삶의 복됨을 향한 감사와 기쁨을 되찾아야 했습니다.

다음 생애에서 그의 영혼은 장난스러움, 창의성, 용기, 자기표현성을 이끌어낼 점성학 차트(사자자리)를 선택했습니다. 또한, 영혼은 그에게 비교적 부유한 환경을 제공함으로써 생존의 스트레스 없이 자신을 마음껏 표현하고 기쁨을 느낄 기회를 주었습니다.

처음에 그는 자신에게 주어진 장난스럽고 용감하며 창의적인 에너지를 낯설어했습니다. 하지만 마침내 이 에너지는 그에게 마법과 같은 힘을 발휘했습니다. 알렉산더는 삶을 뜻대로 살 수 있다는 자신감과 주체성을 얻었고, 이는 그가 줄곧 느끼던 허무감과 무력감을 상쇄했습니다. 자신에게 주어진 물질적 풍요를 감사히 여겼던 그는 학교를 세워 처지가 어려운 학생들이 영적 교훈을 깨우치고 창의성을 마음껏 표현할 수 있도록 도왔습니다. 이번 생애를 통해 그는 허무감을 상쇄하고 행동반경을 넓혔으며, 이전보다 훨씬 다양한 방법으로 타인에게 봉사할 수단을 갖추게 됐습니다.

어느 날 혼자 걷던 캐런은 기차가 밟고 지나간 한 남자의 시신을 보게 되었습니다. 그녀는 살면서 이런 충격적인 광경을 본 적이 없었습니다. 이 충격은 너무나 커서 신체적인 반응으로도 나타났지만, 캐런은 가까스로 몸을 추스르고 집에 돌아와 이 사고를 당국에 신고할 수 있었습니다. 그 남자를 알지도 못했고, 그의 죽음에 책임감을 느꼈던 것도 아니었음에도 캐런은 이 사고에 큰 영향을 받았습니다. 그녀가 갓 스무 살이 되어 성인으로서 삶을 시작했을 무렵이었습니다. 이 일이 있기 전까지 캐런에게 죽음이란 머나먼 이야기에 불과했습니다.

캐런은 삶의 불확실성을 편하게 받아들이는 데 도움이 될 신념 체계를 찾아봄으로써 이 비극적인 사건에 대처했습니다. 그리고 마침내 캐런은 자신을 위로하고 타인에게 위로를 전하는 데도 도움이 되는 신념 체계를 발견했습니다. 이 덕분에 캐런은 이 사건의 경험이 자신에게 미쳤을지도 모르는 모든 부정적인 영향을 해소할 수 있었습니다.

영혼이 선택한 것이든 아니든 당신이 겪는 모든 경험에는 당신의 성장을 가속화하고 삶을 더 풍부하게 할 잠재력이 있습니다. 한 경험의 결과가 어떻게 펼쳐질지는 당신이 그 경험에 어떻게 대응하느냐, 어떤 선택을 내리느냐에 달려 있습니다. 그리고 당신이 어떤 선택을 내리든 당신은 그 경험을 통해 성장할 것입니다. 이 선택에 따라 성장 과정이 좀더 수월해지거나 더 어려워질 수는 있지만 자신의 선택을 탓할 이유는 없습니다. 당신은 배우기 위해 이곳에 온 것이니까요. 만족스러운 선택을 내렸든 고통스러운 선택을 내렸든 그 결과는 더 큰 깨달음으로 이어질 것입니다.

이 사고로 목숨을 잃은 희생자의 관점에서 이 이야기를 다시 바라봅시다. 그 역시 캐런과 비슷한 또래의 젊은이였습니다. 기찻길을 따라 걸으며 다른 마을로 가던 그는 시간을 아끼기 위해 지나가는 열차에 올라타기로 했습니다. 그는 기차가 속도를 줄이는 커브 구간에서 기차를 기다렸습니다. 하지만 그는 이것이 성공하기도 어려울 뿐만 아니라 몹시 위험한 일이란 사실을 몰랐습니다. 기차에 뛰어들었으나 손이 미끄러지는 바람에 그는 결국 기차 바퀴 아래에 깔리고 말았습니다.

너무 순식간에 벌어진 일이다 보니 이 사고가 그의 정신에 거의 영향을 미치지 못했을 거라고 생각할 수도 있습니다. 하지만 마음은 죽는 순간의 모든 경험을 낱낱이 흡수하며 이로부터 특정한 결론을 내립니다. 찰나의 순간, 그는 자신의 어리석음을 깨닫고 자신의 결정이 정말로 끔찍한 것이었다는 결론을 내렸습니다. 그리고 이 결론을 다음 삶까지 가지고 갔습니다.

다음 생애에서 그는 조심스럽고 다소 겁이 많았습니다. 사람들은 그를 분별력 있고 현실적이라고 말했습니다. 전생에서의 죽음과 염소자리 성향이 뚜렷한 그의 점성학 차트에서 비롯된 성격이었습니다. 전생에서의 비극적인 죽음으로 그는 조심성의 가치를 깨달았습니다. 이번 생애에서 그는 신중한 의사 결정을 연습하며 자신의 판단을 믿어도 좋다는 자신감을 얻을 것입니다. 그리고 이번 생애가 끝날 무렵, 그는 자신에 대한 불신을 이겨내고 더 지혜로운 사람으로 거듭날 것입니다. 그러면 다음 생애에서는 틀림없이 더 자신감 있게, 더 상식적으로 행동할 것입니다.

모든 영혼이 이와 비슷한 실수를 합니다. 이런 경험은 당신에게 조심성, 합리성, 책임감의 가치를 알려줍니다. 이것들은 모두가 배워야 할 가치입니다. 경솔한 판단 때문에 벌어진 사고, 진작 막을 수 있었던 사고에 목숨을 잃는 일은 결코 받아들이기 쉽지 않습니다. 하지만 이런 사고를 통해서도 삶은 교훈을 줍니다.

방금 살펴보았듯이 죽음을 맞이하는 순간의 마음가짐과 믿음은 매우 중요합니다. '죽음에 대한 믿음' 역시 죽음을 앞둔 당신의 마음 상태에 영향을 미칩니다. 죽음을 두려워하지 않는 사람들도 있지만, 이는 소수에 불과합니다. 한 삶에서 다른 삶으로 성공적으로 넘어가기 위해서는 죽음에 대한 어느 정도의 이해가 필요하며, 죽음을 맞이하면서도 다른 존재들의 도움을 받아야 합니다. 죽음에 대한 준비가 부족하면 지금의 삶을 떠나는 것은 물론 다른 세계에서 새 삶을 시작하는 것도 어려워집니다. 다행스럽게도 점점 더 많은 사람들이 죽음을 준비하는 일의 중요성을 깨닫고 있습니다.

모든 죽음은 성공적입니다. 죽음의 순간, 자기 육신을 버리고 떠나는 데 있어서 실패하는 사람은 없습니다. 그러나 성공적인 죽음이란 자신의 삶, 자신의 죽음과 화해하는 것을 뜻하기도 합니다. 당신에게도 더 깨어 있는 의식으로 죽음을 맞이하는 법을 깨닫는 순간이 올 것입니다. 자신이 에고 이상의 존재임을, 죽는 경험 이상의 존재임을, 그리고 죽는 순간 가지고 있던 관점 이상의 존재임을 깨닫는 순간이 올 것입니다.

사람마다 다르기는 하지만 이 깨달음은 대체로 영혼이 어느 정도 나이가 들었을 때 찾아옵니다. 때가 무르익으면, 영혼은 당신에게 이 깨달음을 주기 위해 죽음의 방식을 설계합니다. 더 나은 의사 결정을 내리는 법 등의 교훈을 주는 데 죽음이 적극적인 역할을 할 필요가 없을 때, 영혼은 당신이 자신의 영적 본성을 더 자각할 수 있도록 죽음을 이용할 수도 있습니다. 삶이 전하는 수많은 교훈 중 많은 교훈이 죽음을 통해 전해집니다. 묘하게도 죽음은 사람에게 영혼의 불멸성을 일깨워주는 방법 중 하나이기도 합니다. 사람들은 저승에 가서야 영혼의 불멸성을 깨닫기 때문입니다.

트라우마적인 사고

트라우마적인 사고에 의한 심리적 충격은 트라우마적인 죽음의 충격과 비슷하지만, 그 치유가 한 생애 안에서 이루어 져야 한다는 점에서는 차이가 있습니다. 안타깝게도 어떤 사고의 심리적 충격은 치유되지 않고 오히려 더 깊어질 수 있으며, 사고 당사자는 피해의식으로 왜곡된 렌즈를 통해 자신의 남은 삶을 바라보게 될 수도 있습니다.

사고 이후의 치유 과정에서 빠져서는 안 되는 것은, 삶을 다시 충실하게 살아가고자 하는 사고 당사자의 태도와 자발성입니다. 미래를 충분히 살 가치가 있는 것으로 여기지 않고서는 삶을 다시 살아갈 수 없습니다. 많은 경우, 이런 태도를 갖는 것이야말로 치유이며, 이런 변화를 위해 사고가 발생할 때도 있습니다. 당신의 태도는 당신의 치유력에 영향을 주는 동시에 사고로 인한 심리적 피해의 크기를 결정하기도 합니다. 사망하는 순간에 내리는 결론과 마찬가지로 사고 순간에 내리는 부정적 결론도 당신의 심리에 장기적인 영향을 미칠 수 있습니다. 이런 부정적 신념을 버리지 않으면 이 신념은 당신을 옭아매는 자기실현적 예언이 될 수도 있습니다. 이어지는 이야기는 이에 관한 것입니다.

사례 6

린은 교통사고로 어린 자식을 잃고 얼굴과 몸에 심각한 상처를 입게 됩니다. 사고 당시 린은 현장에서 숨진 자신의 어린 딸 생각만 했습니다. 당시 린으로서는 달리 손을 쓸 방법이 없었던 것이 사실이지만, 린은 딸의 죽음을 막지 못했다는 생각에 큰 죄책감에 시달렸습니다.

딸의 죽음에 대한 집착 때문에 린은 무력감에 빠졌는데, 이 때문에 신체적 회복도 더디어지고 성형 수술에 대한 의욕도 무뎌졌습니다. 사랑하는 남편과 아들이 있었고 몸이 완전히 회복될 가능성도 있었지만, 린은 삶의 의욕을 느낄 수 없었습니다.

이런 비극적인 사고가 발생했을 때 사람들은 당연하게도 "왜?"라는 질문을 합니다. 이 질문에는 한 가지 답만 있는 것은 아닙니다. 이 이야기의 경우, 린과 린의 딸은 태어나기도 전에 이 경험을 겪기로 선택했습니다. 물론 모든 사고가 이런 식으로 태어나기 전에 결정되는 것은 아닙니다. 그러나 영혼은 계획에 없던 사고까지 성장의 자양분으로 만들고, 이것을 전화위복의 계기로 만들 방법을 찾아내고야 맙니다.

린의 경우, 이 사고는 린의 경솔함과 허영을 바로잡기 위해 벌어진 것이었습니다. 린은 겉모습에 너무 큰 중요성을 뒀습니다. 린의 영혼은 린이 겉모습을 넘어선 생명의 가치를 깨달을 수 있도록 이 사고를 계획했습니다. 이런 비극적 사고들은 다른 모든 게 바뀌더라도 진정한 자신은 변하지 않는다는 것을 사람들로 하여금 깨닫게 합니다.

한편, 린의 아이가 이 가족의 일원이 된 것은 이런 죽음을 통해 다른 가족 구성원의 자비심을 끌어올리고 자신의 이해도를 넓히기 위해서였습니다. 모든 영혼이 한 번쯤은 때 이른 죽음을 선택하곤 합니다. 어린아이의 죽음에 어떤 유익이 있으리라고는 믿기 어렵지만, 이런 죽음은 영혼이 생명에 대한 더 큰 감사를 느낄 수 있게 하며 삶에 대한 의욕을 높여주기도 합니다. 이런 이유로, 전생에 자살 전력이 있는 누군가라면 영혼은 때때로 이른 죽음을 선택해 미래에 같은 실수가 되풀이되는 것을 막기도 합니다.

예상할 수 있듯 린은 한동안 분노와 실의에 빠져 살았습니다. 몸이 조금씩 회복되면서 린은 자신의 미모가 예전 같지 않음을 슬퍼하며 다시 아름다움을 되찾고 싶어했습니다. 수년이 흐른 뒤에야 린은 자신의 운명을 받아들이고 예전과는 달라진 지금의 몸으로 삶을 계속 살아나가기로 결정할 수 있었습니다.

린은 장애 청소년을 위한 방과 후 프로젝트에 참여하기 시작했고, 이는 아이들을 향한 자신의 마음을 표현할 통로가 되었습니다. 세상을 떠난 딸에게는 나눠줄 수 없었지만, 다른 아이들에게는 자신의 사랑을 나눠줄 수 있었습니다. 다음 생애에서 린은 이 경험을 통해 자라난 자비심과 이해심으로 계속해서 타인에게 봉사할 것입니다.

삶은 쉽지 않습니다. 그래도 가끔은 삶이 명확하게 보이면서 삶의 의미가 반짝거리며 나타날 때도 있습니다. 이 상태가 계속 이어지지 않는다고 삶을 살아가는 의미가 사라지는 것은 아닙니다. 다만 이런 시선을 유지하기가 쉽지 않을 뿐입니다. 가끔은 비극적인 사고가 삶의 의미를 찾는 당신에게 깨달음을 주고 영혼의 지혜에 마음을 열게 해주기도 합니다. "왜 내게 이런 일이 일어난 거지?"라는 질문에 대한 답을 찾기 시작하는 순간부터 사람들은 예상치 못한 어떤 의미심장한 방향으로 이끌리곤 합니다.

책이나 다른 사람에게서는 트라우마적인 경험으로부터 얻은 지혜와 성장을 얻을 수 없습니다. 경험은 공부로는 얻을 수 없는 삶의 교훈을 당신에게 가르쳐줍니다. 삶을 돌이켜 보면, 당신의 가장 큰 장점은 당신이 겪었던 가장 큰 고난 덕분에 길러진 것임을 알 수 있을 겁니다. 지혜는 이렇게 해서만 태어날 수 있습니다. 지혜란 고통이 낳는 보석입니다.

사례 7

얀은 농장에서 벌어진 사고로 팔을 잃었습니다. 당시 그는 고작 열 살이었으며, 이 상처를 감당할 만한 정서적 자원도, 가족의 지원도 없었습니다. 얀은 이 사건으로 자신은 절대로 평범한 삶을 살 수 없을 것이라는 결론을 내렸습니다. 만약 이 사고가 인생의 더 늦은 시기에 발생했다면, 그는 자신의 처지를 이 정도로 비관하지는 않았을지도 모릅니다.

이런 얀의 신념은 다른 모든 부정적 신념이 그러하듯 자기

실현적 예언이 되었습니다. 그의 열등감은 삶의 다른 영역에도 영향을 미쳤고, 장애의 실제 크기보다 훨씬 더 크게 그를 옭아매었습니다. 다른 사람들도 얀을 무능력하다고 보고 동정하며 그의 열등감을 심화시켰습니다. 자신이 할 일을 남이 해주기 시작하면 이 일을 직접 해봄으로써 배울 수 있는 것들을 배우지 못할 뿐만 아니라 자신의 능력에도 의심을 품게 되기 마련입니다. 장애인과 함께 일하는 사람이라면, 혹은 전생에서 장애를 경험해봤다면 이를 잘 압니다. 지금 장애를 경험하고 있는 사람 중 많은 사람이 이 사실을 전생에서 깨닫고 타인에게 본보기가 되고자 다시 장애를 입기로 선택했던 것일지도 모릅니다.

얀은 자신이 겪은 트라우마와 실현되지 못한 잠재성, 그리고 열등감을 이번 생이 끝날 때까지 치유하지 못했습니다. 다음 생애에서 영혼은 그가 자신감과 재능을 키우는 데 도움이 될 가족을 선택했습니다. 이 가족에게는 얀이 전생의 상처를 딛고 일어서는 데 필요한 튼튼한 자긍심과 안정감을 얀에게 심어줄 물질적, 정서적 자원을 가지고 있었습니다.

이를 기반으로 얀은 운동에 발을 들였습니다. 그는 다른 전생에서 육체적 기량을 갈고닦은 경험이 있었습니다. 그의 영혼은 이런 경험을 활용했고, 알맞은 점성학 차트를 선택해 자신감을 회복하고자 했습니다. 이번 삶에서 얀은 육체적 기량과 정서적인 힘을 길렀고, 이를 통해 다음 생애에서 장애 경험이 전하는 교훈을 다시 직면할 수 있도록 준비할 수 있었습니다.

다음 생애에서 얀의 영혼은 그를 든든하게 후원해줄 가족과 한쪽 다리를 잃는 사고를 선택했습니다. 이 사고는 십대 시절, 그가 팀 스포츠에서 두각을 막 나타내기 시작했을 때 벌어졌습니다. 스포츠에 대한 사랑과 다시 운동을 하고 싶다는 뜨거운 열망 덕분에, 심각한 장애에도 얀은 꿋꿋이 버텨냈습니다. 그는 한쪽 다리가 없이도 몸을 지탱할 수 있도록 매일 운동을 게을리하지 않았습니다. 마침내 그는 특정 종목에 참가해 다른 선수들과 경쟁할 수 있을 만큼의 거동 능력을 발달시켰습니다. 얀은 다리를 잃기 전에는 프로 운동선수가 되거나 남들보다 뛰어난 운동 능력을 성취할 수도 있었지만 지금은 그럴 수 없었습니다. 하지만 그는 자신이 '지금 할 수 있는 것들'에 감사함을 느꼈습니다. 그리고 자신이 앞으로 이룰 수 있는 것들에 대한 꿈도 버리지 않았습니다.

얀은 왜 애초에 이 시련을 극복하는 데 그리 도움이 되지 않을 환경에 놓였던 것일까요? 이는 이 사고가 영혼의 계획에 없었던 것이기 때문입니다. 의도치 않은 사고 중에서는 영혼이 막을 수 없는 사고도 종종 있습니다. 이 사고의 결과로 영혼의 원래 계획은 수정되어야만 했습니다. 사고 때문에 생겨난 새로운 조건에서는 기존 계획을 수행하는 것이 불가능하다고 판단됐다면 영혼은 얀의 육신을 떠났을 것입니다. 하지만 영혼은 이 새로운 조건 속에서 새로운 성장의 가능성을 발견했습니다. 얀에게 발전이 없었다고 해서 영혼이 그를 돕지 않은 건 아닙니다. 안타깝게도 영혼이 택하는 전략이 항상 잘 통하지는 않습니다.

사례 8

잭은 낙상으로 몸이 마비됐습니다. 이 마비는 사전 생애계획 단계에서 정해진 것이 아닌, 태어난 후 계획된 잭의 인생 계획 중 하나였습니다. 그전까지 잭은 신체 능력을 발달시키는 것에 집중하고 있었는데, 이것이 영혼이 정한 삶의 목적을 달성하는 데 지장을 주고 있었습니다. 잭이 태어나기 전, 잭의 영혼은 다른 세 영혼과 함께 이번 삶에서 어떤 물건을 발명하는 데 힘을 합치기로 약속했었습니다. 하지만 비범한 운동 능력 때문에 잭은 계속 다른 방향으로 움직이려고 했습니다. 그래서 이런 잭의 초점을 원래 삶의 목적으로 돌려놓고자 그의 영혼이 사고를 일으켜 마비를 초래한 것이었습니다.

이런 식의 계획 변경이 다소 극단적으로 보일 수 있습니다. 하지만 잭의 영혼이 이런 선택을 내린 데에는 다른 이유도 있었습니다. 잭이 자신만큼 뛰어난 운동 기량을 보이지 못하는 사람들을 점점 혹독하게 대하기 시작했던 것입니다. 잭은 자신의 신체적 재능이 여러 생애에 걸친 발전의 산물이며 다른 사람들에게는 이런 기회가 좀처럼 찾아오지 않는다는 사실을 알지 못했습니다. 사고로 발생한 마비는 이런 그의 무정함을 바로잡고 그에게 자비심을 일깨워주었습니다.

만약 이런 극단적인 방식으로도 원래 삶의 목적을 달성하기 어려울 것 같다고 판단했다면, 잭의 영혼은 다른 전략을 선택하거나 원래 삶의 목적을 포기하고 잭의 신체적 능력을 활용할 수 있는 목적을 새로 설정했을지도 모릅니다. 영혼에게는 항상 여러 선택지가 있으며, 삶이 펼쳐지는 와중에도 크고 작은 방식으로 계획을 바꾸곤 합니다. 그러나 잭에게 내면적 힘이 있으며 잭이 육체적 성취만이 아니라 정신적 성취에 힘을 실어줄 점성학 차트를 타고났다는 것을 알고 있었기에 그의 영혼은 이런 계획을 선택했습니다.

사례 9

배리는 창가에서 떨어져 뇌 손상을 입고 말았습니다. 이 트라우마 때문에 그는 남의 이야기를 듣고 이해할 수는 있었지만 한동안 말할 수도, 쓸 수도 없었습니다. 이 사고는 두 가지 목적을 이루기 위해 삶이 시작되기 전부터 예정된 사고였습니다. 첫 번째는 배리에게 인내심과 불굴의 정신을 기를 기회를 주기 위함이었습니다. 전생에서 그는 시작한 일을 제대로 마무리 짓지 못하는 습관이 생겼습니다. 이 때문에 배리는 자신이 타고난 재능은 물론, 인내심, 성실함, 끈기 등의 자질을 키울 수 없었습니다. 두 번째는 전생에서 외면했던 내면 세계를 돌볼 기회를 주기 위함이었습니다. 배리는 항상 바빴으며, 자신이 어떤 가치를 좇으며 살 것인지에 대한 별다른 성찰 없이 일 하나를 마치면 곧바로 다른 일을 시작하곤 했습니다.

회복 과정에서 배리는 자신이 겪고 있는 이 곤경에 대해 쉬지 않고 성찰했고 궁금해했으며, 가만히 자신의 내면에 귀 기울였습니다. 뇌 손상이라는 장애 때문에 배리는 삶의 관찰자가 될 수밖에 없었습니다. 삶을 한 발짝 떨어져 바라보며 배리는 인간의 본성과 이를 둘러싸고 펼쳐지는 온갖 인간사의 드라마에 관해 성찰했습니다. 또한, 그는 자신의 자아에 이런 드라마는 물론 자신의 인격, 신체, 감정, 마음을 초월한 측면이 존재한다는 것을 깨닫기 시작했습니다. 이런 깨달음은 오직 소수의 영혼이 윤회 막바지에 이르러서야 발견하게 되는 귀한 보물과 같은 깨달음으로, 이 시련이 그에게 준 가장 큰 선물이었습니다.

영혼의 계획에 포함되지 않은 사고는 드뭅니다. 영혼에겐 이런 사고를 멈추거나 그 영향을 최소화할 능력이 있기 때문입니다. 영혼은 직관을 통해서, 혹은 당신에게 직접 말을 건넴으로써 얼마나 빨리, 어느 방향으로 핸들을 꺾을 것인지, 결정적인 순간에 어떤 식으로 대응할 것인지 등 당신의 선택에 영향을 미칩니다. 누군가는 사고를 피하고 누군가는 피하지 못하는 것은 단순한 운이 아닙니다. 하지만 이것이 누군가가 어떤 이유에서든 다치거나 죽어도 마땅하다는 것을 뜻하지는 않습니다. 부상이나 죽음은 절대로 벌이 아닙니다. 영혼의 계획에 포함돼 있던 사고, 혹은 그렇지 않은 사고가 있을 뿐입니다.

살인과 자살

타인의 목숨을 앗아가는 것은 가장 끔찍한 범죄입니다. 살인이 발생하면 희생자, 그리고 희생자가 누릴 수 있었던 수많은 기회도 동시에 사라집니다. 살인은 가장 극단적인 방식으로 희생자의 자유의지를 침해하고 영혼의 계획을 방해하는 행위입니다. 살인이 발생하면 희생자의 영혼은 새로운 삶을 처음부터 다시 시작해야 하고 상처의 치유를 위해 먼저 설정해 놨던 목표도 수정해야 합니다.

똑같은 삶을 다시 한번 살 수 있다면 손해가 이만큼 크지는 않을지도 모릅니다. 하지만 그런 일은 있을 수 없습니다. 같은 상황은 절대로 똑같이 반복될 수 없습니다. 희생자는 비슷한 기회를 맞기까지 여러 차례 더 환생해야 할 수도 있습니다. 이는 자살의 경우도 마찬가지입니다.

살인은 살인자에게도 이롭지 않습니다. 살인자는 희생자의 치유를 위해 노력해야 하며 살인 행위를 다시는 되풀이하지 않기 위해 필요한 경험을 겪어야 합니다. 카르마는 배움과 속죄를 모두 아우르는데, 이 배움과 속죄는 희생자를 직접 향한 방식 말고도 여러 방식으로 이루어질 수 있습니다.

자살과 살인에는 별개의 교훈이 뒤따르며, 따라서 카르마의 빚을 갚고 상처를 치유하는 데에는 저마다 다른 전략이 적용됩니다. 자살은 자살한 사람의 진화를 더디게 만듭니다. 영혼은 여기에서조차도 배움을 얻긴 하지만 말입니다. 다행인 것은, 사람이 자살로 육신을 떠나는 순간 자살의 무익함이 분명해지며, 그 무익함의 기억이 깊이 각인돼 다음 환생에서도 떠오른다는 것입니다. 따라서 한 번 자살한 사람이 다음 생애에서도 다시 자살하는 일은 매우 드뭅니다.

모든 인간은 많은 생애 중 한 번쯤은 자살을 한 경험이 있습니다. 특히 삶을 견뎌낼 자원이 부족한 윤회 초반에 사람들은 고통에 대한 자연스러운 반응으로 자살이란 선택을 내리기도 합니다. 최근 청소년 자살률이 높아지고 있습니다. 이 가운데에는 영혼의 나이는 많지만 삶을 어려움을 견뎌낼 성숙함은 갖추지 못한 영혼이나, 여러 부정적인 영향에 노출된 영혼도 있을 것입니다. 나이 든 영혼들 중에는 특정 약물의 영향으로 자살을 하는 경우도 있습니다.

이어지는 이야기들은 살인자와 피살자가 어떻게 치유되는지, 그리고 그 결과로 영혼의 사랑과 자비심이 어떻게 더 크게 자라나는지를 보여줍니다.

살인

아널드는 윤회 초반에 살인을 저질렀습니다. 대부분의 살인과 자살은 자비심, 이해심, 절제력이 성숙해지기 전인 영혼의 진화 과정 초기에 저질러집니다. 나이 많은 영혼이 살인을 저지르는 경우, 이는 어린 시절 경험한 폭력과 증오에 대한 반응인 경우가 많습니다.

아널드는 당시로 치자면 평범한 가정에서 자라났습니다. 폭력이나 방치를 당했던 건 아니지만 힘든 삶이었습니다. 그는 밭에서 해가 뜰 때부터 질 때까지 일했습니다. 고된 삶에 대한 분노와 억울함을 견뎌낼 자제력도, 그럴 만한 신체적 힘도 부족했던 아널드는 술에 빠져 살았습니다. 그리고 술에 취하면 자제력을 잃고는 분노를 터뜨리기 일쑤였습니다. 그 결과, 그는 자신과 마찬가지로 폭력성을 절제하지 못하는 다른 이들과 걸핏하면 싸움에 휘말렸습니다. 어느 날, 단순한 우격다짐으로 시작됐던 싸움에서 아널드는 칼을 휘둘러 상대의 목숨을 빼앗고 맙니다. 그러나 법 집행은 제대로 이루어지지 않았습니다. 아널드의 범죄는 처벌되지 않았으며, 그의 행동은 이후로도 전혀 바뀌지 않았습니다.

다음 생애에서 아널드는 엘렌이란 이름의 여자로 태어났습니다. 엘렌은 밭에 나가 일하는 것 외에도 병약한 부모님과 남편, 그리고 자식들까지 보살펴야 했습니다. 이번 삶에서도 고생은 고생대로 했지만 보람은 적었습니다. 그 당시 여성은 자신의 화를 마음대로 표현하는 것이 허용되지 않았기 때문에 엘렌은 자신의 감정을 다룰 다른 방법을 찾았습니다. 다른 사람과의 대화는 핍박당하는 기분으로부터 엘렌이 조금이나마 놓여날 수 있게 해줬고, 그녀가 자기 삶의 처지를 받아들일 수 있도록 도와줬습니다. 또한, 엘렌은 바느질, 길쌈, 뜨개질과 같은 일상적인 일에서 기쁨을 느끼는 법을 배웠습니다. 그리고 자신에게 근사한 옷을 만드는 데 재주가 있다는 것을 발견하고 보람과 자긍심을 느꼈습니다.

엘렌의 영혼은 두 가지 이유에서 이런 조건을 선택했습니다. 첫째는 엘렌에게 지난 삶과 비슷한 상황에서 더 나은 방법으로 대응할 기회를 주기 위해서, 둘째는 부모를 돌봄으로써 전생에 쌓은 카르마의 빚을 일부 갚기 위해서였습니다. 물론 부모가 전생에 아널드의 손에 희생된 당사자는 아니었지만 말입니다. 이 과정이 순조롭게 흘러갈 수 있도록 엘렌의 영혼은 마음씨가 따뜻하고 관대한 부모님을 선택했습니다. 그 덕분에 엘렌은 자신이 진 카르마의 빚을 일부 갚고, 타인에게 사랑을 베풀고 봉사하는 능력을 키울 수 있었습니다.

다음 생애에서 엘렌의 영혼은 좀더 행복한 환경을 선택했습니다. 이번 생의 목표는 엘렌이 베풀 수 있는 사랑의 크기를 더 키우는 것이었습니다. 이를 위해서 엘렌은 인생의 아름다움을 경험할 필요가 있었습니다. 엘렌은 성직에 종사하는, 따뜻하고 사랑이 넘치는 부모님 밑에서 여자로 다시 태어났습니다. 엘렌의 부모님은 가난한 사람들을 위해 기금을 모았고, 임시 거처를 마련해 노숙자들을 먹이고 재웠습니다. 교구 주민을 위해 아낌없이 가진 것을 나누면서도 이들은 세 자녀에게 충분한 사랑을 베풀었습니다.

엘렌은 두 형제자매에 비해 영혼의 진화가 다소 늦은 편이었지만, 사랑이 넘치는 주변 사람들 덕분에 엘렌의 좋은 품성이 더 표출되고 강화될 수 있었습니다. 또한, 엘렌의 미모도 엘렌이 더 큰 사랑을 받는 데 한몫을 했습니다. 혼기가 되자 엘렌은 아버지처럼 목회자의 사명을 가진 사람을 배우자로 선택해 봉사하는 삶을 이어갔습니다. 이번 생애에서 엘렌의 사랑, 이해심, 내면의 힘은 무럭무럭 자라났습니다.

이렇게 여러 번의 환생을 거친 끝에 엘렌은 마지막 시험을 치를 만큼 강해졌습니다. 이제 엘렌은 남자로 태어나 자신이 전생에서 살해한 사람을 만나 속죄할 것입니다. 이런 종류의 카르마의 빚을 청산하기 위해 당사자 둘이 다른 생애에서 다시 꼭 만나야 할 필요는 없지만, 많은 영혼이 이런 방법을 선택하곤 합니다. 그러나 이런 만남은 희생자가 동의한 경우에만 이루어집니다. 그리고 이렇게 한다고 해서 꼭 계획했던 대로 카르마가 청산된다는 법은 없기 때문에 희생자는 이런 결정을 내릴 때 매우 신중해야 합니다.

잠시 시간을 거슬러 올라가 희생자의 이야기를 살펴보도

록 합시다. 앞에서 언급했지만 희생자에게도 분노 조절에 문제가 있었습니다. 이 문제를 해결하기 위해 그는 가해자와 마찬가지로 여러 번을 여자로 환생해야 했습니다. 이 중 한 번은 자신의 재능과 다른 능력을 갈고닦을 수 있었던 평탄한 삶이었습니다. 가해자의 이야기에서도 보았듯 재능(옷 만들기)은 치유에 아주 중요한 역할을 합니다. 영혼은 시련을 극복하기 위해 이렇게 자신의 재능을 활용하곤 합니다. 환생을 거듭할수록 영혼의 진화가 점점 빨라지는 이유도 여기에 있습니다. 영혼은 윤회 초반보다 후반에 더 많은 재능을 갖고 있기 때문입니다.

이번 삶에서는 희생자와 엘렌이 각각 로즈, 짐이란 이름으로 환생해 다시 만나게 됐습니다. 무도회에서 처음 만난 둘은 첫눈에 서로에게 반했고, 머지않아 결혼했습니다. 상상하기 어려운 일이지만, 결혼을 비롯한 여러 인간관계는 카르마의 빚 때문에 맺어지는 경우가 많습니다. 영혼은 둘 사이의 카르마의 빚이 상황이 허락하는 한도 내에서 최대한 사라지거나 완전히 청산될 때까지 둘을 연인 관계로 맺어주곤 합니다. 둘 중 한 사람이 언제든 떠날 수도 있지만, 카르마는 서로가 서로에게 의무감, 충동, 이끌림, 때로는 거부감을 느끼게끔 만듭니다. 이렇게 카르마로 엮인 관계에 있는 사람들은 마법에 걸린 듯한 느낌을 받습니다.

이야기를 마저 해봅시다. 로즈는 오래지 않아 위중한 병에 걸렸습니다. 시험의 때가 온 것입니다. 과연 짐은 로즈를 기꺼이 보살필까요? 짐에게는 아픈 로즈를 돌볼 만한 사랑이 있을까요? 카르마의 빚 때문에 느껴지는 의무감이 여기에 도움이됩니다. 이런 의무감은 둘 사이의 사랑과 헌신을 가능하게 합니다. 카르마로 맺어진 관계에서 당신은 상대를 향한 헌신의의미를 배우고, 이 헌신을 통해 사랑을 나누는 힘도 더 키울수 있습니다. 로즈와 짐에게도 마찬가지였습니다. 짐은 로즈가 회복될 때까지 로즈를 흔들림 없이 보살폈습니다. 카르마의 관점에서 보자면 둘은 더는 함께해야 할 의무가 없었지만, 둘은 그 이후로도 기꺼이 함께 살았습니다.

이는 유별난 이야기가 아닙니다. 많은 영혼의 단짝 관계가처음에는 카르마로 맺어진 관계에서 시작합니다. 이 이야기는살인이라는 끔찍한 사건으로 만난 두 사람도 사랑으로 연결될수 있음을 보여줍니다. 이미 눈치채신 분도 있겠지만, 모든 삶이야기의 결론은 사랑입니다. 이는 다음 이야기에서도 마찬가지입니다.

사례 11

이번 이야기 역시 살인과 얽힌 이야기로, 두 당사자의 윤회 초반에 일어난 일입니다. 헨리에게 무기로 위협을 받던 샘은 공포에 못 이겨 헨리를 죽이고 말았습니다. 이 지점에서 흥미로운 질문이 떠오를 수 있습니다. 법도 특정 상황에서는 살인을 용인하듯, 영혼도 그래야 하는 것 아닐까요? 인간의 관점에서 보자면 샘의 살인은 다른 살인 사건만큼 큰 뉘우침이 필요한 죄는 아닐지도 모릅니다. 하지만 영혼의 관점에서 중요한 것은 그 죄가 얼마나 흉악한가가 아니라 어떤 무지에서 이런 일이 발생했는가, 이를 바로잡기 위해 어떤 교훈이 필요한가입니다. 이 질문에 답하기 위해서는 정확히 어떤 일이, 왜 발생했는지 자세히 들여다볼 필요가 있습니다.

샘과 헨리는 서로 친구였습니다. 갈등은 한 마리 가축을 둘러싸고 발생했습니다. 헨리는 샘이 자신에게 가축 몇 마리를 빚졌다고 생각했고, 이를 돌려받기 위해 씩씩대며 샘을 찾아갔습니다. 적개심을 품었던 건 샘도 마찬가지였습니다. 결국 싸움이 벌어졌고, 이 과정에서 헨리가 샘에게 목숨을 잃고 맙니다.

영혼의 관점에서는 이 두 사람이 사건이 벌어질 당시에 무엇을 느끼고 있었는지가 가장 중요한 요소가 됩니다. 헨리에게 위협을 받은 샘은 먼저 아내와 두 자녀를 떠올렸습니다. 샘역시 공격적으로 대응하긴 했지만, 이는 헨리와는 달리 분노에서 비롯된 반응은 아니었습니다. 그래서 샘에게 필요한 교훈은 분노를 다스리는 법에 관한 것은 아니었습니다. 그러나 여전히 샘은 누군가의 목숨을 빼앗은 사람으로서 생명의 존엄성을 깨우쳐야 했습니다.

샘의 영혼은 다음 생애에 요절함으로써 이를 극적으로 깨우치기를 선택했습니다. 더 느리고 부드러운 방법을 택할 수도 있었겠지만, 이런 극적인 방법 역시 나름의 이점이 있습니다. 삶이 급작스럽게 끝나면서 샘을 사랑했던 모두가 큰 상실감에 빠졌습니다. 그러나 이마저도 그를 사랑했던 사람들의 영혼이 세운 계획의 일부였습니다. 사랑하는 이의 죽음은 주변 사람들에게 많은 성장의 기회를 제공합니다. 필요한 교훈을 얻은 그는 더 큰 자비심과 생명에 대한 감사함을 가지고 다음 삶을 시작했습니다.

자살

자살은 여러 이유에서 발생합니다. 이러한 자살의 이유는 뒤따를 배움의 종류를 결정하는 중요한 요소입니다. 사람이 자살을 하는 이유 중 몇몇은 무력감, 부정적 감정, 올바르지 않은 대처 방식 혹은 지혜의 부족, 미래에 대한 공포, 육체적 고통으로부터의 도피 등이 그 이유가 될 수 있습니다. 영적인 이해가 부족할 때, 특히 영혼과 윤회에 관한 이해가 부족할 때도 자살을 할 수 있습니다. 삶과 죽음에 대한 이해가 깊은 사람은 자살을 선택하지 않습니다.

영혼은 임사체험을 통해 삶과 죽음에 대해 가르치기도 합니다. 사람은 죽다 살아나는 경험을 통해 자신이 육신을 넘어선 불멸의 존재임을 깨닫고, 삶의 목적에 대한 더 깊은 이해를 얻습니다. 오늘날엔 이런 일을 겪은 사람들이 자신의 깨달음을 다른 이들과 나누는 경우가 심심치 않게 있습니다. 임사체험을 겪고 나면 삶은 단순히 행복을 찾아 나서는 여정을 넘어서 고통을 포함한 모든 경험 하나하나를 통해 그 가치가 깊어지는, 하나의 선물로 여겨집니다.

임사체험은 자살 충동이라는 독을 해소하는 해독제 중 하나입니다. 종교도 마찬가지입니다. 자살 충동에 취약한 어린 영혼들은 종교적인 믿음이 깊은 가정에서 태어나는 경우가 많습니다. 종교는 자살 의욕을 꺾고 삶을 직면할 것을 촉구합니다. 삶은 곧 학교란 사실을 가르치는 종교도 있습니다. 그러나 삶이 어떻게 흘러가든 그 삶을 있는 그대로 받아들이는 데 도움이 될 이해를 제공하는 종교는 많지 않습니다. 이런 이해는 에고의 절망감과 두려움에 맞서 받아들임과 자비심을 고취하는 것으로, 모든 인간에게 기본적으로 필요한 것입니다. 이어지는 이야기는 이에 관한 것입니다.

사례 12

안나는 도난의 누명을 쓰고 감옥에 갇혀 있었던 엄마에게서 태어났습니다. 안나가 두 살이 되던 해, 엄마는 자식이 평범하게 자라길 바라는 마음에서 감옥 바깥의 위탁 가정에 안나를 맡겼습니다. 위탁 부모는 안나를 잘 보살폈지만, 안나에게 그 어떤 영적인 이해도 제공하지 못했습니다. 안나 주변의 그 누구도 안나에게 지금의 삶 너머에 관해, 안나가 지금의 육신 이상의 존재라는 사실에 관해 알려주지 않았습니다. 이런 이해가 없다고 살 수 없는 것은 아니지만 삶의 질은 달라질 수 있습니다.

그 결과, 안나는 지금 당장 안나의 주의를 끄는 것 너머에는 관심을 거의 두지 않은 채로 자랐습니다. 영적 이해 없이 살아가는 것은 눈을 가린 채 사는 것과 같습니다. 우주의 큰 그림을 전부 놓치기 때문입니다. 안나도 마찬가지였습니다. 영적 시야가 좁았던 안나는 고난을 마주할 때마다 자신에게 선택권이 너무나 없다고 느꼈고, 이 고난이 잠재적으로 가져다줄 이로움에 대해서도 내다볼 수 없었습니다. 그렇게 살아가던 안나는 어느 날 무지와 절망 속에서 스스로 목숨을 끊고 맙니다.

영혼은 안나가 다음 생애에서 자신의 영적 본성을 깨우칠 수 있도록 계획을 세웠습니다. 이를 위해 영혼은 삶의 더 숭고한 의미를 찾는 데 도움을 줄 점성학 차트(궁수자리와 물고기자리)와 종교적인 가정을 선택했습니다. 안나는 모든 사람의 내면에 신이 있음을 믿는 신실한 가정에서 태어났습니다.

안나의 첫 영적 자아 경험은 안나의 세계를 송두리째 흔들거나 단숨에 초월에 이르게 하는 그런 종류의 것은 아니었습니다. 내면에서 영적 이해를 조금씩 키워나가던 안나는 어느 날 영적 자아와의 강렬한 연결감을 느낍니다. 그리고 그 이후, 자기 내면에 평화로운 공간이 있음을 깨닫습니다. 이 두 경험을 통해 안나는 자기 삶의 목적을 이루기 위한 여정을 시작하게 됩니다. 그러나 이게 전부가 아니었습니다.

어느 날, 길목에서 차를 기다리던 안나는 시야가 달라지는 것이 느껴졌습니다. 그러면서 갑자기 모든 생명이 연결되어 있는 모습을 보게 되었습니다. 에너지가 형태를 달리하며 곳곳에서 흘러나오고 있었습니다. 아주 짧은 순간이었지만, 이 기억은 안나의 기억에 평생 남게 됩니다. 안나는 보이는 것이 전부가 아님을, 평범한 현실 너머에 전혀 다른 현실이 존재한다는 것을, 그리고 자신이 다른 모든 생명과 동떨어진 존재가 아님을 깨달았습니다. 안나의 마음속에 믿음이라는 수수께끼가 태어난 순간이었습니다.

그 시점은 조금씩 다를 수 있지만 이런 경험은 모두가 언젠가는 겪게 되며, 이런 경험을 통해 깨달은 것들이 믿음의 토대를 형성합니다. 안나는 다음 생애에서 고난을 직면했을 때 자살이란 선택지를 고려하지 않았습니다. 그 대신 자신의 내면에 어떤 힘이 있음을, 즉 믿음이 있음을 알고, 여기에 의지해 고난을 견뎌내고 배움을 얻을 수 있었습니다.

사례 13

어린 영혼인 베티는 아침에 일어나는 것부터 시작해 맡은 일에 책임을 다하는 것, 사람과 소통하는 것, 가족들과 잘 지내는 것까지 삶의 아주 작은 어려움들도 버거워했습니다. 그러나 베티는 이런 점이 자신을 특별한 사람으로 만든다고 여기며 이를 바꾸려 하지 않았습니다. 이렇게 자신을 특별한 존재로 여기는 건 일상의 어려움에 대처하는 데 도움이 됐습니다. 핍박받는다고 느끼거나 사랑받지 못한다고 느낄 때면 베티는 방에 들어가 자신이 다른 사람들보다 더 나은 사람이라 그렇다고 속으로 되뇌었습니다. 그리고 장밋빛 미래를 그리며 몽상에 젖곤 했습니다.

베티는 나이를 먹어서도 달라진 게 거의 없었습니다. 아빠의 가게에서 점원으로 일하기 시작하면서도 그녀의 태도에는 변함이 없었지요. 지각도 잦았고 손님들을 대하는 태도도 좋지 않았으며, 자신을 향한 질책에도 신경 쓰지 않았습니다. 그녀는 여전히 자신을 특별한 존재로 여기며 언젠가는 이 비루한 일상에서 자신을 구원해줄 남자가 나타나 하고 싶은 걸 모두 하면서 살 수 있을 거라고 믿었습니다. 안타깝게도 베티는 미래를 만드는 것은 자신의 선택이지 머릿속 환상이 아니라는 사실을 모르고 있었습니다.

어느 날 베티는 자신이 꿈에서 그리던 남자를 만났습니다. 아니, 만났다고 생각했습니다. 베티가 은근한 신호를 보냈고, 결국 남자는 베티에게 데이트 신청을 했습니다. 둘의 첫 데이트는 로맨틱했습니다. 베티는 그의 신비로운 매력에 완전히 빠져들고 말았습니다. 둘이 만남을 가지던 어느 날, 남자는 자신이 유부남이란 사실을 밝혔습니다. 베티는 가슴이 무너져 내렸습니다. 완벽한 남자를 찾았다고 철석같이 믿고 있었던 베티는 그날 밤 집에서 손목을 칼로 그었고, 피를 흘리며 사망했습니다.

만약 베티가 이상형을 향한 몽상에 쏟을 에너지를 시련을 이겨낼 정신적 자원을 준비하는 데 투자했더라면 베티는 이 경험으로부터 많은 것을 배우고 성장할 수 있었을 것입니다. 베티가 마지막에 내린 결론 말고도 다른 결론을 내리는 것도 가능했을 것입니다. 타인에 기대기만 해서는 더 나은 삶을 만들 수 없다는 결론을, 그리고 원하는 상대와 인연이 맺어지기 위해선 자신부터 더 나은 사람이 되어야 한다는 결론을 내렸을 수도 있었을 겁니다. 그러나 베티의 결론은 이 남자가 없이는 삶은 살 만한 것이 못 된다는 것이었습니다.

영혼은 베티를 자살로 내몬 결론과 베티의 영적 발달 수준을 고려해 다음 삶을 설계했습니다. 영혼의 계획에는 재능을 연마하기 좋은 환경, 자살을 금지하는 종교적 신념을 가진 부모님, 그리고 공상은 제한하고 현실 감각과 성실함은 끌어올리는 점성학 차트(땅의 기운이 많은 별자리)가 포함됐습니다. 지난 삶에서 베티가 내렸던 결론은 이 남자가 없다면 삶은 살 만한 것이 못 된다는 것이었습니다. 이 잘못된 결론을 수정하기 위해서는 기발한 방법이 필요했습니다. 베티의 영혼은 이번 생에서 베티가 꿈에 그리던 남자와 결혼하게 해서 남자를 잘 만나고 못 만나고가 인생의 답이 될 수 없음을 알려주고자 했습니다.

예상했던 대로 베티는 다음 생애에서 더 현실적인 사람이 되었습니다. 그리고 기꺼이 자신의 책임을 다하고자 했습니다. 물론, 이 과정에서 어느 정도의 억울한 감정을 느끼기도 했지요. 이는 어찌 보면 당연한 일입니다. 별자리가 특정한 성향을 더 끌어낼 수는 있어도 영적 수준을 위로 끌어 올려주지는 못하기 때문입니다.

계획대로 베티는 자신이 꿈꾸던 남자와 만나 사랑에 빠지게 됩니다. 하지만 오래 지나지 않아 그 남자는 술에 빠져 바깥으로 나돌기 시작했습니다. 심지어는 만취 상태로 집에 돌아와 베티를 깨우고 때리기까지 했습니다. 이런 밤을 몇 번 겪은 후 베티는 더는 못 참고 그 남자를 떠나게 됩니다.

이 결정은 베티에게 여러 다른 가능성을 열어줬습니다. 베티는 집안일을 봐준다면 방 하나를 빌려주겠다는 한 늙은 부부의 집에 세 들어 살게 됐습니다. 베티는 이 시간 동안 여러 일로 돈을 벌며 어릴 때부터 관심을 두고 있던 예술을 공부했습니다. 이번 생애에서 베티는 경제적으로 독립해 자신이 원하는 꿈을 좇는 자유를 누리며 보람 있는 삶을 살았습니다.

카르마는 징벌이 아니라는 사실이 이 이야기들을 통해 분명히 드러납니다. 어떤 교훈을 깨닫는 데 뒤따르는 고통의 크기는 그가 지은 죄의 경중과 꼭 일치하진 않습니다. 이는 수천 명의 사람을 죽이고도 고통받지 않을 수 있다는 뜻이 아닙니다. 죄가 무거울수록 속죄해야 할 것도 큰 법입니다. 그리고 배움과 속죄에는 보통 고통이 뒤따릅니다. 나아가, 죄를 지으면 영혼의 진화도 현저하게 더디어집니다. 그 죄를 씻기까지 여러 번의 환생이 소요될 수 있기 때문입니다. 이것이 벌이라면 벌이라고 할 수도 있겠습니다. 그러나 카르마의 가장 까다로운 측면은 카르마가 쌓이는 만큼 다른 영역에서의 성장이 지연된다는 것입니다. 카르마의 빚을 청산하기 위한 삶은 다른 목표를 위해 사는 삶만큼 보람차기 어렵습니다.

불행한 사랑

가슴 아픈 사랑은 이후의 인간관계에도 영향을 미칠 수 있습니다. 상처가 깊은 경우에는 다음 생의 관계에까지 영향을 미치기도 합니다. 버려짐, 사랑 없는 결혼 관계 혹은 불륜 등이 너무나 깊은 상처를 남겨 부상이나 죽음으로까지 이어지는 경우엔 다음 생까지 이어지는 감정적 흉터를 남기곤 합니다. 이번에는 이런 상처가 어떻게 치유될 수 있는지, 또 당사자들의 카르마가 어떻게 균형을 되찾을 수 있는지를 살펴보겠습니다.

버려짐
사례 14

후안과 마리아는 만난 지 얼마 지나지 않아 결혼해서 가족이 됩니다. 누구에게나 마찬가지겠지만, 어린 세 아이를 먹여 살리는 일은 몹시 고된 일이었습니다. 후안은 매일 늦게까지 일했고, 그동안 마리아는 아이들을 돌봤습니다. 어느 날 후안은 집에 돌아오지 않았고, 다음 날이 되어서야 돌아와 아무런 설명도 없이 자기 짐만 챙기고는 집을 영영 떠났습니다. 후안의 아버지 역시 후안이 어렸을 때 가족을 버리고 떠났었는데, 이런 패턴을 후안도 똑같이 반복하고 있었습니다. 후안은 애초에 결혼을 안 하거나 아이를 갖지 않는 편이 나았을지도 모릅니다. 결혼 생활은 후안이 타고난 점성학 차트와 맞지 않았고, 이는 후안이 그토록 불행했던 여러 이유 중 하나였습니다. 물론 이것이 후안의 선택을 정당화하는 것은 아니지만 말입니다.

사랑하는 이를 버리고 떠나는 것은 심각한 죄이며, 특히 이것이 고통을 일으켰을 때는 속죄가 필요합니다. 영혼의 계획에서 종종 이탈하는 어린 영혼들이 흔히 이런 잘못을 저지릅니다. 이런 일이 벌어지면 영혼은 대개 임기응변으로 다른 계획을 만듭니다. 마리아 곁에 계속 머물렀다면 삶은 고달팠겠지만 후안에게 성장의 계기는 될 수 있었을 것입니다. 그러나 후안은 자신이 더 만족할 수 있는 삶, 영혼의 계획에 더 일치하는 삶에 이끌렸습니다. 그렇지만 자신이 남겨두고 떠난 가족에게 후안이 카르마의 빚을 지게 됐다는 사실은 변하지 않습니다.

가족을 버리고 떠나는 행위가 후안의 아이들과 아내처럼 남겨진 사람들을 힘들게 한다면 속죄가 필요합니다. 후안이 가족을 떠나면서 아이들은 자신이 사랑받을 가치가 없는 존재라는 믿음을 가지게 됐으며, 마리아도 겉으로 표현하지는 않았지만 자신이 매력이 없고 여자답지 못해서 남편이 떠난 거라는 믿음을 가지게 됐습니다. 이는 마리아가 새로운 짝을 찾아 나서지 못하도록 막았습니다. 대신 마리아는 아이들을 돌보고 주어진 조건 안에서 가장 나은 인간이 되는 데 온 힘을 다했습니다. 남편의 도움이 없었던 마리아의 삶은 매우 고달팠습니다.

다음 생애에서는 관계 회피 때문에 성장이 멈추지 않도록 마리아에게 새로운 인연을 만날 기회가 주어지는 것이 중요했습니다. 이를 위해 마리아의 영혼은 자신감을 높일 수 있는 점성학 차트와 매력적인 외모를 선택했습니다. 또한, 영혼은 마리아가 다른 전생에서 사랑했던 사람을 만나 다시 사랑에 빠질 수 있도록 다리를 놓아주었습니다.

사랑을 피하는 것으로는 사랑 때문에 다친 가슴을 치유할 수 없습니다. 상대에 대한 신뢰가 문제가 되는 것이라면 영혼은 될 수 있는 한 사랑에 마음을 다시 열기 쉽도록 상황을 만들 것입니다. 전생에서 자신이 사랑했던 남자를 이번 생에서 처음으로 만났을 때 마리아는 망설였습니다. 믿지 않을 이유가 없었음에도 마리아는 그 남자를 믿지 않았습니다. 하지만 결국 그 남자의 인내심과 이들의 옛 연정은 마리아의 망설임을 이겨냈습니다.

다음 이야기는 결말이 조금 다릅니다. 가끔 영혼은 인연을 만나고 관계를 유지하는 것을 일부러 어렵게 만들 때도 있습니다.

사례 15

이번 이야기도 앞의 이야기처럼 파혼과 버려진 아이들로 시작하는 이야기입니다. 지난 이야기의 남편처럼, 토마스는 결혼 생활의 책임감을 견딜 수 없을 정도로 버거워했습니다. 토마스는 아내와 자식들을 부양하기 위해 한 직장에 묶이는 삶이 두려워 가족을 떠났습니다. 그리고 자신이 필요한 만큼만 돈을 벌면서 세상을 탐험하고자 했습니다. 그는 구체적인 계획 없이 상황에 따라 자신의 여행길을 바꿨습니다. 그러던 중, 다른 대륙으로 향하는 자신의 배에 일손이 필요하다는 누군가를 만나 그 배에 올라타게 됩니다.

오래지 않아 토마스는 자신의 선택을 후회했습니다. 아내 밀리가 제공하던 안락함과 두 아이의 미소가 그리워지기 시작했습니다. 이 그리움을 떨쳐내지 못한 토마스는 최대한 빨리 가족 곁으로 돌아가겠다고 다짐했습니다. 하지만 이 다짐이 무색하게 그는 가족에게 소식도 전하지 못한 채 몇 달의 시간을 배 위에서 더 보내게 됩니다. 적어도 이 시간 동안 토마스는 자신이 내렸던 결정을 돌이켜볼 수 있었습니다.

고향으로 돌아온 토마스를 맞는 것은 쌀쌀함이었습니다. 토마스가 자릴 비운 동안 밀리는 친정으로 돌아와 빨래 일로 자신과 아이를 먹여 살렸습니다. 그리고 그새 새로운 짝을 찾은 밀리는 토마스를 완전히 잊은 채 살아가고 있었습니다.

이 사실에 큰 상처를 받은 토마스는 밀리와 아이들을 되찾기로 결심했습니다. 어느 날 모두가 잠들어 있을 때, 몰래 밀리의 방으로 들어간 토마스는 밀리에게 제발 자신에게 돌아와 달라고 애원했습니다. 소란에 잠에서 깬 밀리의 부모님은 토마스를 쫓아냈고 다시 이곳에 찾아오면 경찰에 신고하겠다며 으름장을 놓았습니다.

하지만 토마스는 멈추지 않았습니다. 그는 밀리에게 수시로 밀리를 찾아가 헛된 노력을 계속해서 쏟아부었습니다. 여기에 질려버린 밀리가 끝내 경찰을 불렀고, 토마스는 얼마간 철창신세를 지게 됩니다. 하지만 이는 밀리를 그 누구에게도 빼앗기지 않겠다는 토마스의 집착이 더 강해지는 계기가 됩니다. 다급했던 토마스는 결국 밀리를 살해하고, 여생을 감옥에서 살게 됩니다.

다음 생에서 토마스는 안면 기형을 타고나 제대로 된 연인 관계를 맺지 못하고 살아갑니다. 이런 시련은 토마스에게 관계의 가치를 가르쳐주기 위해 주어진 것이었습니다(무언가를 갖지 못하게 하는 것은 그것의 소중함을 가르치는 방식 중 하나입니다). 그는 자신과 같은 다른 외톨이들을 돕고 책을 읽으며 살아갔습니다. 그는 고아원에서 아기를 안은 채 아이들과 함께 노는 시간을 특히 즐겼습니다. 이 아이들이 토마스의 새 가족이 되었고,

이 아이들에게 쏟은 애정으로 토마스는 카르마의 빚을 어느 정도 갚을 수 있었습니다.

다음 생에서, 토마스는 밀리의 할아버지가 되었습니다. 그는 죽으며 많은 유산을 손녀에게 남겼습니다. 그 이후로도 몇 번의 생애에 걸쳐 토마스는 카르마의 빚을 완전히 청산할 때까지 시간을 쏟고 돈을 기부해 아이들을 도왔습니다. 그 결과, 그의 자비심과 사랑 그리고 봉사에 대한 열정이 자라났습니다.

사랑 없는 결혼 관계

사랑 없는 결혼 관계는 편의, 안전 혹은 자녀 양육 등 여러 이유에서 맺어질 수 있습니다. 이 중에는 사전 생애계획 단계에서 맺어지는 결혼 관계도 있으며, 단순히 잘못된 의사 결정이나 카르마에 의해 맺어지는 관계도 있습니다. 사랑 없는 결혼 관계는 특정 종교적, 철학적 신념이 이혼이나 별거를 금지하는 경우에 가장 흔히 맺어집니다. 사랑 없는 결혼 관계에서 비롯한 화와 억울함이 증오와 폭력으로 발전하는 경우에는 깊은 감정적 상처를 남길 수도 있고, 때로는 신체적 부상으로 이어질 수도 있습니다.

영혼이 관계를 맺어주는 데에는 여러 목적이 있으며, 이 중 어떤 목적은 비교적 짧은 시간 안에 달성될 수 있습니다. 때로는 이혼이 결혼보다 영혼의 계획에 더 들어맞을 때도 있습니다. 이 경우, 이혼을 금지하는 종교적 믿음은 당사자들이 최선의 이득을 얻는 데 방해가 됩니다.

다른 한편, 이혼의 금지가 도움이 될 때도 있습니다. 결혼한 부부가 사랑과 헌신을 배워야 하거나 카르마의 균형을 되찾아야 할 때 그렇습니다. 하지만 이런 강요된 관계에서는 화와 억울함이 생겨날 수 있습니다. 관계에 대한 헌신이라는 가치는 강요한다고 배울 수 있는 것이 아닙니다. 이것은 사랑에서 우러나오는 상호작용을 통해서만 배울 수 있습니다. 결혼 관계가 강요된 부부 사이에는 증오와 울분이 들끓을 수 있습니다. 이런 경우, 이 부부는 다음 생에서도 다시 만나야 할 수 있습니다.

사례 16

산제이와 로마는 가족의 중매로 결혼했습니다. 중매 결혼을 한 부부가 행복하게 살아가는 경우가 아예 없는 것은 아니지만, 산제이와 로마는 아니었습니다. 로마는 자신보다 거의 쉰 살이 많았던 남편에게 전혀 끌리지 않았습니다. 게다가, 산제이는 로마를 자신의 소유물로만 보았을 뿐, 그녀가 무엇을 원하는지 전혀 알지 못했습니다. 산제이는 로마를 매력적이라고 느꼈으며 함께 있으면 기분이 좋았지만, 산제이와 로마 사이에는 중매로 맺어진 관계 이상으로 관계가 발전할 수 있을 만한 공통점이 너무나도 없었습니다. 결국 산제이는 혼외정사로 자신의 욕구를 일부 충족했습니다. 하지만 로마에게는 이것이 가능하지 않았습니다. 종교적인 이유로 이혼이 불가능했던 로마는 죽음 밖에는 답이 없다고 생각했습니다. 그리고 결국 스스로 목숨을 끊고 맙니다.

로마는 중매혼이 여전히 성행하던 시대와 장소에서 환생했습니다. 이런 조건에서 로마가 배울 수 있는 게 더 있다는 영혼의 판단 때문이었습니다. 로마는 이번 삶에서도 전생에서 만났던 남편과 맺어져 똑같은 어려움을 겪었습니다. 이는 일부일처의 관계를 통해 서로 사랑하고 돕는 법을 배울 수 있도록, 삶이 시작되기 전에 둘의 영혼이 내린 결정이었습니다. 더 깊은 사랑이 생겨날 잠재적인 가능성은 있었지만, 둘은 좀처럼 서로에게 마음을 열 수 없었습니다. 하지만 함께하는 시간이 더 길어지면 가능할지도 모를 일이었습니다.

다음 생에서도 로마의 영혼은 똑같은 남자를 사랑해보기로 선택했습니다. 이는 산제이에게도 관계에 헌신하고 사랑하는 법을 배울 기회를 주는 선택이었습니다. 둘이 다시 만날 기회가 찾아오기까지 거의 한 세기가 걸렸습니다. 이번에 두 영혼은 산제이와 로마 사이의 사랑이 실현될 가능성을 높이기 위해 둘을 남매로 태어나게 했습니다. 이 결정은 효과가 있었고, 이번 생에서 둘은 만족스러운 관계를 이어갔습니다. 그리고 이어지는 생에서는 남편과 아내로 맺어져 더 깊은 사랑을 키웠습니다.

이 이야기의 요점은, 중매 결혼이 꼭 있어야 한다는 게 아닙니다. 다만 중매 결혼마저도 관계를 회피하거나 망치는 사람에게 사랑의 의미를 가르쳐주는 기회로 활용될 수 있다는 것입니다. 그렇다고 중매 결혼이 정당화되는 것은 아닙니다. 자유의지에 반하는 것이니까요. 하지만 필요한 교훈을 배우기 위해서라면 영혼은 이런 제도마저 활용할 수 있습니다.

사례 17

무쿤다와 우마 역시 중매로 결혼했습니다. 하지만 이는 사랑이 아니라 재능을 발전시키기 위한 중매 결혼이었습니다. 앞의 부부와는 달리, 서로에 대한 무심함은 무칸다와 우마 모두의 성장에 도움이 되었습니다. 결혼 덕분에 경제적, 시간적으로 자유로울 수 있었던 우마는 자신의 음악적 재능을 더 키워갈 수 있었으며, 무칸다는 우마에게 지고 있던 카르마의 빚을 갚을 수 있었습니다. 이번 생에서 중매 결혼은 둘 모두에게 필요한 것을 제공하며 만족스러운 동반자 관계로 이어질 수 있었습니다.

사랑 없는 결혼 관계라고 반드시 아픈 감정이나 상처만 남기는 것은 아닙니다. 때로 이런 상황은 두 영혼에게 필요한 것을 제공하기도 합니다. 사랑 없는 결혼 생활이나 불륜이 정신적 상처를 남기냐 마느냐는 당사자들의 선택에 달려 있습니다. 다음 이야기는 불륜이 카르마 측면에서 어떤 결과를 낳는지 보여주며, 그다음 이야기는 또 어떤 다른 결과가 나타날 수 있는지를 보여줍니다.

불륜

사례 18

조지와 아만다는 젊은 시절 서로에게 사랑에 빠졌습니다.
보통의 젊은 연인들처럼 자기 자신은 물론 자기가 무엇을 원
하는지 깊이 이해하진 못했음에도 이들은 결혼을 하여 한 가
족을 이루었습니다. 얼마 지나지 않아 조지는 삶에 뭔가 중요
한 것이 빠졌다는 느낌에 괴로움을 느끼기 시작했고, 이 괴로
움을 아내와 아이들의 탓으로 돌렸습니다.

조지는 어느 날 예고도 없이 며칠간 가출을 합니다. 단지
일상의 비루함으로부터 벗어나 혼자 시간을 보내고 싶었던 것
이었지만, 그는 다른 독신 친구들의 꾐에 넘어가 사창가를 가
게 됩니다.

집으로 돌아온 조지는 아만다에게 독신 생활이 자신에게
는 맞지 않는다는 것을 깨달았다고 말했습니다. 틀린 말은 아
니었습니다. 그러나 안타깝게도 아만다는 조지의 말을 믿지
못하고 불안을 느끼기 시작했습니다. 전생에서도 배신을 당한
적이 있었기에 아만다의 이런 반응은 당연한 것이었습니다.

아만다는 조지의 물건을 뒤지고 행적을 캐묻기 시작했고,
자신의 매력에 대해서도 의심을 품었습니다. 어느 날 친구와
놀러 나갔던 아만다는 술집에서 남자 한 명을 만납니다. 이후

만남의 빈도를 늘려가던 둘 사이의 관계는 불륜 관계로 발전합니다. 하루는 아만다를 미행하던 조지가 이 사실을 발견하고 아만다의 내연남과 싸움을 벌입니다. 그리고 조지의 일격에 손을 쓸 새도 없이 아만다의 내연남이 목숨을 잃게 됩니다.

조지가 현생을 포함한 여러 생애에 걸쳐 질투심을 통제하지 못한 값을 치러야 할 것임은 자명합니다. 고통은 아만다에게도 뒤따랐습니다. 내연남의 피가 아만다의 손에도 묻어 있기 때문입니다. 아만다는 자신과 자식들을 먹여 살릴 남편을 잃었습니다. 지각없는 행동 때문에 값비싼 대가를 치르게 된 셈입니다. 그러나 앞으로 이런 일이 다시는 벌어지지 않으려면 아만다가 배워야 할 것이 더 있었습니다.

다음 생애에서 아만다는 중매 결혼이 성행하고 일부일처제를 지키던 작은 마을에서 태어나 길러졌습니다. 이런 삶의 방식에 의문을 던지는 사람은 아무도 없었으며, 모두가 이 조건 속에서 최선을 다해 살아갔습니다. 아만다도 마찬가지였습니다. 불륜이 용인되지 않는 곳이었기 때문에 아만다는 누군가가 자신을 배신할 거라는 두려움 없이 성적 매력 외에 다른 가치에 주의를 기울이는 법을 배웠습니다.

조지에게는 다른 교훈이 기다리고 있었습니다. 첫째로는 질투심과 화를 통제하는 법을 배워야 했고, 둘째로는 자신이 죽인 남자에게 속죄해야 했으며, 셋째로는 헌신의 가치를 배워야 했습니다.

이 목표를 이루기 위해 조지의 영혼은 조지를 부유하고 명망 있는 가족 아래에서 자라나게 합니다. 물질적 풍요를 바탕으로 조지는 자신이 죽인 남자의 후원자가 될 수 있었고(물론 이것만으로 모든 카르마의 빚을 탕감할 수는 없습니다), 자라는 과정에서는 자신의 감정을 사회적으로 용인되는 방식으로 표현하고 다루는 법을 배웠습니다.

또한, 그의 영혼은 조지가 종교적 신심이 깊고 자기 배우자에 충실한 여자와 사랑에 빠지게 했습니다.

가난으로 인한 좌절 없이, 헌신적인 관계에 필요한 사회적 제약과 가치가 제공됐던 이런 주변 환경은 조지의 분노와 질투심이 문제를 일으킬 가능성을 낮췄습니다.

조지가 괴로움과 희생 없이도 교훈을 얻었다는 사실이 이상하게 보일 수도 있습니다. 사람들에게는 카르마를 징벌이라고 생각하는 편견이 있습니다. 하지만 이런 편견은 "당해도 싸다"라는 관점을 정당화합니다. 이 이야기는 이런 관점이 가지는 오류를 보여줍니다. 누군가가 혹독한 삶을 살고 있다고 해서 그가 전생에 많은 죄를 지었다고 말할 수 없으며, 혹은 세속적 의미의 성공을 누리며 살고 있다고 해서 그가 전생에 성인군자 같은 삶을 살았다고 단정할 수 없습니다.

사례 19

브래드와 캐럴린은 전생에서 만난 사이입니다. 전생에서

브래드는 캐럴린을 다치게 했습니다. 이번 생에서 그는 전생에서 지은 카르마의 빚을 갚을 것입니다. 계획은 단순했습니다. 브래드는 부유한 집안에서 태어나 캐럴린과 사랑에 빠져 결혼할 것입니다. 이는 브래드가 캐럴린이 편한 삶을 살도록 부양하면서 캐럴린에게 진 빚을 갚을 기회가 될 것입니다.

브래드와 캐럴린은 첫 몇 년간은 안락하게 살았습니다. 그러다 예상치 못한 불운이 가족에게 찾아오며 둘은 거의 모든 재산을 잃게 됩니다. 그 이후로도 연이은 잘못된 경제적 판단 때문에 결혼 관계에 위기가 찾아옵니다. 상황이 악화되자 브래드와 캐럴린은 서로를 탓하며 점점 멀어집니다.

그러던 어느 날, 캐럴린은 연애 감정이 전혀 없던 남성 친구와 시간을 보내게 됐습니다. 자신의 고민을 털어놓던 중 캐럴린은 그와 사랑에 빠지게 됩니다. 예상치 못한 일이었습니다. 캐럴린은 이 사실을 브래드에게 털어놓고 그 남자와 살기 위해 브래드를 떠납니다. 그러나 오래지 않아 캐럴린은 자신이 진정으로 원했던 건 다른 사람과의 결혼이 아니라 자기 자신을 발견하는 일이었다는 사실을 깨닫습니다.

이 사례에서 불륜은 어떤 목적을 이루는 데 이바지했습니다. 부부는 계획에서 이탈했으며, 이 새로운 상황에서 브래드는 캐럴린에게 지고 있던 카르마의 빚을 청산할 수 없었습니다. 그러나 영혼은 불륜이란 상황을 활용해 둘 사이에 맺어져 있던 카르마의 계약 관계를 끝내고 둘을 새로운 삶의 여정으로 인도했습니다.

발휘되지 못한 잠재력

많은 사람이 보람 없는 삶을 삽니다. 이런 삶은 이후의 생애에 여러 방식으로 영향을 미칠 수 있습니다. 우선, 보람 없는 삶은 자신이 원하는 것을 찾는 데 혼란을 초래할 수 있습니다. 그리고 이는 또 한 번의 보람 없는 삶으로 이어질 수 있습니다. 이 경우, 영혼은 이 악순환을 깨는 데 도움이 될 점성학 차트를 선택할 것입니다. 예컨대 같은 별자리더라도 그 안에 더 많은 행성이 있는, 테마가 분명한 차트가 선택될 수 있습니다. 이런 점성학 차트는 별자리의 성향이 무시하기 어려울 정도로 강해서 당신의 관심사를 좁히고 에너지를 집중시킵니다. 이런 방법 말고도, 영혼은 결단력과 진취성의 본보기가 될 만한, 혹은 당신에게 안내를 제공할 수 있는 누군가를 당신 삶에 등장시킬 수 있습니다. 당신 주변에 이런 사람이 한 사람만 있어도 당신의 태도와 행동은 크게 변할 수 있습니다.

보람 없는 생애가 여러 번 이어지면 삶은 고역이라는 신념이 형성되기 쉽습니다. 이는 자기실현적 예언이 되어 더욱 보람 없는 삶으로 이어질 수 있습니다. 삶을 고역이라고 믿으면 삶에서 기쁨과 보람을 찾는 것을 포기하기 십상입니다. 이는 안타까운 일입니다. 기쁨을 좇는 것이야말로 영혼의 계획이 인도하는 방향에 자신을 일치시키고 삶에서 보람을 찾는 방법이기 때문입니다.

고역 없는 삶이란 없지만, 당신이 영혼의 계획대로 살아가고 있다면 당신은 활기를 느끼며 설레는 마음으로 앞으로 벌어질 일을 맞을 수 있습니다. 삶에 보람이 없다는 것은 거의 모든 경우 당신이 영혼의 계획과 어긋나 있음을 의미합니다.

영혼은 자신의 계획을 직관을 통해서도 전달합니다. 따라서 보람찬 삶을 살기 위해서는 직관에 귀 기울이고 이를 따를 줄 알아야 합니다. 그러나 이는 쉬운 일이 아닙니다. 머릿속 목소리는 달콤하고, 직관은 이보다 훨씬 미묘하기 때문입니다.

직관을 활용하는 법은 수없이 환생하며 시행착오를 거쳐야지만 배울 수 있습니다. 보람을 찾는 방법도 마찬가지입니다. 역설적인 동시에 너무나 당연한 사실은, 당신은 이것을 보람 없는 삶을 통해 처음으로 배우게 된다는 것입니다. 보람 없음을 느낄 때라야 당신은 자신이 누구의 안내를 따르고 있는지 질문하게 됩니다. 당신은 항상 실패를 통해 성공하는 법을 배웁니다.

이런 역설은 이 물질계가 양극성의 세계이기 때문에 가능합니다. 이 세계에서 뭔가를 배우려면 당신은 그것의 정반대를 경험해야 합니다. 당신은 어둠을 경험했기 때문에 빛이 무엇인지 압니다. 고통을 경험했기 때문에 기쁨이 무엇인지 압니다. 따라서 낭비되는 삶이란 없습니다. 보람 없는 삶도 마찬가지입니다.

발휘되지 못한 잠재력으로 인해 사람은 삶을 불신하고 미래의 생에서도 자신을 불신하게 됩니다. 삶에 대한 조소와 체념이 생겨나는 이유입니다. 영혼의 계획에서 어긋나 있다면 삶은 더 어려워집니다. 당신을 올바른 방향으로 되돌려놓기 위해서라면 때로 영혼은 썩 유쾌하지 않은 방법을 사용할 수도 있습니다. 당신이 영혼의 메시지를 계속 놓친다면 영혼은 당신의 주의를 끌기 위해 점점 더 극단적인 방법을 사용할 것입니다.

질병 역시 영혼이 사람을 옳은 방향으로 인도하기 위해 사용하는 방법 중 하나입니다. 실직, 가족 문제, 혹은 경제적 손해 등 객관적 상황에 변화를 주는 방법도 있습니다. 삶에는 언제나 시련이 있습니다. 하지만 당신이 영혼의 계획을 따른다면 이런 시련은 줄어들 것입니다. 영혼의 계획을 따르면 삶에 대한 조소와 체념도 자연스럽게 사라집니다.

삶에서 보람을 느끼지 못하는 많은 사람들이 자신의 느낌과 다시 연결되는 법을 배우기 위해 상담사나 치유가를 찾아갑니다. 영혼은 느낌을 통해 당신을 안내하기 때문에 이는 도움이 될 수 있습니다. 우울, 화, 슬픔, 무력감은 당신의 욕구(그리고 영혼의 욕구)가 충족되지 못했음을 의미합니다. 반면 기쁨은 당신이 영혼이 가리키고 있는 방향으로 향해 있음을 의미합니다.

루시는 자신을 인간으로 취급하지 않는 가족 밑에서 노예로 살았습니다. 의사 결정의 자유가 애초에 없었으므로 스스로 결정을 내리는 법을 배우지도 못했습니다. 그녀에게는 무엇을, 언제, 어떻게 하라는 지시만이 내려졌습니다. 이런 상황 때문에 루시는 독립한 성인에게 필요한 능력을 발달시킬 기회를 갖지 못했습니다. 그녀는 이번 삶에서는 별다른 보람을 느낄 수 없었으며, 다음 삶에 도움이 될 기술을 익힐 수도 없었습니다.

이런 경험의 영향에서 벗어나기 위해 루시의 영혼은 다음 생에서 남자로 태어나기로 결정했고, 독립성과 진취성을 기를 수 있는 점성학 차트와 주변 환경을 선택했습니다. 진취성을 기르는 과정은 순탄치 않았지만, 그는 조금씩 나아져 결국 사업가로서 성공할 수 있었습니다. 이번 삶은 루시가 노예로 살아가면서 형성된 결점을 보완하는 데 도움이 되었습니다. 그러나 이야기는 여기서 끝나지 않습니다.

다음 생에 그는 노예제 폐지를 위해 힘쓰는 가족 아래에서 벤이란 이름으로 태어났습니다. 노예로 태어났던 전생에서부터 갈고닦은 적극성과 진취성을 활용해 가족이 이루고자 하는 대의에 이바지한다는 것이 영혼의 계획이었습니다. 하지만 삶이 항상 계획대로만 흘러가는 것은 아닙니다. 노예제 폐지라는 문제에 불편함을 느꼈던 벤은 별 보람이 느껴지지도 않았던 자기 사업에만 몰두했습니다.

영혼은 벤이 기존의 삶의 목적을 향해 나아갈 수 있도록 그의 자비심을 끌어올릴 방법을 찾아야만 했습니다. 따라서 영혼은 벤이 전생에서 노예로 살던 당시 사랑했던 여성을 이번 삶으로 데려왔습니다. 벤은 그녀에게 마음을 여는 과정에서 자신에게도 예민한 감수성이 있다는 것을 깨달았습니다. 그녀를 향한 벤의 사랑은 그의 내면에 잠들어 있던 자비심과, 그녀 역시 원했던 노예제 폐지라는 열망에 불을 지폈습니다.

사례 21

이번 이야기는 조금 다릅니다. 삶에서 보람을 찾고자 했지만 찾을 수 없었던 사람의 이야기입니다. 다른 사람들처럼 그도 처음에는 음식, 술, 섹스에서 삶의 보람을 찾을 수 있다고 믿었습니다. 그는 평생을 이런 쾌락을 좇아 살았지만, 삶의 마지막 순간까지 공허함과 불만족을 느꼈으며 불행한 중독자인 채로 숨을 거뒀습니다.

그는 그다음 삶에서도 에고의 욕망을 좇다 보면 행복과 보람을 찾을 수 있을 거라고 믿었습니다. 그러나 이번에 그는 다른 것을 탐닉했습니다. 그는 부를 축적하고 안락한 라이프 스타일을 만들어나가는 데 집중했습니다. 하지만 이번에도 그는 아무 보람도 없이 공허함만 느끼며 죽었습니다.

다음 삶에서 그는 다른 전략을 시도했습니다. 이번에는 에고의 욕망을 포기하고 진정한 삶의 보람을 좇아 성직에 귀의했습니다. 그는 사제로서 남에게 봉사하면서 지금껏 느낄 수 없었던 성취감과 행복을 느꼈습니다. 다음 생애에서 그는 봉사 정신이 더 깊어질 점성학 차트와 환경을 택했습니다.

이 일련의 생애는 영혼이 어떻게 자연스러운 깨달음의 과정이 일어나도록 유도하는지 보여줍니다. 영혼은 자유의지를 존중합니다. 자신이 추구하는 보람이 무엇인지 여러 생애에 걸쳐 찾아가면서 결국에는 더 지혜로운 의사 결정을 할 수 있게 된 이 이야기 속 남성처럼 말입니다.

이 이야기는 보람이란 여러 번의 환생을 거친 끝에야 발견될 수도 있음을 일깨워줍니다. 삶의 보람은 앞에서 언급한 악순환이 발생하지만 않는다면 자연스럽게 찾을 수 있습니다. 하지만 이런 악순환이 발생한다면 영혼의 개입이 필요할 수도 있습니다. 보통 이런 악순환은 적절한 점성학 차트와 환경을 선택하면 깨지기 마련이지만, 가끔은 더 극단적인 방법이 필요할 때도 있습니다. 다음 이야기가 그 사례입니다.

사례 22

이번 이야기는 가난과 억압으로 얼룩진 삶으로 시작합니다. 모든 인간은 저마다의 진화 과정에서 한 번씩은 경제적 어려움을 겪기 마련입니다. 이를 통해 얻을 수 있는 교훈이 있기 때문입니다. 그러나 특정 의사 결정 때문에 가난이 찾아올 수도 있습니다. 경제적으로 어려운 삶은 보람 없는 삶으로 이어지기 쉽습니다. 가난이 인간의 정신을 억누르기 때문입니다.

이때, 영혼의 개입이 있기 전까지는 체념과 무력감이 여러 생애에 걸쳐 이어질 수 있습니다. 이번 사례자에게도 그런 일이 일어납니다. 영혼이 일을 바로잡겠다는 결정을 내리기 전까지 체념과 무력감이 여러 생애에 걸쳐 이 사람을 쫓아다녔습니다.

그러다 마침내 영혼은 그에게 적극성과 야망을 갖춘 점성학 차트와 자유로운 환경을 줌으로써 이 문제를 해결하고자 했습니다. 따라서 그는 현대 미국의 백인 가정에서 태어났습니다. 그가 먼 옛날의 흑인 가정에서 태어났다면 아마도 그의 무력감과 체념은 문화적으로 강화되었을 것입니다. 다행히 이번 삶에서는 자신이 원하는 삶을 스스로 만들어 나갈 수 없을 거라는 믿음을 심어주는 요소가 그의 주변에 없었습니다.

그러나 예상치 못한 일이 벌어졌습니다. 그는 이런 환경에서도 자신감 넘치고 적극적인 태도를 보이지 않았고, 여전히 뭔가 억압되어 있고 소극적인 행동을 보였습니다. 이렇듯 점성학 차트와 환경만으로는 여러 삶 동안 누적된 영향을 바로잡기 어려울 때가 있습니다.

이를 고치기 위해 그의 영혼은 그가 단숨에 큰돈을 손에 넣을 일을 계획했습니다. 이 일로 그는 돈뿐만 아니라 자신감도 얻었습니다. 미국 문화에서 돈이란 곧 힘이기 때문입니다. 이것을 기회로 그는 자신의 활발하고 기운찬 면들을 계발할 수 있었고, 자기 능력에 대한 믿음과 자신감을 더 키워나갔습니다. 그는 나이를 먹으면서 다른 목표를 세우고 이를 성취해나갔습니다. 그리고 이를 통해 자신에게도 삶을 뜻대로 살아나갈 힘이 있다는 믿음이 강화되었습니다. 만약 그가 여기에서도 실패했다면 영혼은 그에게 자신감을 심어줄 다른 방법을 찾았을 것입니다. 이 이야기에서처럼 때때로 영혼은 묻지도 따지지도 않고 큰 행운을 가져다줌으로써 그의 성장을 돕곤 합니다.

노예살이와 종살이

영혼의 진화 과정 중 어느 한 시점에는 모두가 노예살이와 종살이를 경험합니다. 이런 경험은 보통 윤회 초반에 겪게 됩니다. 자비심, 충성심, 겸손, 사심 없는 나눔, 그리고 인권의 중요성을 배운다는 점에서 노예살이와 종살이는 영혼의 진화 과정에서 필수적으로 겪어야 할 경험입니다. 사실, 윤회 막바지에 이르러 봉사와 관련한 삶의 목적을 좇는 영혼들 중에는 숱한 생애에 걸쳐 노예살이와 종살이를 겪으며 자비심과 이타성을 연마한 영혼도 많습니다. 그러나 진화상의 목적에 부합한다고 해서 노예제가 정당화되는 것은 아닙니다. 노예를 부리는 사람은 언젠가는 타인의 자유를 억압할 때 어떤 피해가 발생하는지 깨닫게 됩니다.

노예제와 억압이 소중한 교훈을 가르쳐줄 수는 있지만, 이러한 경험이 초래하는 심리적 상처를 간과해선 안 됩니다. 이런 경험은 타인에 비추어 자신을 바라보는 방식에 영향을 줍니다. 여러 생애에 걸쳐 노예살이나 종살이를 경험한 사람은 자주 열등감을 느끼고 열등감을 강화하는 관계에 이끌리곤 합니다. 이들의 굴종적인 경향은 지나친 혹은 부적절한 양보로 이어지기도 합니다.

또한, 노예살이는 무력감과 절망감으로 이어질 수 있으며, 이는 이후 환생에서까지 억압, 가난, 종살이가 계속되는 악순환을 형성할 수 있습니다. 그리고 환생을 거듭할수록 외부로부터 주입된 것이 아닌, 자기 자신의 제한적인 신념 때문에 자기억압과 자기검열이 내면화됩니다. 이런 경험의 반복으로 형성된 악순환을 깨기 위해서 영혼은 적극적인 개입에 나서기도 합니다. 이번 단락에서 노예살이와 종살이를 함께 논하는 것은 이 둘이 같기 때문이 아니라, 여러 생애에 걸친 노예살이가 여러 생애에 걸친 종살이로 이어지는 경우가 많기 때문입니다.

사례 23

이 이야기는 여러 생애를 노예와 종으로 살았던 한 사람의 이야기입니다. 덜 굴종적인 방식으로 타인에게 봉사할 수 있는 삶이 찾아왔을 때도, 그는 전생의 경험에서 비롯된 낮은 자존감 때문에 자신의 하는 일에서 보람을 찾을 수 없었습니다.

더 많이 베풀수록 그는 자신이 더 싫어졌습니다. 더 기쁜 마음으로 봉사하기 위해서는 이 점이 바뀌어야만 했습니다.

그가 자존감을 되찾을 수 있도록 영혼이 어떤 조건을 선택했을지는 충분히 예상할 수 있을 것입니다. 그는 부유하고 권력이 있는 집안에서 태어났습니다. 자신이 가진 권력이 다소 불편하긴 했지만, 그는 이번 생에서 어느 정도 자존감을 되찾고 봉사의 의미를 더 분명하게 이해하게 됐으며 자신에게도 리더십이 있음을 깨달을 수 있었습니다.

그러나 이런 사전 설계가 언제나 깔끔하게 잘 들어맞는 것은 아닙니다. 여러 생애에 걸쳐 종살이를 해왔던 사람 중에는 열등감을 쉽사리 극복하지 못하는 사람도 있습니다. 이런 경우, 이 열등감을 바로잡는 데 소요되는 시간 때문에 진화가 더디어집니다. 더러는 봉사의 길로 돌아가지 않고 다른 분야에서 성장의 길을 찾기로 결정하는 경우도 있습니다. 어느 쪽이 됐든, 남에게 봉사하는 초기의 삶은 많은 귀중한 교훈을 줍니다.

다시 이야기로 돌아가서, 이 사람이 노예살이를 겪으면서 무엇을 배웠는지 살펴봅시다. 노예로 살았던 첫 번째 삶에서 그는 주인에게 혹독한 대우를 받습니다. 고된 육체노동을 시키기 위해 그를 사들인 주인은 본전을 뽑겠다는 마음으로 그를 더 가혹하게 대했습니다. 짐승만도 못한 대우를 받았지만 사실 짐승에 더 가까운 것, 혹은 짐승만도 못한 것은 자신이 아니라 바로 주인이란 사실을 그는 알고 있었습니다. 혹독한 대우에도 그는 자긍심을 잃지 않았고 인간의 존엄이 사회적 계층에 따라 달라지지 않는다는 것을 배웠습니다.

다음 생에서도 그는 노예로 환생하기를 선택했습니다. 억압 아래에서도 다른 노예들이 긍지를 잃지 않도록 돕겠다는 목적에서 내린 선택이었습니다. 그는 다른 두 번의 전생에서 정신 질환을 앓으면서 갈고닦은 자비심과 이해심, 그리고 타고난 점성학 차트 덕분에 다른 이들의 모범이 될 수 있었습니다.

갖은 종살이 경험으로 그는 자비심과 이해심을 쌓아갔습니다. 이는 주인을 위해 봉사하는 것이 아니라 억압받는 자들의 스승으로서 봉사하도록 그를 이끌었습니다. 감사할 줄 모르는 잔인한 주인을 섬기는 것으로는 봉사를 향한 열정을 키울 수 없습니다. 그러나 이런 경험에서도 자비심은 자라날 수 있으며 나아가서는 인류 보편을 향한 봉사심에도 눈을 뜨게 될 수 있습니다.

이어지는 노예살이 이야기는 조금 다릅니다. 이 이야기의 주인공은 노예살이에 관한 이해도가 그리 높지 않았습니다. 첫 노예살이 경험은 삶에 대한 이해가 아직 부족하고 노예살이가 전하는 교훈이 가장 필요한 윤회 초반에 보통 겪게 됩니다. 노예살이는 근면성, 지시 이행, 끈기, 성실성, 겸손, 조심성, 인내심, 굳건함 등 인간의 삶에서 가장 기본적인 교훈을 전합니다. 나이 든 영혼들도 저마다의 이유로 노예로 사는 삶을 택하곤 하는데, 이어지는 이야기에서 이를 살펴볼 수 있습니다.

노예살이를 경험하는 어린 영혼들은 보통 주인이 자신을 평가하는 그대로 자기 자신을 바라봅니다. 부모의 말만 듣고 내가 누구인지, 무엇을 해야 하는지 판단하는 아이들처럼 어린 영혼은 타인이 자신에 관해 하는 말을 있는 그대로 믿습니다. 당신이 다른 사람보다 낮은 존재가 아님을 깨닫는 것은 노예살이의 교훈을 통달하는 과정에서 얻을 수 있는 큰 깨달음입니다. 이런 깨달음은 첫 번째 노예 경험을 겪는 동안 얻을 수도, 여러 생애에 걸친 노예 경험 끝에 얻을 수도 있습니다. 이를 깨달았다면 당신은 노예살이를 마치고 다른 경험으로 나아가기를 선택할 수 있습니다. 앞의 이야기에서도 보았듯 더러는 다른 노예를 돕거나 자신의 자비심과 봉사심을 더 키우기 위해 노예로 남아 있기를 선택할 때도 있습니다. 다음 이야기에서는 노예살이를 경험하는 대부분의 사람들이 다음 교훈으로 넘어가기 전에 무엇을 경험하는지 확인할 수 있습니다.

사례 24

카리나는 노예로 태어났습니다. 그녀는 가족과 함께 살긴 했지만, 매일 긴 시간 일을 하느라 기진맥진해 있는 부모님과 유의미한 소통을 할 수가 없었습니다. 부모님은 카리나를 데리고 들판으로 나갔고, 부모님이 일을 하는 동안 그녀는 손에

잡히는 주변의 물건을 가지고 놀곤 했습니다. 그녀에겐 세상을 경험할 기회도, 다른 사람이 어떤 삶을 사는지 볼 기회도 거의 없었습니다. 판자촌에 살았던 카리나는 멀리 부자들이 사는 호화스러운 집을 이야기로만 들어봤지 실제로 본 적은 없었습니다.

감독관들은 카리나의 마을에 수확물을 공납 받으러 올 때마다 사람들에게 악담을 퍼붓고 침을 뱉기까지 했습니다. 카리나가 자신과 가족이 핍박받는 이유가 자신들에게 있다고 믿기까지는 오랜 시간이 걸리지 않았습니다. 더 나은 대우를 받는 사람들과 그렇지 못한 사람들이 있음은 분명해 보였으며, 종교적 신념으로 인해 카리나는 더 가진 사람들이 덜 가진 사람들보다 더 풍족한 것은 그들이 더 나은 사람이기 때문이라고 믿기에 이르렀습니다.

카리나의 가족은 이런 카리나의 생각을 반박하지 않았습니다. 가족 안에서 불의에 관한 이야기나 부유한 자들에 대한 비판은 전혀 나오지 않았습니다. 오히려 이들은 억압자들을 자신의 행복을 손에 쥐고 있는 신처럼 여겼습니다. 모든 노예가 그런 건 아니지만 노예로 살고 있는 어린 영혼들에게서는 이런 태도를 흔히 찾아볼 수 있습니다.

어느 날 멀리서 한 남성이 말을 타고 마을에 나타났습니다. 그는 카리나의 마을이 이제 다른 주인을 섬기게 될 것이며, 그 결과로 이전보다 더 많은 수확물을 공납해야 할 것이라고 알렸습니다.

두말할 것 없이 이는 카리나의 마을 사람들에게 몹시 힘든 상황이었습니다. 일부 젊은 남자들은 수확물 일부의 공납을 거부함으로써 이에 항의하자고 말했습니다. 하지만 이런 생각을 모두가 받아들이지는 못했습니다. 자기들이 뭐라고 감히 지배자의 뜻을 거스르는 결정을 내린다는 말입니까?

이 일이 벌어졌을 당시 결혼할 나이였던 카리나는 걱정이 많았습니다. 마을 사람들이 들고 일어선다면, 이 일에 가장 앞장설 사람들은 결국 마을에서 가장 힘세고 용감한 젊은이들일 테니까요. 카리나는 누구도 다치는 걸 원하지 않았습니다. 카리나는 지금껏 착취당했었고 앞으로 더 착취당하더라도 견딜 수 있을 거라 생각했습니다. 그러나 공동체가 붕괴하는 것만큼은 원하지 않았습니다. 하지만 이런 카리나의 생각과 상관없이 카리나가 가장 두려워했던 상황은 실현되고 말았습니다. 카리나가 가장 결혼하고 싶었던 남자가 감옥에 갇히게 된 것입니다. 이 일이 있은 후 카리나는 외롭고 힘든 삶을 살다가 숨을 거둡니다.

카리나는 다음 생애에서 하비라는 이름의 남자 노예로 환생했습니다. 하비는 부유한 지주의 마구간지기로 일했습니다. 성실하고, 믿음직한 노예였던 하비는 자신의 삶에 만족했으며, 지금보다 더 나은 삶을 꿈꾸지도, 그럴 기회를 찾지도 않았습니다. 그러던 어느 날, 다른 노예 한 명이 마구간지기로 들어왔습니다. 전 주인과 함께 세상을 두루 여행했던 그로부터 하비는 상상도 못 했던 여러 장소에 관한 이야기를 듣게 되었고, 처음으로 자유를 꿈꾸기 시작했습니다. 또한, 하비는 이 새 마구간지기에게서 노예들이 자유를 찾을 수 있도록 돕는 지하 연락망에 관한 이야기도 듣게 됩니다. 여기에서 계획을 수립한 둘은 나중에 그토록 원하던 자유를 되찾게 됩니다.

카리나는 노예살이를 겪으며 기본적인 교훈을 얻었고, 근면함의 가치와 생존에 필수적인 기술을 배웠습니다. 윤회 초반의 삶은 보통 생존을 중심으로 펼쳐집니다. 살아남기 위해 고군분투하면서 인내심, 끈기, 그리고 기본적인 육체적 능력을 기르고, 낮은 지위에 있으면서는 겸손함을 배우며, 무력함 속에서 삶을 수용하고 받아들이는 법을, 삶의 작은 것에 감사하는 법을 배웁니다. 타인을 향한 봉사를 통해서는 충성하고, 복종하고, 명령을 따르는 법을 배울 수 있습니다. 많은 사람이 당연히 여기는 이것들은 결코 작은 성취가 아닙니다. 대부분의 사람들은 이미 윤회 초반에서 벗어났기 때문에 이런 교훈들이 얼마나 소중한 것인지 알아보기 어려울 수 있습니다. 현재 당신이 가진 여러 능력은 생존을 위해 발버둥 쳤던 윤회 초반에 형성된 것입니다.

마구간지기로 환생했을 때 하비는 이미 이런 기본적인 교훈을 노예살이를 졸업해도 될 만큼 충분히 통달한 상태였습니다. 하지만 하비가 정말로 노예살이에서 벗어나기 위해서는 노예제의 부당함을 먼저 깨달아야 했습니다. 반란 때문에 사랑하는 사람을 잃었던 전생의 경험을 통해 하비는 반란이 현명한 선택이 아님을 배웠습니다. 하비가 노예살이에서 벗어나 자유를 되찾는 걸 돕기 위해, 그의 영혼은 하비에게 모험심 넘치고 자유를 사랑하는 사람과 만나도록 다리를 놓아줬습니다. 만약 하비가 노예살이를 졸업할 준비가 되어 있지 않았었더라면, 하비는 이 해방자를 애초에 만나지 못했을 것입니다.

이 사람이 여러 차례의 노예살이 경험을 거치면서도 전혀 상처를 입지 않았다고 생각한다면 그건 너무 순진한 생각일 것입니다. 노예로 사는 삶에서 형성된 소극성을 극복하기 위해서 그는 여러 차례 강한(불 기운이 많은) 점성학 차트로 환생해야 했습니다. 이 과정에서 굴종적인 태도를 뿌리 뽑고 필요한 관계 기술을 만들어가는 데 적합한 점성학 차트와 주변 환경도 선택됐습니다. 이 사람은 두 생애를 노예로 사는 동안 사실상 혼자만 지냈고, 그전까지도 친밀한 인간관계의 경험이 거의 없었습니다. 그에게는 동등한 동반자 관계를 형성하는 연습이 필요했습니다.

사례 25

앞의 이야기와는 달리 이번 이야기는 영적 목표의 성취를 앞당기고 인간의 삶의 조건을 개선하고자 노예살이를 선택한, 매우 진화한 영혼의 이야기입니다. 이 영혼은 이미 여러 생애에 걸쳐 노예살이와 종살이를 비롯한 여러 형태의 억압을 경험했으며, 이를 통해 삶에 대한 감사와 모든 인간의 소중함을 깨달았습니다.

그 결과 그는 증오, 화, 체념 그리고 두려움을 자비심과 이해심으로 승화할 수 있었습니다. 또한, 그는 타인의 감정과 의향을 알아차리는 비범한 직관력을 발달시켰습니다. 보기 드문 재능처럼 보일지 몰라도, 억압을 받았던 사람이라면 자신을 보호하기 위해 억압자의 마음을 읽는 능력을 자연스럽게 익히기 마련입니다. 이들은 예리한 관찰자가 되어 인간 본성을 간파하고 자신의 안전을 위해 이를 다루는 법을 배웁니다.

여러 생애를 여성으로 살아간 사람들이 예민하고 뛰어난 통찰력을 보이는 것도 이 때문입니다. 이런 예민함은 여러 생애에 걸친 억압 속에서 태어나는, 이루 말할 수 없이 소중한 자질입니다. 이제 그는 다른 억압적인 조건 속을 살아갈 준비가 되었습니다. 하지만 이는 예민함을 더 발달시키기 위해서가 아니라 자신의 재능을 다른 모든 사람을 위해 활용하기 위해서입니다.

그는 열여덟 살 무렵 납치되어 먼 나라로 향하는 배에 몸을 싣게 됩니다. 먼 땅으로 향하는 내내 그는 족쇄를 차고 있었으며, 창고가 동날 때까지 최소한의 식량만을 먹을 수 있었습니다. 결국 그는 몸이 매우 쇠하였고 요구된 일을 제대로 해낼 수 없었습니다. 그는 생산성이 떨어진다는 이유로 매를 맞다가 결국 쓰러지게 됩니다.

쓰러져 사경을 헤매던 그는 환영을 보았습니다. 완만한 언덕이 몇 킬로미터나 펼쳐져 있는 아름다운 풍경이 보였습니다. 그는 하늘에 떠올라 푸른 계곡 위를 활공하며 아래를 굽어보았습니다. 그러던 중, 그는 자신의 존재를 깊숙이 사로잡는 무언가를 발견합니다. 아름다운 들판에서 자신과 같은 처지의 사람들이 혹독한 채찍질에 시달리며 고된 노동을 하고 있었습니다. 그리고 그 가운데에는 구부정하고 헝클어진 몰골로 기진맥진해 있는 자신의 모습이 보였습니다. 바로 그 순간 어떤 목소리가 그에게 이야기했습니다. "마음의 평화를 잃지 마세요. 언젠가 당신이 저 사람들을 억압에서 해방할 것입니다. 때가 되면 당신에게 안내가 있을 것입니다." 며칠간 제대로 된 음식을 먹지 못했음에도, 그때부터 그는 고열에서 회복되기 시작했습니다.

목소리가 이야기한 대로, 그 이후로도 몇 년 동안 고된 노동과 피로한 상태가 계속되었지만 그는 자신이 봤던 환영의 강렬한 메시지를 잊지 않았습니다. 어느 날, 바닥에 누워 있던 그의 눈앞에 빛으로 된 형상이 나타났습니다. 그 형상은 말없이 저항군의 지도자가 된 그의 이미지를 그에게 보여줬습니다. 그리고 꼭 영화처럼 모두를 해방으로 이끌 반란의 계획을 구체적으로 보여줬습니다. 심지어 그 형상은 언제 이 계획을 실행해야 하는지도 알려줬습니다. 때가 오자, 그는 확고한 비전과 확신으로 다른 모든 이에게 자신감을 심어주었고 모두를 해방으로 이끌었습니다.

그는 이 삶에서 커다란 고통을 겪었지만, 이후의 삶에서 이를 치유할 필요가 없었습니다. 그에겐 감정적 흉터 없이 이 고통을 이겨낼 힘이 있었기 때문입니다. 이건 그가 승리했기 때문만이 아닙니다. 이런 고된 경험을 겪는 내내 자신이 노예 이상의 존재라는 것을 알고 있었기 때문입니다.

그가 본 환영이 그의 목적의식을 구체화하는 데 도움을 주긴 했지만, 그가 자기 내면에 커다란 힘이 있다는 사실을 깨달을 수 있었던 건 그가 전생에서 겪었던 경험들 덕분이었습니다. 이를 통해 그는 선은 결국 승리한다는 확신을 가질 수 있었습니다. 이런 점에서 그는 남들과 달랐지만, 그렇다고 그가 남들보다 더 특별했던 것은 아닙니다. 그는 다만 진화를 거치면서 여러 차례의 환생을 통해 배운 것들을 인류 전체에게 돌려줄 수 있는 경지에 이르렀던 것일 뿐입니다. 모두가 결국에는 이 경지에 도달합니다. 세상의 위대한 성취 대부분은 이 사람처럼 여러 생애에 걸쳐 고된 경험을 겪으며 자신의 재능과 이해, 그리고 봉사의 열망을 키워온 사람들이 일구는 것입니다.

정신 질환과 정신 장애

정신 질환과 정신 장애를 한 단락에서 동시에 다루는 것은 이 둘이 대체로 비슷한 교훈을 전하기 때문입니다. 정신 질환은 삶이 시작된 후에 결정되기도 하지만, 정신 장애는 거의 항상 삶이 시작되기 전에 결정됩니다. 정신 질환과 정신 장애는 타인으로부터 유사한 반응을 불러일으키는데, 학대는 그중에서도 흔한 반응입니다.

정신 질환과 정신 장애는 역사를 통틀어 모든 문화에서 존재했습니다. 이 둘은 개인과 사회 모두에 전하는 교훈이 있기에 영혼의 진화에서 필수적입니다. 자비심에 관한 교훈은 정신 질환과 정신 장애가 전하는 여러 교훈 가운데 가장 두드러지는 교훈입니다.

영혼 대부분이 윤회 초기에 이런 정신 질환과 정신 장애를 경험합니다. 그러나 정신 질환과 장애를 경험하는 모두가 어린 영혼은 아닙니다. 나이 든 영혼도 이런 조건을 택하기도 합니다. 노예살이의 교훈에 통달한 영혼이 다른 노예를 돕기 위해 기꺼이 다시 노예로 태어나듯, 많은 나이 든 영혼들도 정신 질환이나 정신 장애를 가지고 태어나길 택합니다. 이러한 조건으로 인해 고통받는 사람들과 이들의 보호자가 중요한 교훈을 얻을 수 있도록 돕기 위해서입니다.

정신 질환이나 장애가 있는 사람들이 보호자에게 사랑과 자비심, 수용, 인내심, 참을성에 관한 값진 교훈을 전한 사례를 당신도 분명 한 번쯤은 들어봤을 것입니다. 정신 질환이나 장애가 있는 사람들은 교훈을 얻기만 하는 것이 아닙니다. 이들은 당신의 스승이기도 합니다. 이 비범한 사람들은 주변 사람들의 삶을 풍부하게 할 수 있습니다.

이어지는 이야기들은 정신 질환과 정신 장애가 어떻게 영혼의 진화를 진전시키는지, 그리고 왜 때로는 나이 든 영혼들이 이런 경험을 선택하는지를 보여줍니다.

정신 질환

사례 26

한나는 조현병이 귀신 들림으로 여겨지던 시절에 이 질환을 겪었습니다. 한나가 악마에 씌었다고 생각했던 마을 사람들은 한나를 두려워하고 벌했습니다. 한나의 영혼은 한나의 진화를 가속하기 위해 이 질환을 선택했으며, 이런 선택으로 한나가 폭력에 노출될 수 있음을 이미 알고 있었습니다. 한나의 영혼은 폭력의 경험마저도 성장의 자양분으로 삼을 수 있을 만큼 나이 든 영혼이었습니다. 어린 영혼은 이런 선택을 내리기 어렵습니다. 이런 이유로, 어린 영혼은 학대가 발생할 수 있는 상황에 놓이는 경우가 드뭅니다. 어린 영혼이 겪는 학대는 보통 계획된 것이 아닙니다.

처음에 한나는 견딜 수 없을 정도로 가혹한 조건 속에서 갇혀 지냈습니다. 하지만 한나를 먹이는 일조차 버거워지자, 그녀를 억압하던 사람들은 한나를 죽일 구실을 찾기 시작했습니다. 이들은 한나가 마녀이며, 한나의 요술을 끝내려면 한나를 불태워 죽여야 한다고 이야기했습니다. 독선에 찬 이들은 마을 광장에서 떠들썩한 화형식을 열고 모두가 보는 가운데 한나를 불태웠습니다. 한나는 이때 스무 살이었습니다.

짧지만 의미심장한 삶이었습니다. 다른 모든 고통이 그러하듯 이 고통은 한나에게 자비심을 일깨워주었고, 삶은 그녀가 통제할 수 없는 것이며 그저 받아들여야 하는 것임을 알려주었습니다. 이런 받아들임의 태도로 한나는 새로운 인식, 새로운 의식 상태에 도달했습니다. 그 결과, 다음 생애에서 한나는 인간사의 우여곡절에서 한 발짝 벗어나 삶이라는 폭풍 속에서도 중심을 잃지 않을 수 있었습니다. 한나는 자신이 단지 자신의 몸, 마음, 감정이 아니라 영이라는, 하루에도 몇 시간씩 명상하는 사람들만이 겨우 얻을 수 있는 깨달음을 얻었습니다. 박해로 얼룩졌던 짧은 삶은 한나가 세상에 빛을 비추고 봉사할 수 있도록 한나를 준비시켰습니다. 대부분의 사람들은 윤회를 졸업할 때가 되어서도 이런 경지에 도달하기 어렵습니다.

사례 27

모니카는 지금도 살아 있는 아주 어린 영혼으로, 자비심과 독립성이라는 가치에 대한 감사를 키우기 위해 조현병이란 조건을 선택했습니다. 한나와 같은 내적 자원과 힘이 없는 모니카는 자신에게 지원을 아끼지 않고 넓은 이해심을 가진 환경 안에서 태어나는 것을 선택했습니다. 모니카는 정신과 의사의 감독하에 집에서 보살핌과 보호를 받았으며, 조현병 증상을 완화할 수 있는 현대 약물의 도움으로 비교적 평범한 삶을 살 수 있었습니다.

모니카는 아주 어린 영혼이었기 때문에 한나와 똑같은 교훈을 얻을 수는 없었지만, 근본적인 교훈 몇 가지를 얻을 수 있었습니다. 그리고 모니카의 주변 환경은 기술적으로 고도화된 오늘날의 세상을 안전하게 배울 수 있는 보호막을 제공했습니다. 대개 이런 어린 영혼은 성취에 대한 기대가 적은, 더 단순한 사회에서 태어나 가족으로부터 기본적인 생존 기술을 진득이 배우기 마련입니다. 하지만 모니카의 경우, 조현병을 중심으로 형성된 삶의 방식이 오히려 기술 사회를 살아가는 데 필요한 도움과 훈련 환경을 제공했습니다.

왜 모니카가 이런 기술 사회에서 태어나길 택했는지 궁금할 수 있습니다. 이는 모니카가 자기 자신뿐 아니라 보호자에게도 전하고 싶은 교훈이 있었기 때문입니다. 모니카의 정신 질환은 가족으로 하여금 바쁘고 물질 중심적인 삶의 방식을 버리고 내면을 돌아보게 했습니다.

다른 모든 개인적 위기가 그렇듯 조현병 역시 모니카네 가족 구성원들의 영적, 정서적 성장을 촉진하기 위해 선택된 것이었습니다. 이 질환 덕분에 모니카의 부모님은 인내심을 배웠으며, 모니카와 가족 모두가 서로를 향한 사랑에 깊이 감사할 줄 알게 됐습니다. 모니카의 정신 질환은 가족을 더 끈끈하게 이어줬고, 나눔의 능력을 키워주었습니다. 이 모든 것들은 결코 사소하다고 볼 수 없는, 영적 진화 여정의 큰 성취입니다.

사례 28

이 이야기는 앞의 두 이야기와는 결이 조금 다릅니다. 이 이야기 속 주인공의 정신 질환은 삶이 시작되기 전에 결정된 것이 아니라, 견딜 수 없는 상황을 버텨낼 수단으로 발전한 것이기 때문입니다. 심각한 학대를 당하거나 트라우마를 겪은 어린 영혼들은 종종 정신 질환을 앓음으로써 세상의 어려움으로부터 한 발짝 벗어나곤 합니다. 의식적으로 선택한 것은 아니더라도 이렇게 정신 질환을 얻음으로써 삶을 포기하는 경우도 있습니다. 삶에서 도망치고자 한다는 점에서 이런 선택은 자살과 비슷합니다만, 당사자가 의식과 의도를 가지고 살아가는 특권을 포기했을 뿐 여전히 살아 있다는 점에서는 다릅니다. 역설적이게도, 이들이 학대에 취약한 근본적인 이유는 삶의 의지를 포기하는 이러한 경향과 어린 영혼 특유의 미숙함 때문입니다.

멜리사는 아버지에게 성적 학대를 당하다 결국 집을 탈출했습니다. 그리고 혼자 지내는 동안에도 한 지인에게 연거푸 강간을 당했습니다. 이런 일이 벌어진 후 멜리사는 주체적으로 삶을 살아가기를 멈추었고, 정신 질환에 걸려 국가의 보호 대상자로 살아가게 되었습니다. 이렇게 취약한 누군가에게 이토록 큰 스트레스가 주어지는 상황이 그의 영혼인 탓인 경우는 많지 않습니다. 이런 일은 보통 영혼의 계획이 타인에 의해 어그러졌기 때문입니다. 영혼은 상황을 바로잡기 위해 할 수 있는 모든 일을 하겠지만, 때로 영혼의 개입만으로는 부족할 때도 있습니다.

이 일에 엮여 있는 영혼들이 어떻게 상황에 영향을 주고자 했는지 살펴보는 게 흥미로울 수도 있겠습니다. 우선, 멜리사의 영혼은 멜리사 아빠의 폭력성을 예측하지 못했습니다. 멜리사의 아빠는 지난 여러 번의 생애 동안 폭력적인 적이 없었기에 성폭력 가해자가 될 가능성이 낮았던 사람이었습니다. 그의 성적 학대 의도가 분명해지자, 아빠의 영혼은 자신 그리고 상황에 관련이 있는 사람들에게 어떤 직관을 줌으로써 학대를 막고자 했습니다.

하지만 이것이 뜻대로 되지 않자 멜리사의 영혼은 의사의 진찰이 필요한 질환을 만들어내 의사가 그녀에게서 학대의 증거를 발견하게끔 유도했습니다. 하지만 안타깝게도 의사의 진찰은 그리 꼼꼼하지 못했습니다. 마침내 멜리사와 아빠의 영혼은 다른 여자를 상황에 끌어들여 아빠의 관심을 돌려놓고자 했으나, 이 역시 별 효과가 없었습니다.

성적 학대는 중독성이 높아 한번 시작되면 멈추기 어렵습니다. 멜리사와 아빠의 영혼은 멜리사의 엄마에게 도움을 요청할 수도 없었습니다. 그녀 역시 알코올 중독 문제가 있었기 때문입니다. 이 역시 예상외의 것이었습니다. 멜리사의 엄마는 딸에게 섬세한 사랑을 줄 수 있는 예민한 여성이었습니다. 그러나 둘째 아이를 유산한 뒤로 그녀는 술을 마시기 시작했습니다. 유산은 사전에 계획된 일이었지만, 그녀가 이 비극을 술로 대처함으로써 또 다른 비극을 불러올 줄은 그녀의 영혼도 예상하지 못했습니다.

중독은 신체, 감정, 인간관계에 해를 끼칠 뿐 아니라 영적으로도 해롭습니다. 중독은 영혼의 계획을 틀어지게 하는 가장 흔한 이유입니다. 하지만 '삶이 영혼의 계획과 조화를 이루지 못하기 때문에' 중독에 빠지는 경우도 많습니다. 중독은 영혼의 메시지를 수신하는 것을 방해하기 때문에 중독에 시달리는 많은 사람들이 보람 없는 삶에서 벗어나지 못합니다. 더 슬픈 사실은, 이번 사례처럼 중독 문제는 다른 사람의 계획에도 영향을 준다는 것입니다. 이 경우, 미래에 카르마의 균형을 바로잡는 작업이 더 필요할 수 있습니다. 이는 중독자를 벌하기 위해서가 아니라, 자신의 삶을 온전히 책임지는 일의 중요성을 일깨우고 그가 더는 남의 삶을 망치지 않게 하기 위해서입니다.

정신 질환 덕분에 멜리사는 사람들의 동정 속에서 필요한 보호를 받을 수 있게 되었지만, 원래 계획되었던 다른 교훈을 얻을 수는 없게 됐습니다. 안타깝게도 교훈의 순서가 바뀌게 되면, 같은 교훈이더라도 그로부터 얻는 이해가 달라질 수 있습니다. 정신 질환은 멜리사의 계획에 포함됐던 것이 아니었으므로 멜리사는 지난 이야기들에서와는 달리 이 경험으로부터 큰 이득을 얻을 수는 없었습니다.

이 이야기는 현재 진행 중인 이야기이며 멜리사의 미래 생애에 관해서는 아직 정해진 것은 없습니다. 하지만 멜리사는 미래에 자신감과 자아의식, 신뢰가 회복될 수 있는 환경, 즉 따뜻한 보살핌이 있는 환경을 선택할 가능성이 큽니다. 에고와 진취성 발달에 도움이 될, 불 기운이 많은 점성학 차트와 더 안전한 성장이 보장되는 작은 마을을 출생지로 택할 가능성도 큽니다. 또한, 멜리사는 앞으로 회피 외의 다른 방법으로 삶의 스트레스를 이겨내는 법을 배워야 할 것입니다.

멜리사의 어머니는 딸이 정신 질환에 걸린 이유가 자신의 책임감 부족과 관련 있다고는 전혀 생각하지 않았습니다. 따라서 그녀는 미래에 중독으로 인한 피해를 깨닫는 데 도움이 될 경험을 하게 될 것입니다. 이런 교훈이 주어질 상황을 만드는 것은 어렵지 않을 것입니다. 그녀는 미래에도 술에 이끌려 알코올 중독에 빠질 가능성이 높기 때문입니다. 중독은 미래의 생애에서도 계속 이어지므로, 중독과 관련한 교훈은 피할 수 없습니다.

또한, 그녀의 치유에는 유산과 비슷한 상황이 포함될 가능성이 큽니다. 이러한 경험은 그녀가 유산의 슬픔을 술로 달래면서 놓쳤던 영적 이해를 다시 얻을 수 있게끔 도울 것입니다. 예를 들어 이런 영적 이해는 주변의 다른 사람이 아이를 잃는 사건을 통해서도 찾아올 수 있습니다. 영성을 수양하는 점성학 차트(궁수자리나 전갈자리)를 선택하고 적절한 안내를 제공해 줄 수 있는 사람을 주변에 배치하면, 전생에서는 외면했던 삶의 질문에 대한 답을 얻을 가능성이 커질 것입니다.

아빠의 경우에는 해결해야 할 문제가 많습니다. 하나는 권력에 관한 것입니다. 근친상간은 권력과 의지의 남용에서 발생하는 문제이기도 하기 때문입니다. 권력을 올바르게 사용하는 방법은 대체로 권력 남용의 부정적인 결과를 몸소 겪음으로써 깨우칠 수 있습니다. 그가 깨달아야 할 또 다른 하나는 자제력, 특히 생각과 관련한 자제력입니다. 그가 딸에게 가한 학대에는 그의 성적 환상이 핵심적인 역할을 했기 때문입니다.

마지막은 공감 능력입니다. 공감 능력은 자신이 피해자가 됨으로써 배울 수 있는 것이기 때문에 공감 능력을 가르치는 카르마는 때로 징벌처럼 보이기도 합니다. 모든 영혼이 진화 과정에서 공감하는 법을 배웁니다. 그 어떤 영혼도 이 배움을 건너뛸 수는 없습니다. 단지 배움의 속도에 따라 피해자가 되는 경험을 덜 겪거나 더 겪을 수 있을 따름입니다. 아마 이 이야기 속 아빠는 자신의 딸이 겪은 것과 똑같은 방식으로 피해자가 되는 경험을 겪을 것입니다. 공감 능력은 이렇게 배우게 됩니다. 이것은 자기 딸을 학대한 데에 뒤따르는 결과이지 징벌이 아닙니다.

그러나 지금 학대를 겪는 모두가 전생에서 가해자였기 때문에 학대를 겪는 것이라고 단정 지어서는 안 됩니다. 당신은 수많은 환생을 거치며 온갖 역할을 수행합니다. 당신은 모든 인류가 여태 저지른 모든 실수를 똑같이 저질렀고, 저지르고 있으며, 저지를 것입니다. 그리고 이때 필요한 것은 단죄나 비난이 아니라 자비심입니다.

삶이 시작되기 전부터 학대자나 살인자가 되기를 선택하는 영혼은 없습니다. 단순히 진화가 더뎌 가해자가 될 가능성이 큰 영혼이 더러 있을 뿐입니다. 사전 생애계획 세션에서 학대당하는 경험이나 이와 유사한 경험이 계획되었다면, 그 영혼은 학대자나 감정 처리에 아직 미숙한 어린 영혼들이 있는 가족이나 환경을 선택합니다.

정신 장애

정신 장애는 대부분 사전 생애계획 세션에서 결정되는 것으로 모든 영혼이 주로 윤회 초반에 한 번은 경험하게 됩니다. 지적 능력의 한계는 많은 교훈을 줍니다. 정신 장애 경험은 미숙한 사람들을 향한 인내와 자비심을 가르치고 지금 이 순간을 사는 것의 중요성을 일깨워줍니다. 지적 능력이 제한된 사람들은 추상적 사고, 과거나 미래에 대한 사고가 불가능합니다. 이들의 세계에는 오직 현재만 있을 뿐입니다. 이런 점에서 이들은 아기나 동물과 비슷합니다.

지금 이 순간을 사는 법에 대한 교훈은 전혀 사소한 교훈이 아닙니다. 이것은 에고, 즉 거짓 자아를 초월하는 법을 익히게 되는 윤회 후반부의 핵심 교훈입니다. 개별화된 자아의 한 측면으로서 에고는 자신을 미래에 투사하고 과거를 곱씹는 데서 기쁨을 얻습니다. 또한, 에고는 사람들이 자신의 신성한 자아를 발견할 수 있는 유일한 순간인 현재를 경험하지 못하도록 막습니다. 정신 장애는 사람을 지금 이 순간으로 돌려놓기 때문에, 나이 든 영혼들도 때로는 이를 배우기 위해 이런 시련을 선택하기도 합니다.

사례 29

이 이야기는 세상으로부터 보호받기 위해 가벼운 정신 장애를 경험하기로 선택한, 잔이라는 이름의 아주 어린 영혼의 이야기입니다. 어린 영혼들은 바쁘게 돌아가는 세상을 견뎌낼 지혜나 대응 기제가 대체로 부족합니다. 따라서 많은 어린 영혼들이 작은 마을이나 시골, 보호 시설 등 안전이 보장된 장소에서 자라며 기본적인 생존 기술을 익힙니다.

잔이 태어난 사회는 정신 장애를 가진 사람들을 주로 시설에서 돌보던 사회였습니다. 하지만 장애 수준이 심하지 않았던 잔은 부모님의 보살핌 아래에 특수 학교를 다니며 제도권 교육이 제공하는 혜택을 누릴 수 있었습니다. 잔은 건강과 정서적 행복에 필요한 것들이 제공되는 환경 속에서 무럭무럭 자랐습니다.

잔은 이상적인 환경에서 살았습니다. 하지만 왜 많은 정신 장애 경험자들이 이런 이상적인 환경에서 살아가지 못하는 걸까요? 첫째, 환경이 항상 영혼의 기대에 부합하는 것은 아니기 때문입니다. 타인의 선택은 통제할 수 없으며, 이 때문에 영혼이 의도한 대로만 환경이 만들어지지는 않습니다. 둘째, 일부 나이 든 영혼들은 특정 교훈을 배우고 성장을 가속화하기 위해 일부러 어려운 조건에서 정신 장애를 경험하길 선택하기도 합니다. 반면, 어린 영혼은 이런 조건 속에서 이득을 얻어낼 내적 지혜가 부족하기 때문에 학대나 방치의 가능성이 있는 상황을 절대 선택하지 않습니다.

정신 장애를 겪음으로써 상처를 입는 것은 주로 영혼의 의도와는 반대로 폭력에 노출되거나 방치되는 환경에 놓인 아주 어린 영혼들입니다. 이 경우, 방치와 학대에 가담한 이들은 다시는 이런 일을 반복하지 않게 할 교훈을 직면할 것이며, 피해자들은 보호된 환경에서 상처를 치유하게 될 것입니다.

아주 어린 영혼들은 매우 취약해서 윤회 초반에 폭력적인 환경을 경험하면 큰 상처를 입게 되며, 치유를 위해 단순한 생활과 안전이 보장되는 삶을 여러 번 더 살아야 할 수도 있습니다. 두말할 것 없이 이는 영혼의 진화 여정을 크게 지연시킵니다. 이런 상황을 겪는 많은 영혼이 여러 생애에 걸쳐 보호 시설을 비롯한 안전한 환경에서 돌봄을 받으며 세상에 대한 신뢰를 다시 쌓습니다.

한편, 보호 시설이 학대받고 방치됐던 사람들에게 똑같은 방식으로 상처를 주는 경우도 적지 않습니다. 보호 시설은 학대받고 방치됐던 사람들을 향해 더 큰 자비심을 키우고 있는 사람들, 그리고 학대와 방치의 상처로부터 치유되고 있는 사람들 모두를 위한 곳입니다. 좋은 시설과 나쁜 시설은 언제나 존재했습니다. 그리고 영혼은 자신의 목적에 따라 좋은 시설과 나쁜 시설 모두를 활용할 것입니다.

사례 30

이번 이야기에 등장하는 나이 든 영혼은 정신 장애를 겪기 전 여러 생애에 걸쳐 수도승으로 살았던 적이 있습니다. 수도원 생활은 개인성이나 친밀한 관계를 억압하는 면이 다소 있기 때문에 그는 영적으로는 크게 성장했으나 자주성이나 사회성은 조금 부족했습니다. 종교적으로 헌신하는 삶에서는 더 이상의 유익을 얻을 수 없었던 그는 전인적인 성장을 위해 다른 경험이 필요했습니다. 그래서 그는 정신 장애를 입고 태어나기로 결정했습니다.

이번 생애에서 그는 서로 관계가 매우 끈끈한 대가족 안에서 심각한 정신 장애를 입고 태어났습니다. 이 조건은 여러 목적을 달성하는 데 도움이 됐습니다. 그는 의식적인 정보 처리가 불가능했지만 그 대신 가족을 통해 많은 것을 배울 수 있었습니다. 그가 관찰한 가족들의 삶과 관계는 나중의 생애에서 활용될 수 있도록 그의 무의식에 기록됐습니다. 나아가, 정신 장애로 인한 수동성은 적극적인 삶을 살고 싶다는 그의 열망을 자극했으며, 이는 전생부터 축적되어온 그의 수동적 성향을 바로잡았습니다. 이런 극단적인 조건이 아니었다면 이렇게 빠른 성취는 불가능했을 것입니다. 그리고 마지막으로 이 경험은 아이들을 비롯한 다른 힘 없는 존재를 위해 봉사하고자 하는 그의 열망을 강화했습니다.

투옥과 고립

장기간의 투옥이나 고립 생활은 그것을 경험한 사람에게 오랜 흔적을 남깁니다. 특히 그것이 강요되었거나 그로부터 도망칠 수 없는 경우에는 더욱 그렇습니다. 영혼이 자발적으로 고립을 선택할 때도 있는데, 이는 어떤 부분에선 귀중한 교훈을 줄 수도 있으나 보통은 이 과정에서 균형이 흐트러져 이후 환생에서 이를 바로잡아야 합니다. 이런 조건에서는 인간관계라는 삶의 필수 요소는 물론, 가장 넓은 의미에서의 성생활 역시 불가능하다는 것이 그 이유 중 하나입니다. 이어지는 이야기에서 살펴보겠지만, 투옥이나 고립은 향후 인간관계를 만들어나가는 데 대체로 도움이 안 되는 습관들을 강화합니다.

그렇지만 투옥과 고립은 이 경험을 자양분으로 삼을 수 있는 내적 지혜가 있는 사람들에게는 성장의 계기가 될 수 있습니다. 투옥과 고립은 삶에 대한 감사, 삶의 작은 기쁨들에 대한 감사를 일깨우는 경험입니다. 이런 점에서는 가난의 경험과 비슷하다고도 할 수 있습니다. 이런 환경에서는 에고의 기쁨은 벗겨져나가고 신성한 자아만이 그 자리에 남아 있게 됩니다. 자신이 가지지 못한 것을 향한 욕망을 뛰어넘을 수만 있다면 말입니다.

예상할 수 있겠지만, 나이 든 영혼은 어린 영혼에 비해 이런 제약을 성장의 밑거름으로 삼을 수 있는 능력이 훨씬 더 큽니다. 투옥 경험은 나이 든 영혼에게는 깨달음을 줄 수 있지만, 아주 어린 영혼에게는 끔찍한 상처로 남을 수 있습니다. 따라서 영혼들은 되도록 이런 아주 어린 영혼들이 투옥으로 이어질 수 있는 상황에 놓이지 않게끔 합니다. 반면, 고립의 경험은 아주 어린 영혼들도 성장의 발판으로 활용할 수 있습니다.

안타깝게도 남을 투옥하는 사람들은 영혼의 나이를 따지지 않습니다. 투옥은 종종 집단 투옥의 형태로 이루어지기도 하는데, 이런 집단 투옥은 영혼의 계획에 없었던 경우가 대부분입니다. 이것으로 인해 영혼의 계획에 차질이 빚어지면 이는 영혼의 진화에도 여러 생애에 걸쳐 영향을 미칩니다. 여기에 책임이 있는 사람들은 언젠가 자신이 준 피해를 깨닫고 속죄해야 할 것입니다.

이어지는 이야기들에서는 투옥과 고립의 긍정적 영향과 부정적인 영향을 살펴볼 것입니다. 그러나 투옥의 경험이 영혼이 세운 계획에 포함될 수 있다는 사실, 그리고 이것이 어떤 좋은 영향을 가져올 수 있다는 사실이 투옥이란 행위를 정당화할 수는 없음을 이해해야 합니다. 영혼은 부당한 폭력의 피해자로 사는 경험을 계획할 수는 있지만, 폭력을 행사하는 가해자로 사는 경험을 계획하지는 않는다는 것을 다시 한번 강조하고 싶습니다. 피해자가 되는 경험이 계획에 포함되어 있다면 영혼은 정확히 누가 가해자가 될지는 모르는 채, 부당한 폭력이 벌어질 가능성이 큰 상황으로 당신을 이끌 것입니다.

투옥
사례 31

필립은 전쟁 포로였습니다. 그는 고문과 모욕을 당했으며, 음식과 물이 주어지지 않은 채로 일주일 넘게 홀로 버려져 있다가 끝내 사망했습니다. 그를 포로로 잡아넣은 자들이 어떤 변명을 하든 이는 커다란 불의입니다. 필립에게 자비심이 부족했더라면 증오와 원한이 이후의 삶까지 이어졌을지도 모릅니다. 그러나 필립은 이 불의를 복수심 없이 받아들일 수 있었습니다.

증오는 단언컨대 이런 경험에 뒤따르는 가장 해로운 결과입니다. 아주 어린 영혼들이 이런 경험을 겪었다면, 이들의 고통은 한평생 혹은 그 이상 지속되는 공포, 불신, 증오로 이어질 수 있습니다. 그리고 이렇게 증오심을 품게 된 이들은 이후의 삶에서까지 보살핌을 받아야 합니다.

필립은 증오심 없이 다음 삶을 시작했습니다. 그러나 전생의 부정적인 영향이 아예 없었던 것은 아니었습니다. 포로로서 학대당한 후 필립은 예전과 같이 삶에 대한 믿음과 낙관을 가질 수 없었습니다. 살고자 하는 그의 의지도 여기에 영향을 받았는데, 이를 바로잡는 것이 무엇보다 중요했습니다. 살고자 하는 의지가 없으면 사람은 삶에 마땅히 느껴야 할 감사함 없이 하루하루를 낭비하기 마련입니다.

흐트러진 균형을 바로잡기 위해 다음 생애에서 그의 영혼은 그에게 삶을 살아가는 행복을 보여주고자 했습니다. 영혼은 용기와 자신감, 삶의 열정을 길러줄 점성학 차트(사자자리)와 사랑이 넘치는 가족을 선택했습니다. 탐험과 성장으로 가득한, 재미있고 흥미진진한 삶이 준비돼 있었습니다.

그러나 안타깝게도 그는 이런 조건에서 누릴 수 있는 혜택을 충분히 누리지 못했습니다. 타인이 고통받고 있는 동안에는 그 자신도 즐거움을 느끼기 힘들었기 때문이었습니다. 그래서 영혼은 다음 생(현생)에 그의 에너지를 봉사로 향하게 했습니다. 현재 그는 선교사로 일하며 자신의 자비심을 마음껏 펼치고 있습니다. 이번 생애가 끝날 때쯤이면 그는 아마 다른 교훈도 받아들일 준비가 돼 있을 것입니다.

필립을 괴롭혔던 자들의 행위를 어떻게 바로잡을 수 있는지 살펴보지 않고서는 이 사례 분석은 끝날 수 없습니다. 왜 이들은 필립 같은 사람을 이토록 괴롭힌 것일까요? 여기에 대한 답이 이들 행위에서 정확히 무엇을 바로잡아야 하는지를 결정할 것입니다. 이 사례에서 이들이 행한 불의는 이들의 종교적 신념에 근거했던 것이었으므로, 종교적 관용을 깨우치게 함으로써 이들의 행위를 바로잡을 수 있을 것입니다. 이를 위해서 영혼은 관용을 기르기 좋은 점성학 차트(물병자리, 궁수자리, 쌍둥이자리, 천칭자리)와 이를 배우기 좋은 환경을 선택했습니다.

가해자 중 한 명은 종교적 편협성이 만연해 있으며 기존 가치에 순응을 요구하는 작은 마을에서 환생했습니다. 그의 가족은 다른 사람들만큼 신심이 깊지 않다는 이유로 마을 공동체로부터 멸시받았습니다.

자라면서 그는 더 관용적인 환경을 찾아 나서기로 결심했습니다. 그러나 그가 가는 다른 곳마다 비슷한 상황이 반복됐습니다. 이런 경험들은 그가 자신의 가치관을 돌아보고 자신이 만난 다른 사람들이 왜 그렇게 느끼고 행동하는지 깊이 고찰해볼 계기가 됐습니다. 대도시로 이주한 그는 좀더 시야가 넓은 사람들과 만나게 됩니다. 이곳에서 그는 전생에서 자기 종교를 향해 가졌던 만큼의 열의로 종교적 편협함에 대한 자기 의견을 표현했습니다. 적어도 이번 생애에서 그의 의견은 남을 해치거나 남의 권리를 침해하지는 않았습니다.

그는 이 교훈을 남달리 빠르게 깨우쳤습니다. 그러나 감금, 고문 가담자 모두가 이 사람처럼 배움이 빠른 것은 아닙니다. 이 사례의 다른 가해자는 다음 생에 첫 가해자와 비슷한 조건에서 여자로 태어났습니다. 그러나 그 결과는 완전히 달랐습니다. 그녀는 자신을 향한 마을 사람들의 경멸을 그대로 내면화하여 다른 사람들을 똑같이 업신여겼습니다. 그녀는 그 어떤 깨우침도 얻지 못한 채 외롭고 불행한 삶을 살다 죽었습니다. 그녀는 같은 조건의 삶을 두 번 더 살아낸 뒤에야 사람들이 가진 다양한 가치관을 존중할 수 있게 됐습니다.

첫 번째 가해자는 배움이 빨랐던 덕분에 전생에서 저지른 끔찍한 행위를 바로잡는 데 큰 고통이 뒤따르지 않았습니다. 그러나 두 번째 가해자는 그렇지 않았습니다. 그녀는 같은 교훈을 깨우치기 위해 세 번이나 새로 태어나야 했습니다. 또한, 두 사람은 자신의 태도와 행동을 바로잡는 것 외에도 피해자에게 속죄해야 했습니다.

자신에게 주어진 교훈을 잘 받아들이는 사람들에게 카르마는 고통스러운 게 아닐 수 있습니다. 그러나 교훈에 저항한다면 이를 깨우치기 위한 경험은 점점 더 고통스러워질 것입니다.

사례 32

중대 범죄의 누명을 쓴 빌은 종신형을 선고받아 감옥에 갇혔습니다. 빌은 이를 받아들일 수 없었습니다. 그는 누명으로 인한 화와 억울함을 내려놓지 못했고, 이는 이내 곪아 터져 좀

더 생산적인 데 쓰일 수 있었을 에너지를 빨아들였습니다. 빌을 투옥한 사람들은 자신이 정의를 행한 것이라고 믿었으므로, 미래에 이들에게 주어질 교훈이 있다면 여기에는 형법 제도의 개선이 포함될지도 모릅니다.

빌의 이런 반응은 충분히 이해할 수 있는 것이었습니다. 형법 제도가 가진 여러 문제 중 하나는 수감자에게 변화의 의욕과 희망을 충분히 주지 않는다는 것입니다. 더 나은 미래를 향한 희망이 파괴되면 삶의 의지 역시 꺾이기 마련입니다.

이런 상황에서도 절망을 극복하고 이를 성장의 계기로 삼을 수 있는 사람은 드뭅니다. 나아가 감옥에 들어가게 되는 것은 대부분이 어린 영혼인데, 이런 처지에 놓인 어린 영혼들은 대개 화와 분노를 내려놓지 못하고 다음 생애에 더 큰 범죄를 일으킬 가능성이 높습니다. 투옥으로 범죄를 처벌하고 범죄자들을 거리에서 몰아낼 수는 있겠지만, 이는 범죄가 다시 벌어지지 않도록 예방하고 범죄자들의 분노 방향을 변화시키는 데는 대체로 별 소용이 없습니다.

다음 생에서 그는 자신이 겪은 불의에 대한 분노를 생산적으로 표출할 방법이 필요했습니다. 변호사가 된다면, 이와 유사한 불의가 발생하는 것을 막는 감시자 역할을 할 수 있을지도 모릅니다. 그에게는 이미 이런 감시자의 기질이 있었으므로, 이를 위한 조건을 만들기는 그리 어려운 일이 아니었습니다. 영혼은 그를 이쪽 진로로 이끌기에 알맞은 점성학 차트와 가족을 선택하고, 적당한 기회를 준비했습니다.

그는 실제로 변호사가 됐습니다. 그러나 법조계의 복잡한 업무에 과도한 부담을 느끼고 오래되지 않아 일을 그만뒀습니다. 그의 치유에는 좀더 오랜 시간이 걸릴 것입니다. 이런 일은 드물지 않습니다. 상황에 따라 어떤 교훈은 미뤄지고 그 대신 다른 교훈을 배우게 되기도 합니다. 하지만 그는 적어도 부당한 투옥의 경험을 통해 억울한 누명을 쓴 사람들의 처지를 이해할 수 있게 됐습니다. 직접 누명을 써본 사람만큼 누명을 쓴 사람들의 처지를 잘 이해할 사람은 없습니다.

사례 33

토드 역시 자신이 저지르지 않은 범죄 때문에 억울한 옥살이를 했습니다. 하지만 토드의 태도는 빌과는 달랐습니다. 이는 판사로 살았던 전생의 경험과 그가 타고난 점성학 차트 때문이라고 할 수 있습니다. 전생의 경험에서 그가 배운 것은, 불완전하더라도 법은 사회에 기여한다는 것이었습니다. 그의 마음속 깊은 곳에 자리한 이 믿음은 그가 부당한 투옥을 받아들이는 데 도움이 됐습니다.

옥살이를 받아들인 그는 이 경험에서 최대한 많은 것을 얻어내는 데 자신의 에너지를 쏟아부었습니다. 그는 교도소 내의 빈약한 교육 기회를 최대한 활용해 법을 공부했습니다. 다른 수감자들과 함께 판례를 살펴보며 각각의 복잡한 내용을 분석했고 그 재판 과정을 상상해 보았습니다. 그리고 이로부터 여러 유익한 철학적, 윤리적 토론이 이어졌습니다.

토드의 이야기가 빌의 이야기와 다른 모습으로 전개될 수 있었던 것은, 빌과는 달리 토드의 옥살이가 영혼의 계획에 이미 포함되어 있었기 때문입니다. 토드는 옥살이를 통해 전생에서부터 가지고 있던 법이라는 자신의 관심사에 에너지를 더 집중할 수 있었고, 이는 곧 남을 돕는 데까지 이어졌습니다. 영혼의 계획에 포함된 시련은 다른 시련보다 견뎌내기가 더 쉽습니다. 이런 시련을 통해 성장하고 교훈을 얻을 수 있는 점성학 차트와 초기 환경이 선택되기 때문입니다. 그렇지 않은 시련에서는 점성학 차트, 환경, 전생에서의 경험이 오히려 성장을 방해하는 요소가 될 수 있습니다.

고립

투쿠는 외딴곳에 태어나 모두 한 가족이나 다름없는 작은 부족과 함께 살았습니다. 불행한 삶은 아니었지만, 그는 이런 부족 생활에서 벗어나고 싶었습니다. 진화를 거치다 보면 한 번쯤은 고립 생활이 더 적절하고 유익할 때가 찾아옵니다. 투쿠에게도 소속 집단으로부터 떨어져 사는 것이 더 옳은 선택이었습니다.

고립 생활은 자급자족 능력, 책임감, 실용성, 독립성을 가르친다는 점에서 유익할 수 있습니다. 타인과 사회로부터 멀어져 고립된 삶을 사는 동안에는 기대거나 탓할 수 있는 사람이 없으며, 자신이 내린 선택의 결과를 직접 마주하게 됩니다. 이런 삶의 양식은 자립심과 생존 기술을 키워주기 때문에 특히 어린 영혼들에게 큰 도움이 됩니다.

현재 상태에 만족해 스스로 고립을 선택할 이유는 없으나 이런 경험으로부터 얻을 이득이 있다고 판단되는 사람에게는 영혼이 특별한 계기를 마련할 수도 있습니다. 특히 어린 영혼일수록 자신과 타인을 부양할 능력이 있음에도 남의 도움을 받으며 안주하는 경향이 있습니다. 이때, 영혼은 그가 더 독립적인 사람으로 거듭날 수 있도록 조난, 자연재해, 전쟁 등의 상황을 계획하기도 합니다.

전생에서도 비슷한 경험을 한 적이 있었던 투쿠는 쉽게 고립 생활을 선택했습니다. 전생에 부모님이 돌아가시면서 홀로 남겨진 투쿠는 홀로 생존하며 유산으로 남겨진 땅과 가축들을 돌봐야 했습니다. 사회적인 교류를 하거나 결혼할 기회는 찾아오지 않았습니다. 이 덕분에 투쿠는 자신의 오랜 의존적 성향을 극복할 수 있었습니다.

의존적이었던 몇 번의 삶을 산 후 고립된 삶까지 살았던 투쿠에게는 사회성이 부족했습니다. 따라서 다음 생에 투쿠는 사회성을 기르는 데 집중해야 했습니다. 은둔하는 삶을 산 직후, 다양한 사람과 만나보는 삶을 살지 않으면 인간관계에 대한 흥미를 아예 잃어버릴 위험이 있습니다. 인간관계가 너무

낮설고 어렵게 느껴지는 탓에 남과 엮이기보다는 남을 피하는데 더 이끌릴 수 있기 때문입니다. 이런 습관은 한번 형성되면 극복하기 어렵습니다.

사례 34

이 이야기는 영혼의 노력과 의지와는 달리 고립된 삶을 살았던 사람의 이야기입니다. 여러 번 여자로 산 적이 있었음에도 그는 여전히 타인과의 교제를 꺼렸습니다. 은둔하는 삶에서 여러 성취를 이뤘었던 그는 다른 사람과 함께 살아갈 이유를 찾지 못했습니다. 여러 생애를 외롭게 산 후, 마침내 그는 관계의 중요성을 깨우칠 경험을 하게 됩니다.

어느 날 그는 갑자기 불어닥친 눈보라 때문에 꼼짝 못 하게 됩니다. 그는 개 한 마리와 함께 폭풍 속에 고립된 사람들을 수색하던 누군가에 의해 발견됩니다. 몇 주간의 치료가 필요했기에 이웃 한 명이 정기적으로 방문해 그를 돌봐주었습니다. 그는 이웃의 호의에 감동해 언젠가는 자신도 타인에게 똑같은 친절을 베풀겠노라고 다짐했습니다. 이제 자기 자신을 돌보는 것만으로는 충분하지 않았습니다. 마침내 영혼의 목소리가 그에게 가닿았고, 봉사와 관계를 촉진하는 그의 점성학 차트의 에너지도 제 역할을 하기 시작했습니다.

다른 사람과 교제하며 남에게 봉사하는 삶이 그 이후로도 두 번 더 이어졌습니다. 그러나 그가 맺은 관계에는 친밀감이 부족했습니다. 그는 남을 기꺼이 도왔지만, 남이 그를 돕는 것은 거부했습니다. 남에게 의존하기를 거부함으로써 그는 더 큰 친밀감으로 나아갈 문을 걸어 잠갔습니다. 영혼은 그가 친밀감을 경험할 수 있도록 큰 노력을 쏟아부었지만, 그는 자신의 파트너에게도 좀처럼 마음을 열지 못했습니다.

비록 친밀감에 눈뜨지는 못했지만, 전생의 경험을 통해 관계에 대한 이해를 충분히 쌓은 그는 친밀한 관계가 배제된 또 한 번의 삶을 사는 것이 허용됐습니다. 이번에 그는 친밀함 없이도 남에게 봉사할 수 있는 사제가 되기로 선택했습니다. 다른 자질의 발전이 저해되지 않는 선에서 계속해서 성장할 수만 있다면, 아마 이런 선택을 내리는 것이 앞으로도 허용될 것입니다. 그러나 친밀감에 관한 교훈은 모든 사람이 통과해야 하는 영혼 진화 과정의 필수 교과목입니다. 따라서 그에게는 다시 이 교훈을 직면하고 깨우쳐야 할 때가 돌아올 것입니다.

결론

지금까지 우리는 당신의 경험(혹은 경험의 부재)이 어떻게 당신의 마음과 행동을 만들어나가는지 살펴보았습니다. 당신은 당신이 지금껏 겪은 모든 경험이 고유한 방식으로 결합한 결과물입니다. 당신이 여러 삶을 거치며 겪은 경험들과 모든 점성학 차트는 현생의 당신에게도 영향을 줍니다. 이 사실은 거의 같은 점성학 차트를 타고나지만 그 차트의 에너지에 다르게 반응하는 쌍둥이들의 사례에서 분명하게 확인할 수 있습니다. 일란성 쌍둥이는 서로의 단순한 복사본이 아닙니다. 쌍둥이들도 현생에 타고난 점성학 차트에 각자가 전생에서 겪고 배운 것들을 끌어오기 때문입니다. 이 사실을 이해했다면 인격이란 본질적으로 영혼의 진화를 위한 수단임을 알 수 있습니다.

진화의 목적은 인격을 없애는 것이 아닙니다. 그것은 가능하지도, 바람직하지도 않습니다. 진화란 인격을 사용해 현실이 제공하는 교훈을 깨달아가는 과정입니다. 하지만 윤회 후반에 접어들수록 당신과 인격의 관계는 변해갈 것입니다. 다시 말해, 에고가 아닌 신성한 자아가 당신의 인격을 통해 점점 더 드러날 것입니다.

이런 변화는 당신 혼자서 노력하거나 의욕을 앞세운다고 이루어지는 것이 아니라 진화 과정에서 자연스럽고 점진적으로 이루어지는 것입니다. 명상과 깨어 있음 수행은 이런 자연스러운 과정을 앞당길 수 있습니다. 하느님 왕국은 억지로 도달하는 게 아니라, 주어진 인격 수업을 하나씩 통과함으로써 도달할 수 있습니다. 진화란 자기 인격의 긍정적인 부분을 표출하는 법을 배워나가는 과정입니다.

당신의 인격을 영혼 진화의 수단으로 이해하고 이를 성장에 활용하는 것이 중요합니다. 타고난 점성학 차트에 나타난 자신의 인격과 그 특성을 파악한 다음, 왜 이런 특성이 지금 당신 삶의 일부가 되었는지 스스로 물어보세요. 각각의 특성은 다음 네 가지 이유 중 하나에 의해 당신 인격의 일부가 됩니다.

1. 삶의 목적을 달성하기 위해 선택한 특성: 예컨대 당신 삶의 목적을 이루는 데 리더십이 필요하다면 독립성과 용기를 부여하는 양자리가 선택될 수 있습니다.

2. 전생의 트라우마 때문에 만들어진 해로운 패턴을 바로잡기 위해 선택한 특성: 예컨대 용기를 주는 사자자리는 두려움을 무력화할 수 있습니다.

3. 전생에서 여러 차례 반복됨으로써 발전된, 깊이 배어든 특성: 예컨대 여러 전생들에서 처녀자리의 세심함을 배울 필요가 있었거나 이를 연습해왔다면 점성학 차트에 처녀자리의 특성을 가지고 있지 않더라도 이런 세심함이 나타날 수 있습니다.

4. 특정 교훈을 깨우치는 과정에서 자연스럽게 익히게 되는 특성: 열두 가지 별자리는 영혼의 진화 과정에서 배워야 할 다양한 교훈을 상징합니다. 따라서 특정 교훈을 배워야 할 때가 오면 해당 별자리를 타고나게 됩니다. 예컨대, 양자리로 태어난 사람은 자주성과 독립성을 키우면서 이에 따라오는 교훈, 즉 에너지와 의지의 올바른 사용법 등의 교훈들을 배우게 됩니다.

　　진화의 막바지에 접어들수록 기본적인 교훈을 통달하고

카르마의 빚 대부분을 탕감하게 됩니다. 이때부터는 지금까지 깨우친 교훈들을 미세하게 다듬는 과정이 뒤따릅니다. 그러고 나면 당신의 지혜와 재능을 봉사의 형태로 인류 전체에 나눌 시간이 찾아옵니다.

어떤 방식으로 봉사할 것인지는 당신의 과거 경험과 선호도, 그리고 당신이 지금껏 갈고닦은 재능에 따라 달라집니다. 어떤 이들은 위대한 발명이나 발견을 통해, 어떤 이들은 아름다운 예술 작품을 남기거나 행복한 자녀를 둠으로써 인류에 이바지합니다. 모두 때가 되면 저마다의 방식으로 봉사합니다. 그러나 어른이 되기 전 모든 아이가 학습 과정을 거치듯, 당신도 세상에 이바지할 수 있으려면 인간으로서 사는 데 필요한 기본적인 교훈을 통달해야 합니다.

당신은 교훈을 얻고 재능을 기르기 위해서만 이곳에 온 게 아닙니다. 당신은 다른 사람들도 당신처럼 할 수 있도록 돕기 위해 이곳에 온 것이기도 합니다. 당신이 알든 모르든, 우주는 다른 이들에게 교훈을 전하기 위해 당신을 활용할 것입니다. 여러분 한 명 한 명은 서로 깊고 내밀하게 연결되어 있으며 각자의 영혼의 계획에 없어서는 안 될 존재들입니다. 한 명 한 명이 깨우치는 교훈은 다른 많은 이들의 삶에 다양한 방식으로 영향을 줍니다. 전신 마비라는 사건이 마비된 본인뿐 아니라 그를 돌보던 그레타에게도 깊은 배움을 주었던 것처럼 말입니다.

이런 점에서 다른 영혼의 계획을 방해하지 않는 것이 매우 중요합니다. 다른 영혼의 계획을 방해하면 그 사람과 연결된 배움의 그물망 전체가 교란됩니다. 다른 사람에게 영향을 주지 않고서 어느 누군가를 삶의 그물망에서 제거하거나 그에게만 영향을 미칠 수는 없는 법입니다. 하지만 인간에게는 이 그물망을 교란할 힘과 선택권이 주어져 있습니다.

사람들이 다른 영혼의 계획을 방해하지 않는다면 이 세상은 지금과는 많이 다른 모습일 겁니다! 삶이 더 어렵고 비참해지는 것은 사람들이 자신의 자유의지를 남용해 타인을 해치기 때문입니다. 하지만 이런 자유의지마저도 진화의 필수 요소입니다. 문제는 자유의지를 잘 활용하는 법을 깨우치는 것입니다.

자신이 내리는 선택의 중요성을 충분히 알지 못하면 가난, 질병, 죽음 등 삶의 불의에 대해 신을 탓하게 되기 쉽습니다. 모든 사람이 지금보다 더 온건하고 자비로운 선택을 내릴 수만 있다면, 이 세상에 존재하는 많은 슬픔이 사라질 것입니다. 이 세계에서 악이라고 일컬어지는 것들은 대체로 어리석고 무지한 선택의 결과인 경우가 많습니다. 누군가가 이 행성에서 아직도 삶의 기본적인 교훈을 배우고 있는 한 악행은 계속 존재할 것입니다. 나이 든 영혼들의 의무는 이런 어리석은 영혼들이 배우고, 치유하고, 성장하도록 돕는 것입니다.

처참하게 실패하고 있는 이 세계의 형법 제도를 개혁하면 어린 영혼들에게도 성장의 기회가 주어질 것입니다. 종교의 초점이 징벌이 아닌 다른 것으로 옮겨가야 할 필요가 있듯 감옥도 그러해야 합니다. 이를 위해서는 인간이 본질적으로 선하다는 데 모두가 동의해야 합니다. 누군가를 악하다고 믿는 순간부터 이들에 대한 인간적인 대우는 불가능해집니다. 이렇게 해서는 이들을 치유할 수 없습니다. 처음부터 악하게 태어나는 사람은 없습니다. 그저 지혜를 결여한 채, 큰 두려움을 갖고 태어나는 사람들이 있을 뿐입니다. 이런 사람들이 폭력이나 방치를 경험하면 나중에 악행을 벌이게 됩니다.

이런 문제는 단순히 이들을 감옥에 가둔다고 해결되지 않습니다. 감옥에서는 더 큰 학대가 자행되기 마련입니다. 물론 투옥에도 여러 타당한 목적이 있지만, 치유는 그 목적에 해당되지 않습니다. 범죄자도 피해자만큼 치유가 필요한 사람들입니다. 이들이 치유되지 않는 한, 폭력과 증오는 계속될 것입니다.

현 형법 제도의 비극은 치유가 너무나도 필요한 이들에게 치유의 기회를 주지 않는다는 데 있습니다. 지금까지 살펴본 사례에서 알 수 있듯, 영혼은 자긍심을 회복할 재능과 기술을 갈고닦을 수 있는 따뜻한 환경, 역할 모델, 기회를 제공함으로써 사람들을 치유합니다. 이런 것들은 치유에 필수적이고, 또 피해자의 치유에도 활용됩니다. 그렇다면 범죄자들에게도 이와 같은 것들이 재활 과정에서 마땅히 제공되어야 하지 않을까요?

범죄자를 동등한 인간으로 대접하지 않고 이들의 무지와

불완전성을 전염되는 것으로 여기는 것은 당신이 자기 자신의 어두운 면을 두려워하기 때문입니다. 범죄자들이 다른 사람을 대하는 방식과 마찬가지로 현재 여러분 세계의 범죄자 처우 방식의 근원에도 두려움이 있습니다.

사람들은 이 두려움 때문에 범죄자에게 자비심을 느낄 수 없습니다. 모든 이가 자비를 받아 마땅한데도 말입니다. 자비심이 없는 이에게 진정으로 범죄자들을 선도하고 감독할 자격이 있을까요? 다른 사람에게 해를 입히는 사람들도 자유를 누릴 자격은 없을지언정 자비심과 도움을 받을 자격은 있습니다. 지금과 같은 범죄자 처우 방식은 이들에게 더 큰 상처만 주며, 치유가 시작될 수 있는 시기를 늦출 뿐입니다.

카르마의 법칙은 징벌의 법칙이 아니라 치유와 가르침의 법칙입니다. 내가 이런 사례들을 소개한 것은 당신이 타인을 돌보고 타인에게 교훈을 전함으로써 이 세계를 더 나은 곳으로 만들어나가길 바라기 때문입니다. 이 세상에는 치유가 필요한 사람들이 많습니다. 이번 삶에서 치유가 완성되지는 않더라도 적어도 시작될 수는 있습니다. 비록 겉으로 보기에는 그렇게 보이지 않을지도 모르지만, 사랑은 그 누구도 버리지 않습니다. 당신은 반드시 이를 믿고 인도적이며 자비로운 태도로 모두를 대해야 합니다. 당신은 자신이 대접받고 싶은 대로 다른 사람을 대해야 합니다.

당신 내면에는 신성의 씨앗이 첫 환생 때부터 존재해왔습니다. 당신은 결코 신성으로부터 단절되어 있지 않습니다. 당신의 영혼은 항상 존재하며, 진화의 모든 과정을 당신과 함께할 것입니다. 그러나 윤회 초반의 당신은 주로 에고 차원에서 기능하기 때문에 영혼의 안내를 잘 감지하지 못합니다. 어린 영혼들에게 더 나이 든, 더 지혜로운 영혼의 도움이 필요한 것도 이 때문입니다. 당신에게는 세상 사람들을 위해 당신이 할 수 있는 것을 해야 할 책임이 있습니다. 다른 사람들의 삶을 증진시키면 궁극적으로 당신의 삶도 증진됩니다.

다행스럽게도, 물질계에서의 여러 삶들은 결국 더 큰 사랑과 자비심으로 이어집니다. 당신은 이 자비심을 종종 피해자가 되는 경험을 통해 배우곤 합니다. 모두가 언젠가는 피해자가 되기도, 가해자가 되기도 합니다. 이 두 역할은 동전의 양면과 같아서, 똑같이 당신에게 자비심을 일깨워줍니다. 이 자비심은 윤회 후반에서 당신이 행할 봉사의 근간이 됩니다.

지금의 육신이 당신이 가진 전부라면 인간이 겪는 고통은 정당화되기 어려울 것입니다. 지금의 인생만 생각하는 관점에서는 고통을 이해하기 어려운 것처럼 말입니다. 그러나 당신의 존재 전체를 비추어 본다면 이 고통은 당신이 얻을 지혜와 이해심의 크기에 비해서는 작은 희생일 뿐입니다.

이 물질계는 당신이 비물질계에서 봉사를 행하고 영원히 성장할 수 있도록 당신을 준비시키는 학교입니다. 물질계에서의 삶에서 당신이 얻는 지혜, 사랑, 이해심은 신성과 모든 피조물을 위한 봉사에 활용될 것입니다. 이로써 당신의 봉사는 물질계와 비물질계 모두를 향한 봉사가 됩니다.

이 위대한 계획 안에서 여러분 한 명 한 명은 고유하게 중요하며 동일하게 의미심장합니다. 나아가, 여러분은 상호 의존적이며 서로 불가분으로 얽혀 있습니다. 이 진실을 모른다고 해서 그 중요성이 줄어드는 것은 아닙니다. 모든 인간을 하나로 묶는 신성한 불꽃이 모두의 마음속에 있다는 가능성에 마음을 열기만 하면 됩니다. 그러면 이 진실을 자연스럽게 알게 됩니다.

보기엔 다를지 몰라도 지구에서의 당신의 삶은 그리 길지 않습니다. 한 번의 삶은 당신 존재의 전체 계획에 비하면 무한히 짧습니다. 그러나 위대한 계획 안에서, 이 한 번의 삶은 앞으로 다가올 모든 일의 기초를 닦는 시간으로서 무한하게 소중한 가치를 지닙니다. 당신은 삶이라는 선물, 삶이라는 축복을 받았습니다. 당신은 이 축복을 축복답게 누려야 합니다. 존재나 진화 자체에 있어서 당신에게는 선택권이 없습니다. 하지만 '어떻게' 존재하고 진화할 것인지에 대해서는 선택권이 있습니다. 당신의 목적을 향한 믿음을 잃지 말고, 최고의 선을 행하겠다는 다짐으로 계속 살아가길 바랍니다.

5장 ─ 죽음과 죽어감

살면서 어떻게 죽음을 준비할 것인가?

가르침을 내면에 통합하는 일과 영적 수행을 포함한, 당신이 영적 여정 속에서 행하는 모든 일은 결국 죽음을 준비하는 일입니다. 당신이 겪는 시련도 마찬가지입니다. 어쩌면 죽음은 당신이 살면서 겪는 여러 시련 중 가장 험난한 것일지도 모릅니다. 따라서 당신이 숱한 시련을 겪으며 길러낸 힘은 죽음 혹은 죽음을 초래할지도 모르는 사건을 앞둔 당신에게 매우 요긴할 것입니다. 죽음을 직면한 당신에게는 당신이 삶의 온갖 역경을 통과하며 갈고닦은 용기, 굳건함, 인내심, 내려놓음, 받아들임, 자비심, 그리고 사랑이 필요할 것입니다.

이런 특성들 외에도 죽음을 앞둔 당신에게 가장 필요한 것은 현존하는 능력입니다. 현존이란 자신과 삶에 관한 그 어떤 생각도 없이 지금의 삶을 사는 것입니다. 현존이란 에고가 지어내는, 삶에 관한 구구절절한 이야기에 휘둘리지 않고 그 어떤 생각도 없이 지금 이 순간에 머물면서 삶을 있는 그대로 경험하는 것입니다. 당신이 시도 때도 없이 귀 기울이는 머릿속 이야기, 의견, 호불호, 판단, 비교, 욕망, 상상, 환상이 전부 에고입니다. 마치 중요한 진실인 것만 같고 꼭 당신 자신의 생각인 것만 같아도 이것은 마음에서 생겨난 생각일 뿐이며, 영적인 길을 나아가면서 명상을 하다 보면 결국에는 소멸되고 맙니다. — 에고는 생각일 뿐입니다.

현존하는 능력은 시련을 겪는 때일수록 더 중요합니다. 용기, 받아들임과 같이 결정적인 순간에 필요한 당신의 진정한 본성과 지혜는 당신이 생각에 빠져 있지 않을 때에만 끌어다 쓸 수 있기 때문입니다. 생각은 딜레마나 위기 상황에 대한 답을 제공하는 척만 할 뿐입니다. 머릿속 목소리를 내버려둔다면 그것은 시도 때도 없이 나타나 당신에게 이래라저래라 명령할 것입니다. 그러나 이런 명령은 당신의 지혜가 아니라 당신 머리에 프로그래밍된 정보를 바탕으로 나오는 것입니다.

프로그래밍된 정보에도 가치가 전혀 없지는 않습니다. 문제는 이것이 모든 상황에 적합하지는 않다는 것입니다. 삶에 도움이 되는 훈련들을 포함해 당신이 살면서 배운 것만으로는 헤쳐 나가기 어려운 상황도 있습니다. 따라서 이것만으로는 부족합니다. 당신에게 정말 필요한 것은 지혜입니다. 지혜란 당신이 알고 있는 정보와 그 외의 것들을 언제, 어떻게 활용해야 하는지를 아는 것입니다. 여기서 '그 외의 것'이란 어떤 상황과 관련해 당신으로서는 잘 모르고, 또 모를 수밖에 없지만 다른 차원의 안내자들은 잘 알고 있는 것들, 그래서 이들이 당신을 돕기 위해 활용하는 것들을 말합니다.

당신이 노력을 쏟는 모든 일에서, 당신은 가장 유익한 방식으로 삶에 대처할 수 있게끔 도움을 받습니다. 당신에게는 매 순간 직관이란 형태로 유용한 안내가 주어집니다. 안내자를 비롯한 더 높은 차원의 존재들은 당신에게 무엇이 가장 이로울지를 항상 생각합니다. 그리고 이들은 당신이 어떻게 상황에 대처해야 하는지 당신보다 훨씬 잘 알고 있습니다. 이런 존재들이 당신을 안내하고 있습니다. 당신만 허락한다면, 이 순간 모두에게 가장 이로운 선택을 내릴 수 있도록 이들이 당신을 이끌 것입니다.

당신에게는 항상 이런 안내가 주어지고 있습니다. 그러나 이 안내를 의식하는 사람은 많지 않습니다. 생각은 직관의 흐름을 가로막기 때문에 이런 안내는 당신이 무언가를 생각하고 있지 않을 때만 느낄 수 있습니다. 생각에 주의를 기울이고 있는 동안에는 당신을 둘러싼 환경에 무엇이 있는지, 현실이 당신에게 무엇을 보여주는지 알아차릴 수 없습니다. 그리고 미묘한 통찰, 충동, 이끌림 등 상황에 대처하기 위해 더 높은 차원의 존재들이 당신에게 제공하는 여러 정보도 알아차릴 수 없습니다.

삶에 대처하는 방식에는 항상 두 가지가 있습니다. 첫째는 머릿속 목소리를 통해 들려오는 거짓 자아의 조언과 관점을 따르는 방식, 둘째는 상황을 해결할 최선책에 관한 더 높은 차원의 안내와 지금 여기 벌어지고 있는 일 모두를 정확히 인식하고 있는 진정한 자아를 따르는 방식입니다.

더 높은 차원의 안내는 위급한 상황일수록 평소에는 이를 의식하지 못하는 사람들의 마음에도 가닿곤 합니다. 에고가 매우 강하고 눈에 보이지 않는 것을 전혀 믿지 않는 사람들도 이런 때에는 초자연적 힘의 개입을 처음으로 경험하곤 합니다. 이들도 위험한 상황에서는 어디선가 "멈춰!"라고 외치는 목소리를 듣는다거나, 보이지 않는 손이 이들을 위기로부터 밀어내는 것을 느낍니다. 이런 위기 상황이나 임사체험에서는 천사나 안내자가 자신의 존재를 드러내기도 하는데, 이를 통해 믿음이 없던 사람들도 이들의 존재를 믿게 되는 경우가 있습니다.

죽음을 앞둔 사람은 육신의 죽음 너머에 무엇이 있는지 곧 알게 됩니다. 그래서 그 사람에게 도움이 된다면, 죽음의 순간에 저승의 앎이 이승으로 스며드는 것이 허용됩니다. 죽음을 맞는 과정에는 이런 경험이 종종 뒤따릅니다. 그러나 이런 일이 허용되는 것은 위기 상황과 죽음의 순간으로 한정됩니다. 저승의 것이 이승으로 너무 많이 스미게 되면 일상에 혼란과 지장을 초래하기 때문입니다. 죽음을 앞뒀을 때는 죽음 너머에도 아름다운 삶이 있다는 것을 이해하는 것이 매우 중요합니다. 그러나 한창 삶을 사는 동안에는 그렇지 않습니다. 영혼이 자기가 살기로 선택한 이 세상이 아닌 다른 세상을 동경하게 될 수도 있기 때문입니다.

임사체험으로 죽음 이후의 삶을 엿본 후 다시 현생으로 되돌아온 사람들의 이야기는 죽음 너머에 다른 세상이 존재한다는 사실을 증언합니다. 임사체험은 체험자와 그 주변 사람들에게 보통 긍정적인 영향을 미칩니다. 그러나 이런 일을 너무 자주 겪으면 자신의 영혼이 선택한 지금의 삶에 전적으로 집중하기가 어려워질 수 있습니다. 이곳에 온 목적을 달성하고 원하는 교훈을 얻으려면 지금의 삶과 당신이 이 삶에서 맡은 배역에 온전히 몰입해야 합니다. 당신이 실은 이 배역 이상의 존재임을 깨달을 시간은 지금의 삶 이후에도, 이 삶과 저 삶 사이에도 충분히 있습니다. 그러니 당분간은 지금의 유한한 배역을 자신과 동일시하는 것도 가치가 있습니다.

죽음은 당신이 이 배역으로 살아갔다는 달콤함을 충만하게 만끽하는 시간입니다. 당신이 좋아하는 인물이 나오는 영화의 마지막 장면을 볼 때처럼, 죽음을 앞둔 당신은 자신이 연기했던 인물을 영혼의 관점에서 바라보면서 이 삶이 얼마나 값진 것이었는지, 얼마나 달콤했던 것이었는지를 깨닫습니다. 이는 삶의 마지막 며칠, 몇 주, 몇 달을 현존 상태에서 살아가는 사람들의 모습에서 분명히 확인할 수 있습니다. 삶이 얼마나 소중한지 깨닫는 계기가 될 수 있다면 때로는 시한부 선고도 값진 선물이 될 수 있습니다. 이런 달콤함은 죽어가는 과정에서도 현존을 유지하는 사람들에게 주어지는 상입니다.

현존은 과거나 미래, 심지어는 현재를 둘러싼 생각에 더는 빠지지 않음으로써 도달할 수 있는 의식 상태입니다. 이런 현존 상태, 즉 생각에 구애받지 않는 상태 혹은 생각 없음의 상태는 평생에 걸친 명상 수련 없이는 도달하기 어렵습니다. 제가 종종 말했듯, 명상은 행복한 삶, 나아가 행복한 죽음을 위해 당신이 할 수 있는 가장 중요한 것입니다.

죽음을 앞두고는 삶에서 무엇이 좋았고, 무엇이 그리 좋지 않았는지, 어떤 옳은 일을 했고 어떤 실수를 저질렀는지 돌아보는 것이 도움이 될 거라는 생각이 들 수도 있습니다. 이는 일반적으로 정상적이고 건강한 임종의 방법이라고 여겨집니다. 그러나 저는 이렇게 삶을 반추하는 것이 죽음을 불행하게 만드는 것임을 말씀드리고자 합니다. 왜냐하면 당신의 삶을 생각하고 평가하는 것은 당연하게도 에고이기 때문입니다. 에고는 허락만 된다면 당신이 눈을 감는 마지막 순간까지 당신이 잘못된 삶을 살았다고 이야기할 것입니다. 하지만 당신이 육신을 떠난 후 이루어지는 삶 돌아보기(life review)에서는 전혀 그렇지 않습니다. 삶 돌아보기는 당신의 안내자 그리고 당신을 사랑하는 이들과 함께하는 가운데 진행되며, 이들은 에고에게는 없는 사랑과 지혜의 눈으로 당신이 삶을 돌아볼 수 있도록 도와줄 것입니다.

그러므로 죽음을 앞두고 (혹은 삶을 한창 살고 있는 동안에도) 삶을 돌아보고 평가하는 것이 바람직하며 필요한 일이라고 생각하지 마세요. 이는 전혀 사실이 아닙니다. 당신의 마음은 당신을 남과 비교하고, '만약'을 가정하며, 당신 삶에서 흠집만 찾고자 할 것입니다. 이런 모든 생각은 하등 도움이 되지 않고 본질적으로 참되지도 않습니다. 생각하고 평가하는 그것은 지혜롭지 않으며, 당신을 있는 그대로의 모습으로 볼 능력이 없습니다. 자아의 이런 측면은 당신에게 씁쓸한 감정만을 남길 것입니다. 삶이나 죽음을 생각하는 것은 죽음을 준비하는 올바른 방법이 아닙니다. 마음은 죽음을 준비할 능력이 없습니다. 죽음을 앞둔 사람일수록 오히려 마음을 내려놓아야 합니다.

마찬가지로 미래(그리고 현실로 이루어진 적이 없는 일)에 관해 생각하는 것도 죽음을 준비하는 데 전혀 도움이 되지 않습니다. 사람들은 자신이 자녀의 결혼이나 출산 따위의 일을 놓칠 거라며 아쉬워합니다. 그러나 이게 전부 무슨 소용이겠습니까? 당연하게도 이것은 전부 에고의 목소리입니다. 에고는 자신이 겪지 못할 미래를 상상하며 마음에 슬픈 감정을 불러일으킵니다. 이런 감정은 너무나도 불필요합니다. 왜 이런 상상에 불과한 것, 현실이 아닌 것에 슬픔을 느껴야 하나요? 삶이 지금과는 달리 되기를 바라는 마음이 모든 괴로움의 근원입니다.

죽음을 준비하는 가장 좋은 방법은 망상이나 오지 않을 미래를 떠올리는 것이 아니라 긍정적인 전망으로 매 순간에 충만하게 머무는 것입니다. 달리 말하면, 지금 이 순간 삶이 당신에게 주는 것에 "예"라고 답하며 그것을 사랑하는 것, 혹은 적어도 받아들이는 것, 그리고 그것에 만족하는 것입니다. 지금 여기에 머물며 이 순간을 즐기세요. 당신이 가진 것은 지금 이 순간이 전부입니다.

장밋빛 미래를 그리며 달콤함에 젖어 있으면 지금 이 순간의 찬란함을 놓치고 맙니다. 머릿속으로 그리는 환상은 당신을 실망에 빠뜨릴 뿐입니다. 환상은 삶과 결코 같을 수 없습니다. 환상에는 삶의 시련과 역경이 빠져 있기 때문입니다. 당신은 삶을 있는 그대로 사랑해야 하며 그 속의 어려움까지도 사랑해야 합니다. 여기에 환상은 아무런 도움이 되지 않습니다. 자신과 삶에 대한 불만만 키울 뿐입니다. 하지만 삶을 있는 그대로 사랑하면 당신은 죽는 순간까지도 행복할 수 있습니다.

삶은 그 자체로 사랑스러운 것이며, 삶을 환상과 비교하는 것은 삶과 분리되어 불행에 빠지는 지름길입니다. 이 불행은 '당신'이 자초한 불행 그 이상, 이하도 아닙니다. 지금 바로 행복할 줄 안다면 죽는 순간까지 행복할 수 있습니다. 제가 당신에게 가장 이해시키고 싶은 것이 이것입니다. 모든 경험을 사랑할 수 있으면 당신은 어떤 경험을 겪든 행복할 수 있습니다. 무슨 일이 벌어지든 삶이라는 선물을 사랑하세요. 모든 일을 사랑하는 법을 배우는 것, 그것이 바로 삶입니다. 여기서 제가 말하는 사랑이란 "아니, 난 이걸 경험하지 않을 테야"가 아니라 "그래, 이 또한 삶이지"라고 말하는 것입니다. "아니!"라고 말하는 순간 당신은 괴로움을 자초합니다. "그래!"라고 말하세요. 그러면 죽는 순간에도 괴롭지 않을 수 있습니다.

모든 죽음은 신의 뜻인가?

모두가 예정된 대로 죽음을 맞는 것은 아닙니다. 당신이 특정 시간에 특정 방식으로 죽음을 맞는 것이 신의 뜻은 아닐 수 있습니다. 신의 뜻은 다만 당신이 실수로부터 배우는 것입니다. 그 실수로 죽음을 맞게 되더라도 당신은 그로부터 배워야 할 것입니다. 많은 죽음이 스스로 초래한 죽음이며, 그것이 영혼의 성장에 이바지할 수 있다면 신 혹은 영혼은 그 죽음을 허락합니다. 이런 죽음도 당신에게 전하는 나름의 교훈이 있기 때문입니다. 당신이 하필 그 시간에 그런 방식으로 죽은 것이 영혼의 의도는 아니었을지도 모릅니다. 하지만 영혼은 이런 죽음에서도 교훈을 얻을 수 있습니다. 한편, 기적적으로 죽음을 면한 사람들의 이야기를 모두 한 번쯤은 들어본 적이 있을 것입니다. 이런 사례에서는 이들이 아직 죽을 때가 되지 않아서 살아남은 것이라고 쉽게 결론 내릴 수 있습니다.

특정 시간, 특정 방식의 죽음으로 얻을 수 있는 교훈은 너무나 방대하여 일일이 헤아릴 수도, 그것을 전부 이해할 수도 없습니다. 사람은 왜 죽을까요? 죽음은 그가 내린 어떤 선택의 결과일 수도 있고, 개인이나 집단의 성장을 위해, 혹은 영혼이 특정한 목적을 이루기 위해 계획한 것일 수도 있습니다. 혹은, 드문 경우지만 죽음은 영혼조차도 내다보지 못한 의도치 않은 사고의 결과일 수도 있습니다.

때로 영혼조차 막지 못한 어떤 사고들은 죽음이나 부상으로 이어질 수 있습니다. 이런 일은 상대적으로 드문데, 영혼이 막지 못한 사고에서도 대개는 천사의 개입이 가능하기 때문입니다. 많은 사람들이 이런 일을 직접 경험합니다. 사고를 당한 사람이 아직 세상을 떠날 때가 되지 않았고 삶을 계속 살아야 할 충분한 이유가 있다면, 더 높은 차원의 존재가 사고에서 그 사람의 목숨을 구할 것입니다. 이것이 성공하느냐 마느냐는 상황에 따라 다릅니다.

모든 사람의 삶에는 영혼이 육신을 떠나기로 선택할 수 있는 시점이 몇 개씩 있습니다. 그 시점은 여러 요인에 따라 달라지며 삶이 시작되기 전에 미리 정해질 수 없습니다. 삶의 이야기는 사전에 미리 쓰거나 결정할 수 있는 것이 아니라 당신과 다른 사람들이 내리는 선택에 따라 매 순간 다르게 펼쳐지는 것입니다. 영혼은 죽음이 유익한 시점에 육신을 떠날 것입니다. 죽음으로부터 교훈을 얻는 데 있어서 영혼은 웬만하면 기회를 낭비하지 않으며, 어떤 이유로 죽음을 맞든 이로부터 교훈을 얻고야 맙니다.

때로는 죽음을 통해서도 충분한 교훈을 얻지 못하는 사람들이 있습니다. 이 사람들은 그 교훈을 깨우칠 때까지 이후의 삶에서도 비슷한 죽음을 맞게 됩니다. 예컨대, 미숙한 이들은 어떤 교훈을 완전히 깨우쳐 진로를 바꾸게 되기 전까지 같은 죽음을 몇 번이고 계속 겪으며 자신을 한계까지 밀어붙이기도 합니다. 때로 이들은 이런 상황에서 파생되는 다양한 교훈을 모두 깨우칠 때까지 이를 반복하기도 합니다.

영혼은 목적을 이루는 데 도움이 된다면 그 어떤 죽음도 주저하지 않습니다. 육체적 나이가 어리더라도 마찬가지입니다. 영혼의 목표는 성장하고 배우는 것이며, 이를 위해 그 어떤 경험도 기꺼이 겪을 준비가 되어 있습니다.

영혼이 죽음으로부터 얻는 것

여러 삶을 거치면서 겪는 모든 죽음은 영혼에게 커다란 성장의 자양분이 됩니다. 당신은 윤회하는 동안 다양한 방식으로 죽음을 맞으며, 죽을 때마다 다른 교훈을 깨우칩니다. 삶은 교훈으로 가득합니다. 그리고 이 중에서도 가장 강렬하고 중요한 교훈은 삶의 마지막 순간에, 혹은 시한부의 삶을 살고 있다면 죽음을 앞둔 몇 개월의 시간 동안 배우게 됩니다.

삶은 때로 불공평하고 고통스럽게 느껴지기도 합니다. 특히 힘겨운 죽음을 맞는 경우엔 더 그렇습니다. 하지만 영혼의 관점에서 보면 이런 죽음에는 항상 지혜가 숨겨져 있습니다. 영혼은 당신이 죽음을 경험함으로써 어떻게 성장할지를 고려해 죽음을 맞을 방법을 결정합니다. 죽음은 절대로 징벌이 아닙니다. 당신이 겪는 모든 죽음은 당신의 성장에 어떤 식으로든 도움이 되리란 판단에서 영혼이 직접 선택하거나 허락한 죽음입니다.

당신이 죽음을 통해 실제로 성장하게 될지, 성장한다면 얼마나 성장할지는 어느 정도 당신에게 달려 있습니다. 그러나 저항이 심하고 분노에 찬 사람들도 죽음으로부터 뭔가를 깨닫고 이후의 삶에서는 전생의 자신과는 다른 자신으로 거듭납니다. 이미 여러 차례 말해왔지만, 당신 자신이나 다른 사람의 눈에는 그렇게 보이지 않을지 몰라도 당신은 모든 경험으로부터 어떻게든 교훈을 얻어내고 맙니다.

죽음과 같은 경험에 대한 표면적 반응인 화, 슬픔, 회한, 저항 등은 단순한 에고의 반응으로, 이는 그 경험이 당신에게 미치는 더 깊은 영향을 정확히 반영하지 않습니다. 화, 슬픔, 회한, 저항을 얼마나 느끼든 당신은 교훈을 얻습니다. 이런 감정은 표면에서 일어나는 것이며, 당신 내면의 다른 수준에서는 더 깊은 차원의 변화가 일어나고 있습니다. 그러나 이런 변화는 죽음을 직접 경험하거나 목격하는 경우에도 알아차리기 어렵습니다. 이는 죽음 이후 삶 돌아보기 과정에서 그 경험을 돌아볼 때 분명하게 드러나며, 그제야 당신은 그 경험을 겪었음에 감사함을 느낄 수 있습니다.

삶과 경험이 설계되는 방식에는 커다란 지혜가 숨겨져 있으며, 거기서 얻을 수 있는 교훈은 당신이 상상할 수 없는 방식으로 삶에 깃들어 있습니다. 예컨대, 아동 학대와 같은 끔찍한 일이 발생했다면, 이는 당사자나 주변인들의 자비심을 끌어내거나 이들이 교육 혹은 복지 등 아동을 돕는 진로 혹은 치유 관련 진로로 나아가게 함으로써 영혼의 성장을 돕습니다. 삶의 목적은 사람의 관심사를 특정한 방향으로 유도하는 강렬한 경험이 여러 생애에 걸쳐 축적되면서 형성되는 경우가 많습니다. 그리고 영혼은 여러 생애에 걸쳐 비슷한 삶의 목적을 추구하면서 지혜와 기술을 습득하고 그 분야의 전문가가 됩니다.

힘겨운 죽음 역시 영혼이 특정 삶의 목적을 이후의 생애에서도 이어가게 하는 동력이 될 수 있습니다. 예컨대, 힘겨운 죽음을 경험한 사람은 다음 생애에서 의사나 간호사가 되어 이 분야에서 봉사를 이어갈 수 있습니다. 혹은 총기로 목숨을 잃은 사람은 다음 생애에서 총기 규제나 평화를 위해 힘쓸 수 있습니다.

또한, 힘겨운 죽음은 특정 약점을 보완하고 강점을 더 키우는 계기가 될 수도 있습니다. 예를 들어 어떤 무모한 행동으로 죽음을 맞은 사람은 다음 생애에서는 훨씬 조심스럽게 행동할 것입니다. 누군가를 살해한 사람은 다음 생애에서 주변의 소중한 사람을 비슷한 방식으로 잃을 수도 있습니다. 다시 말하지만, 이런 상실은 결코 징벌이 아니라 당사자들이 공감능력을 얻고 삶의 소중함을 깨우칠 계기로써 주어지는 것입니다. 삶에서 겪는 모든 상실이 모두 같은 교훈을 전한다고 섣불리 단정 짓지 마세요. 상실에는 여러 이유가 있으며, 그 자체로 삶의 자연스러운 일부입니다.

그러나 무엇보다도, 죽음의 가르침은 영적입니다. 자신의 정체성을 이루던 것을 잃은 사람들은 상실과 씨름하는 과정에서 진정한 자신이 누구인지, 그럼에도 불구하고 결코 사라지지 않는 것이 무엇인지 깨닫게 됩니다. 예전처럼 젊고 유능하지 않은 당신도 여전히 당신인가요? 몸이 작동을 멈춘 당신도 여전히 당신인가요? 당신의 육신 너머 존재하는 그것은 무엇인가요? 육신 없이도 당신은 여전히 당신인가요? 그럼에도 불구하고 당신이 여전히 할 수 있는 것은 무엇인가요?

많은 사람들이 몸이 늙으며 그 기능을 상실하는 과정에서 신체와 외모가 진정한 자기 자신과는 큰 관련이 없다는 사실을 깨닫습니다. 몸은 달라지더라도 그 몸에 깃든 의식과 인격, 성향은 여전히 같습니다. 바로 이것들이 그 사람을 그 사람답게 하는 것이고, 한 사람 한 사람에게 고유성을 부여하는 것입니다.

자신의 정체성을 과도하게 외모와 신체에서 찾는 사람들에게는 노화, 신체 능력의 상실이 특히 더 중요한 교훈을 줍니다. 하지만 자신을 신체와 깊이 동일시하지 않는 사람은 없으며, 자신의 진정한 정체성이 신체와는 그리 큰 관련이 없다는 것은 모두가 알아야 하는 사실입니다. 당신에게는 몸이 있습니다. 그렇지만 몸이 당신인 것은 아닙니다. 당신은 몸을 사용하는 의식이며 이 의식은 몸 너머에 존재합니다.

삶을 경험하고, 사랑하고, 웃는 것도 이 의식입니다. 가끔은 삶을 경험하고, 사랑하고, 웃는 것만이 당신이 할 수 있는 전부일 때가 있습니다. 그러면 그것만으로도 행복할 수 있다는 사실을 발견할 수 있습니다. 이것은 당신이 깨우칠 수 있는 가장 높은 수준의 배움입니다. 모든 것이 사라지더라도 여전히 삶을 사랑하고, 삶을 경험하고, 삶에 웃고, 감사할 수 있는 능력은 모두에게 있습니다. 이 얼마나 놀라운 일인가요!

대부분의 사람들이 많은 것을 소유하는 데서 행복을 찾을 수 있다고 믿습니다. 가진 게 없어도 행복할 수 있다는 깨달음은 당신이 깨달을 수 있는 가장 멋진 깨달음입니다! 그저 존재하는 것만으로도, 사랑하는 것만으로도 행복할 수 있다니, 이 얼마나 자유로운가요? 모든 것은 사랑할 가치가 있습니다.

많은 사람이 인생 막바지에 이를수록 삶을 소중하게 여깁니다. 이들은 삶을 처음 살아본 사람처럼 삶을 바라봅니다. 신성한 자아의 눈으로 바라본 삶에는 좋지 않은 것, 소중하지 않은 것이 없습니다. 물론 모두가 이런 눈으로 삶을 보지는 않습니다. 하지만 자신을 거짓 자아와 혼동하지 않고 거짓 자아의 욕망에서 벗어날 수만 있다면, 그리고 화, 좌절, 후회와 같은 부정적 감정에 과도하게 휩싸이지 않을 수만 있다면, 그 가능성은 누구에게나 있습니다.

에고나 거짓 자아의 욕망에 휘둘리는 한 행복한 죽음을 맞는 것은 불가능합니다. 이것이 죽음이 이토록 강력한 영적 매개체인 이유입니다. 괴로운 죽음을 맞고 싶지 않다면 거짓 자아의 욕망과 몽상을 단번에, 전부 내려놓아야 합니다. 그러면 신성한 자아의 은총, 사랑, 평화, 그리고 감사를 발견하게 될 것입니다.

이런 점에서는 불치병으로 인한 시한부의 삶도 축복이 될 수 있습니다. 죽음이 임박했다는 것을 아는 순간 미래는 사라집니다. 미래가 없는데, 욕망과 몽상이 전부 무슨 소용일까요? 당신이 가진 것은 지금이 전부입니다. 시한부의 삶은 당신에게서 미래를, 그리고 그와 함께 자신의 삶이 이러저러했으면 좋겠다는 몽상과 욕망을 빼앗아감으로써 당신에게 지금 이 순간을 살 것을 가르칩니다.

시한부의 경험은 육신과 정체성이 서서히 지워져가는, 그 무엇보다도 소중하고 심오한 경험입니다. 그러나 많은 사람들이 시한부의 삶을 살면서도 이 풍요로운 경험을 받아들이지 못하고 미래에 대한 희망을 품은 채 삶에 매달리고 있습니다.

어떤 사람들은 죽는 순간에도 거짓 자아의 욕망과 몽상을 내려놓지 못할 수 있습니다. 그렇다고 해서 이들이 좋은 죽음을 맞을 수 없다거나 죽음으로부터 아무것도 배우지 못하는 것은 아닙니다. 육신을 벗어나고 나면 이들에게도 안내자들과 사랑하는 사람들의 도움으로 다른 각도에서 삶과 죽음을 돌아볼 기회가 주어지기 때문입니다.

사후 세계에서는 더 나은 삶을 살거나 더 괜찮게 죽지 못했다는 후회나 회한 없이 삶을 돌이켜볼 수 있습니다. 그리고 이를 통해 영혼은 아무것도 잃지 않는다는 사실이 더 분명하게 드러납니다. 영혼은 상처를 입지 않습니다. 당신이 사후 세계에 있는 동안에도 신의 신성한 불꽃은 여전히 활활 타오르고 있습니다.

사후 세계에서 당신은 생전에는 불가능했던 방식으로 자신의 신성을 경험할 수 있습니다. 사후 세계에서 당신은 자신의 진실과 만나게 되므로 전생의 흠과 실수를 바라보는 일에서 고통이 아닌 깨달음을 얻게 됩니다. 삶을 어떻게 살아야 하는지 배운 적이 없어 고군분투하며 살아가는 누군가가 출연하는 영화를 볼 때처럼, 당신은 당신이 삶의 진실을 볼 수 있도록 도와주는 이들의 용서와 자비심에 흠뻑 젖게 됩니다. 이런 점에서 삶 돌아보기는 굉장히 즐거운 시간입니다.

여러 형태의 죽음을 통해 당신이 어떤 교훈을 얻게 될지 일일이 헤아리는 것은 불가능합니다. 그러나 그 대략적인 느낌을 당신에게 전달할 수 있도록 노력해보겠습니다. 시한부의 불치병은 당신이 몸이 아니라는 사실을 완벽하게 일깨워주지만, 이 외에도 죽음은 인간이 통달해야 할 여러 기본적인 교훈을 전합니다.

죽음은 죽음 그 자체와 죽음을 기다리는 일에서 오는 괴로움을 통해 당신에게 자비심과 공감 능력을 일깨워줍니다. 큰 괴로움이 있을 때마다 당신은 자비심을 배웁니다. 당신이 겪는 역경은 똑같은 역경을 통과하고 있는 사람들을 향한 자비심을 당신에게 심어줍니다. 같은 처지에 있어봤으니 그들의 입장을 자연스럽게 이해할 수 있는 것입니다.

죽음은 당신의 영혼이 겪게 될 가장 중요하면서도 가장 강렬한 경험입니다. 이런 경험에는 항상 풍부한 보상이 뒤따른다는 점에서 모두가 이것을 겪어보는 게 중요합니다. 당신이 겪는 삶의 모든 극단적인 시련이 그렇듯, 당신이 겪는 여러 죽음은 다른 방법으로는 깨우칠 수 없는 교훈을 당신에게 전합니다. 당신은 이러한 시련과 죽음들을 통해 자신만의 성격(character)을 형성해갑니다. 즉, 영적으로 성장한다는 뜻입니다.

이게 무슨 말일까요? 우선, 죽음을 통해 당신은 겸손을 배웁니다. 겸손은 영적 성장의 중심을 이루는 교훈입니다. 무엇이 겸손해질까요? 물론 에고입니다. 에고의 가장 큰 욕망은 삶을 통제하는 것입니다. 이는 에고의 환상 중 가장 큰 환상이기도 합니다. 에고에게는 삶을 통제할 능력이 거의 없기 때문입니다. 죽음이 다가올수록 삶은 당신의 힘으로 통제할 수 없는 것이란 사실이 점점 더 분명해집니다. 자신의 삶, 자신의 이야기가 끝을 향해가고 있다는 사실을 마주하며 사람들은 "겨우 이게 전부야?"라며 후회에 휩싸이곤 합니다. 이야기를 계속 이어가거나 다시 쓰고 싶겠지만, 애초에 삶은 자기 마음대로 되는 것이 아닙니다. 그리고 이것은 죽음을 앞두고서도 마찬가지입니다. 이 사실이 당신에게 겸손을 가르칩니다. 그리고 당신은 이를 받아들여야 합니다.

성공적인 삶을 살았다고 여겨지는 사람들조차도 삶의 막바지에서 실망감에 휩싸일 수 있습니다. 에고는 더 하고 싶은 것, 더 갖고 싶은 것, 더 겪고 싶은 것을 떠올리는 데에는 선수니까요. 에고는 있는 그대로의 삶에 절대 만족하는 법이 없습니다. 안타깝게도, 죽음을 앞두고 이런 실망감을 겪는 일은 매우 흔합니다. 그러나 이 실망감이 단순히 에고의 고집에서 생겨나는 것이고, 이것이 삶을 평가할 기준이 될 수 없다는 사실을 깨닫는다면 있는 그대로의 삶과 죽음을 받아들일 수 있습니다.

죽음 앞에서 당신은 지금의 삶과 과거의 삶을 직면하게 됩니다. 모든 이야기엔 끝이 있습니다. 지금의 일은 지금의 일이고, 과거의 일은 과거의 일입니다. 이 사실 또한 받아들여야 합니다. 이런 받아들임은 윤회의 가장 막바지에 이르러서야 통달할 수 있는, 삶이 전하는 가장 큰 교훈입니다.

죽음은 당신이 이 우주의 주인도, 불멸의 존재도 아니란 사실을 알려줍니다. 당신은 다른 모든 사람들과 마찬가지로 뼈와 살로 이루어져 있습니다. 에고의 그 어떠한 거창한 환상도 죽음 앞에서는 무력해집니다. 그러나 놀랍게도 죽음은 당신의 이야기의 불가피한 결말이지 '당신'의 결말은 아닙니다. 당신은 이 사실을 곧 깨닫게 될 것입니다.

죽음, 특히 질병으로 인한 죽음은 절제하고 인내하고 받아들이는 연습입니다. 그리고 이는 걸음을 내디딜 때마다 잠시 멈춰 서서 "이제 어떻게 될까?" 물으며 미지 속을 살아가는 연습이기도 합니다. 당신은 항상 미지 속을 살아왔으며, 앞으로 무슨 일이 벌어질지 알았던 적은 단 한 번도 없었습니다. 그러나 결정적인 순간이 되면 당신은 "이게 다야? 죽음으로 이렇게 전부 끝나는 건가? 이렇게 나는 죽는 건가?" 하는 마음을 품습니다. 그러나 당신은 이 질문에 대한 답을 절대 알 수 없습니다. 이 알 수 없음을 당신은 받아들여야 합니다.

"난 언제 죽을까?"라는 질문은 당신이 실제로 죽기 전까지는 절대로 답할 수 없습니다. 미지 속을 살아가는 일은 질병을 앓고 있을 때면 특히 힘들어집니다. "내가 나을 수 있을까?", "혹시…?", "난 앞으로 어떻게 될까?" 아무리 간절히 원해도 에고는 이 질문들에 대한 답을 절대로 찾을 수 없습니다. 질병과 죽음은 에고의 가장 강력한 적수이자 가장 큰 시련으로, 이 앞에서 에고는 속수무책으로 좌절하고 낙담합니다. 심각한 질병이나 불치병과의 싸움에서 에고는 질 수밖에 없습니다.

에고가 무력해진 자리에는 힘, 용기, 평화, 굳건함, 인내심, 그리고 신성한 자아의 자비심이 모습을 드러냅니다. 심각한 질병과 죽음은 이런 특성이 표면 위로 나타날 기회이자 신성한 자아가 자신을 표현하고 빛을 발할 기회입니다.

기능이 멈춘 몸에는 무엇이 남게 될까요? 용기, 친절함, 인내, 힘, 지혜, 사랑, 끈기처럼 당신의 가장 나은 모습을 이루는 특성들만 남게 됩니다. 운이 좋아서 병을 앓는 동안, 혹은 죽기 전에 에고를 완전히 내려놓을 수 있다면, 당신에게는 당신의 진정한 자아만이 남게 됩니다. 정말 멋진 일이죠!

죽기 직전에 벌어지는 일들

죽기 직전에 심리적, 영적으로 죽음을 준비할 시간을 가질 수 있다면 죽음도, 사후세계로의 이행도 훨씬 더 수월해집니다. 시한부의 삶은 이런 점에서 유익할 수 있습니다. 남은 시간 동안 사랑하는 사람들과 친교를 나누고, 신변을 정리하고, 영성 서적을 읽거나 임종 과정을 잘 이해하고 있는 사람의 조언을 들으며 정신적으로 죽음을 준비할 수 있습니다. 또한, 이 시간 동안 다른 차원의 존재들이 당신이 이 놀라운 경험을 준비하도록 도울 수도 있습니다.

사후세계로 떠나는 과정에서 가장 중요한 준비 작업은 다른 차원과의 상호작용을 통해 이루어집니다. 죽음이 다가올수록 임종자는 잠들어 있는 시간 등을 통해 점점 더 긴 시간을 다른 차원에서 보내게 되며, 여기서 위안과 치유를 받고, 죽음과 자신이 곧 떠나게 될 이 삶을 이해하는 데 필요한 안내를 받게 됩니다.

생명이 몸에서 빠져나가기 시작하면 가능 여부에 따라 일종의 삶 돌아보기가 시작됩니다. 죽어가는 과정에서 특정 시점에 이르면 거의 모든 사람은 수용하고 받아들이는 마음이 더 커지면서 더 높은 차원에서 자신의 삶을 돌아볼 수 있게 됩니다. 이러한 삶 돌아보기는 천사를 포함한 더 높은 차원의 존재들의 방문 중에 이루어집니다. 이들은 임종자가 용서할 사람은 용서하고 내려놓아야 할 과거는 내려놓도록 돕습니다. 집착은 당신이 평화롭게 사후세계로 떠나는 데 방해가 될 수 있기 때문입니다. 이런 용서의 과정은 사후세계에 도착한 뒤 훨씬 광범위하게 이루어지는 삶 돌아보기의 전주곡이라고 할 수 있습니다.

임종자는 수면 상태나 비몽사몽의 상태에서 많은 시간을 보내는데, 이 시간 동안 더 높은 차원의 존재들이 나타나 임종자가 죽음을 받아들이고 환대할 수 있도록 돕습니다. 이 존재들은 임종자에게 앞으로 어떤 일을 경험하게 될 것인지 설명하고, 임종자가 꿈을 꾸는 동안이나 깨어 있는 동안 먼저 세상을 떠난 사랑하는 사람들이 그를 방문할 수 있도록 자리를 마련합니다. 임종자는 종종 이렇게 천사들과 안내자들, 그리고 먼저 세상을 떠난 사랑하는 이들을 보거나 그 목소리를 듣곤 합니다. 이런 비전은 눈을 뜨고 있든 감고 있든 경험할 수 있습니다.

먼저 세상을 떠난 사랑하는 이들은 종종 임종자 앞에 나타나 뜻깊은 메시지를 전달하기도 합니다. 기쁨과 사랑이 넘치는 이들의 존재감만으로도 임종자들은 큰 안정을 얻고, 사후

세계에서 이들과 다시 만날 시간을 기대하기 시작합니다. 죽음을 맞는 대부분의 사람들이 죽으면 실제로 이들을 다시 만날 수 있을 거라고 믿습니다. 그리고 이 믿음은 먼저 떠난 사랑하는 이들이 임종자를 찾아오면서 확인됩니다. 이들은 임종자를 찾아와 지고한 아름다움과 자유가 있는 곳, 육신의 제약과 고통이 사라진 곳에서 다시 보자고 이야기합니다.

천사, 안내자 혹은 나와 같은 종교적 인물의 형상을 한 다른 빛의 존재들이 나타나 임종자에게 위안과 사랑의 메시지를 전하기도 합니다. 나를 특별히 더 가깝게 느끼는 임종자에게는 내가 직접 나타날 수도 있습니다. 이 모든 것이 임종자가 새 생명에 대한 기대를 품고 옛 삶을 떠나는 과정이 더 수월해지도록 돕습니다. 덕분에 삶의 끝에 다다른 많은 사람이 결국에는 자신의 죽음을 받아들이게 됩니다.

이 모든 것들은 임종자가 죽음 이후의 새로운 존재 상태에 적응하는 데 도움을 주는데, 갑작스러운 죽음을 맞이한 사람들은 이러한 이점을 누리지 못합니다. 갑작스러운 죽음으로 인한 큰 충격 때문에 이들에게는 이런 사건에 능숙하게 대처할 수 있는 안내자나 먼저 떠난 사랑하는 이들의 도움이 필요할 수 있습니다. 아주 나이 든 영혼을 제외하고 죽음 이후에는 거의 항상 치유의 시간이 뒤따르는데, 특히 갑작스러운 죽음을 맞거나 자살한 사람들은 이 시간을 꼭 거쳐야 합니다.

죽음 이후에 벌어지는 일들

죽음과 죽어가는 과정에 관한 믿음 때문에 많은 사람들이 죽음의 공포와 씨름하고 있습니다. 죽음이라는 거대한 수수께끼 앞에서 떨고 있는 당신의 마음과 가슴에 위로가 될 수 있기를 바라며 몇 가지 말씀을 드리고자 합니다.

단언컨대 죽음은 당신 존재의 종말을 의미하지 않습니다! 당신은 영원한 존재입니다. 이는 당신의 영혼이 일체(the Oneness), 즉 있는 모든 것(All That Is)으로부터 분리되었다가 결국에는 다시 일체 혹은 근원(Source)으로 되돌아가 재결합한다는 것을 뜻합니다. 이것은 죽음이 아니라 세상에서 가장 영광스러운 재회입니다. 있는 모든 것으로서 존재할 때, 당신은 영원한 사랑과 기쁨만을 알기 때문입니다. 개인으로서의 당신 영혼은 영원하지 않지만, 영혼에 깃들어 물질계와 비물질적 차원을 오가며 진화하는 당신의 의식은 영원합니다. 당신은 말 그대로 신입니다.

인간의 몸을 입고 있을 때는 이 사실을 받아들이기도, 이해하기도 어려울 것입니다. 인간인 동안에는 자신이 꼭 인간이기만 한 것 같으니까요! 깨어났거나 깨달음을 얻더라도 당신은 자신을 인간으로 경험하며, 이는 당신이 육신을 떠난 이후로도 대체로 그럴 것입니다. 대부분의 사람들이 윤회를 거치는 동안에는 인간으로서의 감각을 유지합니다. 죽음 이후 아스트랄계에 있는 동안에도 당신의 성격과 성향, 관심사 중 일부는 여전히 유지됩니다. 이 동안 인간으로서의 감각이 얼마나 유지될지는 당신의 진화 수준 등에 따라 달라집니다.

당신으로선 자신의 신성을 깨닫기가 쉽지 않을 것입니다. 그러니 내가 지금 하는 말을 명심하세요. 당신은 단순한 인간이 아닙니다. 당신은 본질적으로 신성합니다. 다시 말해, 당신은 신이 그러하듯 의식 혹은 사랑으로 이루어진 존재입니다.

의식과 사랑, 이 두 단어는 모두 만질 수 없고, 신비로우며, 말로는 설명하기가 어려운 무언가를 가리킵니다. 언어로는 당신의 신성한 본질을 설명할 수 없습니다. 애초에 언어가 이를 위해 만들어진 게 아니기 때문입니다. 언어는 '사물'을 설명하기 위해 만들어졌습니다. 하지만 당신은 사물이 아닙니다. 당신은 당신의 몸-마음을 당신이라고 생각할지도 모릅니다. 그러나 몸-마음은 당신이라는 존재의 신비를 이해하기 위해 마음이 만들어낸 개념에 불과합니다. 마음이 생각하기에 당신의 존재에 가장 가까운 '사물'은 당신의 몸-마음이므로, 마음은 당신을 몸-마음으로 파악합니다.

마음이 아닌 의식, 즉 진짜 당신에게는 당신이 몸-마음과는 크게 다른 존재라는 사실이 꽤 분명합니다. 진짜 당신은 당신이 진짜로 누구인지 압니다! 바로 이 관점에서 보면, 몸-마음은 이 몸-마음에 생명을 불어넣는 의식의 도구일 뿐이라는 것을 깨닫는 것이 그리 어렵지 않습니다.

하여 우리는 당신의 본질을 몸-마음에 생명을 불어넣는 그것이라 이야기할 수 있습니다. 몸-마음은 이 신비로운 생명력이나 의식 없이는 지속되지 못하고 빠르게 분해됩니다. 이 힘이 사라진 몸을 본다면, 그 사람을 다른 누구도 아닌 그 사람이게 하는 바로 그것이 그 몸에서 사라졌음을, 그 몸이 그 사람의 본질을 더는 담지 않고 있음을 분명하게 알 수 있습니다. 불이 꺼진 것입니다. 의식이 떠난 몸은, 영혼이 비물질적인 형상으로 여정을 이어가기 위해 버려두고 떠난 뼈와 살에 불과합니다.

그렇다면 죽음 이후, 그러니까 한 생과 다음 생 사이의 시간 동안 영혼은 어디로 갈까요? 가장 자주 받는 이 질문에 대해서는 간단한 답을 드리기 어렵습니다. 하지만 최대한 쉽게 설명해보겠습니다. 육신을 떠난 영혼들은 저마다 아스트랄계에 있는 여러 다른 곳으로 향합니다. 아스트랄계란 당신의 세계보다 진동 주파수가 조금 더 높은 비물질적 차원입니다. "내 아버지 집에 거할 곳이 많도다"라는 성경 구절은 이런 아스트랄계의 여러 장소, 그리고 아스트랄계 너머의 여러 차원을 가리키는 구절입니다. 이 중 영혼이 어디로 향하게 될지는 당신의 의식 수준이 어디까지 올라와 있는지, 당신의 옛 인간 자아가 무엇을 경험하고 탐험하고자 하는지, 그리고 당신의 영혼이 치유와 성장을 위해 무엇을 필요로 하는지에 따라 정해집니다.

아스트랄계의 어디를 가든, 엄청난 치유와 성장이 일어나게 됩니다. 이것이 당신이 삶과 삶 사이의 시간 동안 아스트랄계에서 머무는 목적입니다. 당신이 인간으로 살아가는 삶에 대한 오해와 착각을 치유하고 성장하여 자신의 본질을 이루는 사랑을 재발견하기 위해 지구에 왔듯이, 아스트랄계 역시 인간으로서 여전히 짊어지고 있는 오해와 착각을 치유하기 위한 장소입니다.

삶과 삶 사이에 머무는 동안 엄청난 성장과 치유가 이루어진다는 것은 좋은 소식입니다. 당신에게는 많은 사람이 별다른 깨우침을 얻지 못하고 죽는 것처럼 보일지도 모릅니다. 그러나 당신은 한 영혼이 어떤 삶을 살면서 무엇을 얼마나 배웠는지, 배우게 될지 평가할 수 없습니다. 당신 눈엔 누군가가 아무것도 깨우치지 못했거나, 오히려 퇴행하고 퇴보한 것처럼 보일지 몰라도, 실제로 그런 일은 절대 벌어지지 않습니다.

당신의 영혼을 안내하는 존재들은 상세하고 흥미진진한 삶 돌아보기를 통해 당신이 이제 막 끝마친 삶 속에서 교훈을 얻을 수 있도록 도울 것입니다. 당신은 이 삶 돌아보기에서 당신이 타인에게 받은 영향도, 타인에게 준 영향도 보게 됩니다. 생전에는 몰랐던 '무대 뒤'의 장면도 보게 됩니다. 사는 동안에는 결코 알 수 없었을 어떤 사실들도 마침내 알게 됩니다. 영화 속 인물은 자기 자신에 대해서는 물론이고 다른 등장인물들이 자신을 어떻게 생각하는지 모르지만, 객석에서 영화를 보고 있는 사람은 이 전부를 이해할 수 있습니다. 이와 마찬가지로 당신도 삶 돌아보기를 통해 당신 자신과 타인, 그리고 당신이 살면서 내렸던 선택을 더 객관적으로 이해할 수 있습니다.

마침내 당신은 자기 자신, 타인, 그리고 삶을 사랑하는 데 필요한 더 높은 관점과 명료함에 도달하며 자기 자신, 그리고 당신과 함께했던 모든 사람을 향해 깊은 자비심을 느낍니다. 당신이 어떤 점에서 미흡했었는지를 깨닫고, 어떻게 다르게 행동할 수 있었을지, 그리고 그렇게 하면 어떤 다른 결과가 나타났을지 보게 됩니다.

삶 돌아보기 과정을 통해 당신의 안내자는 당신이 지난 잘못을 바로잡고 다르게 행동하고자 하는 마음을 가지게끔 돕습니다. 그래야 다음 생에서 괴로움을 덜 경험하고 사랑을 더 경험할 수 있기 때문입니다. 삶 돌아보기 과정에서는 자신과 타인에게 초래한 고통에 당신이 어떤 역할을 했는지가 더 분명하게 보이며, 이 과정에서 발생하는 고통이 당신에게 다음번에는 다르게 행동할 동기를 부여합니다. 삶 돌아보기를 통해 사람들은 큰 변화를 겪으며, 종종 가장 많은 성장을 이루기도 합니다.

그러나 조심해야 할 것이 있습니다. 삶 돌아보기의 결과로 당신은 자신의 삶과 실수, 약점을 매우 명료하게 바라보게 되겠지만, 이후의 생에서도 전생의 습관과 오해는 여전히 이어질 것입니다. 적어도 처음에는 말입니다. 당신은 여전히 직전의 삶, 혹은 여러 전생에 걸쳐 형성된 습관을 따라 행동하게 될 것입니다. 그러나 아스트랄계에서 받은 가르침의 결과로 당신은 자신의 결점을 훨씬 더 쉽게 알아채고 극복할 수 있을 것입니다. 삶과 삶 사이에 머무는 동안 얻은 지혜도 어느 정도 활용할 수 있을 것입니다. 이렇듯 삶 돌아보기는 커다란 지혜의 원천입니다.

더 많은 삶을 살았다는 것은 인간의 삶에 수반하는 문제들, 즉 오만, 두려움, 이기심, 성급함, 경솔함, 무책임함, 섣부른 판단 등 당신을 불친절하게 만들고 당신이 형편없는 선택을 내리게끔 만드는 문제들을 극복하기 위해 더 많은 연습을 해왔다는 것을 의미합니다. 삶을 거듭할수록 당신은 더 지혜로워지고 더 큰 사랑을 품게 되며, 자연스럽게 더 나은 선택을 내리게 됩니다. 더 나이 든 영혼들은 여러 생애에 걸쳐 배운 가르침들 덕분에 어린 영혼들보다 물질계에서 더 편한 시간을 보냅니다. 이 가르침은 영혼에 저장되며, 직관을 통해 이 가르침에 접속할 수 있습니다.

이렇게 보면 어떤 사람들은 자연스럽고 쉽게 사랑을 베풀고 지혜를 활용할 줄 아는 반면, 왜 어떤 사람은 그러지 못하는지가 설명됩니다. 인간으로 사는 데 꼭 필요한 가르침을 얻는 데에는 달리 방법이 없습니다. 계속 실수를 저지르고 그 실수에서 배우는 수밖에 없는 거지요. 영혼은 이 과정을 매우 잘 견뎌내지만 에고는 그렇지 않습니다. 그리고 이때 필요한 인내심 역시 당신이 꼭 배워야 할 교훈입니다.

앞서 저는 아스트랄계에는 '거할 곳', 혹은 장소가 많다고 했습니다. 죽음 이후, 대부분의 사람이 치유의 시간을 갖습니다. 대부분의 죽음이 사망자에게 큰 상처를 남기기 때문입니다. 이는 꼭 심각한 외상에 의한 죽음이 아니더라도 마찬가지입니다. 너무나도 많은 사람들이 죽음에 관해 잘못된 생각을 품어 불필요한 괴로움을 겪습니다. 이런 잘못된 생각 역시 치유되어야 하며, 적어도 이것이 잘못된 생각이라는 것을 깨달아야 합니다. 그래서 대부분의 영혼이 밟는 첫 번째 단계가 치유와 관계된 것입니다.

일부 종교적 관념의 문제는 죽음 이후 벌어질 일에 대한 두려움을 일으킨다는 데 있습니다. 예컨대, 기독교는 죽음 이후의 심판과 지옥에 대한 믿음으로 죽어가는, 혹은 이미 죽은 사람들에게 불필요하게 큰 고통과 두려움을 유발합니다. 자기혐오와 후회, 깊은 우울감에 휩싸인 사람들은 아스트랄계의 병원과도 같은 곳에서 이런 감정을 치유하고 삶을 더 명료하고 참되게 바라볼 수 있게 됩니다.

종교 등으로 인해 죄책감과 두려움이 너무나도 깊이 각인되어 있다면, 치유는 그리 쉽지 않습니다. 이들로서는 두려워할 게 전혀 없으며 벌을 받지도 않을 거란 사실이 쉽게 믿어지지 않기 때문입니다. 지옥에 관한 종교적 신념 때문에 많은 사람이 스스로 만든 지옥에 갇혀 지내고 있습니다. 이들은 지옥의 존재를 믿기 때문에 지옥을 경험하는 것입니다. 이 중 어떤 사람들은 자신이 사랑받고 있고 용서받았으며, 아스트랄계에서 행복하고 좋은 시간을 보내도록 허락받았다는 사실을 받아들이기 전까지 한참을 고통받기도 합니다.

다음 생애로의 이행을 막는 트라우마, 두려움, 중독 때문에 지상에 대한 집착을 버리지 못하는 사람들도 있습니다. 몸이 술, 약물 등에 중독된 사람은 죽고 나서도 중독을 경험하기 위해 아직 살아 있는 사람의 에너지장에 달라붙기도 하며, 심한 경우 이들에게 머릿속 목소리의 형태로 영향을 주는 경우도 있습니다. 이렇게 지상을 떠도는 영혼들은 대리만족을 위해 다른 마약 중독자나 술집의 알코올 중독자들 주변을 배회하며 이들의 중독을 더 부추깁니다.

아스트랄계라는 새로운 집을 경험하고 탐험하는 데 커다란 두려움을 느끼거나 자신이 그곳에서 그 어떤 행복도 누릴 가치가 없다고 믿는 영혼들 역시 지상을 떠돕니다. 아니면 너무 갑작스럽고 예상치 못하게 죽음을 맞아서 자신이 죽은 줄 모르는 경우도 있습니다. 어떤 이들은 두려움과 혼란 때문에 아스트랄계의 어두운 구석을 찾아가 자신을 다르게 경험할 준비가 될 때까지 그곳에서 한참을 머물기도 합니다.

당신의 전반적인 의식 상태, 혹은 임종 시점의 의식 상태가 당신이 아스트랄계로 넘어간 직후 겪게 될 경험을 결정합니다. 아스트랄계의 여러 장소, 혹은 여러 '거할 곳'은 여러 의식 상태를 상징하며, 대체로 사람들은 자신의 전반적인 의식 상태와 일치하거나 이를 반영하는 곳으로 찾아가게 됩니다. 물론 치유가 더 이루어지고, 의식 상태가 더 높고 더 많은 빛으로 차 있는 상태로 변하면 다른 곳으로 갈 수도 있습니다. 그러면 아스트랄계 경험도 더 즐거워집니다. 아스트랄계에서는 모든 것을 경험할 수 있습니다. 한 곳에 갇혀 있을 필요도 전혀 없습니다. 당신은 어떤 의식 상태를 가질지 선택함으로써 어디에 머물지 선택할 수 있습니다. 이것이 의식적인 선택인 경우는 드물지만 말입니다.

이런 이유로, 아스트랄계의 여러 '거할 곳'에는 저마다 서로 닮은 영혼들, 즉 비슷한 신념을 가진 영혼들이 머무는 경우가 많습니다. 왜냐하면, 신념이나 신념의 부재가 당신의 의식 상태를 결정짓기 때문입니다. 따라서 아스트랄계에는 서로 비슷한 종교적 신념을 믿고 이를 따라 살아가는 사람들이 모여 사는, (진정한 천국이라고 말하긴 어렵지만) 종교에서 말하는 천국과 같은 곳도 존재합니다. 이런 천국에는 억압적인 신념 체계로부터 이들을 해방할 '구원자'가 주기적으로 나타날 수 있는데, 이런 방법으로도 사람들은 이 '천국'에서 벗어날 수 있습니다.

부정적 감정에서 해방된 사람들이 아스트랄계에서 누릴 수 있는 멋진 가능성에 관한 이야기도 빼놓아선 안 되겠습니다. 육신을 떠난 이들이 두려움과 죄책감, 화 등 죽음과 지난 생을 둘러싼 부정적 감정에서 해방되면 이들은 자신이 선택한 경험을 원하는 방식으로 마음껏 경험할 수 있습니다.

아스트랄계에서는 원하는 것이라면 뭐든 경험하고 탐험할 수 있으며, 육신을 입고 살아갈 때와 마찬가지로 이 경험들을 통해 교훈을 얻을 수 있습니다. 어떤 이들은 사랑스러운 가정과 환경을 만들어 자신의 창조성을 여러 방식으로 표현하곤 합니다. 어떤 이들은 음악을 쓰고, 어떤 이들은 그림을 그립니다. 여러 분야를 공부하는 이들도 있고, 교육이나 치유 등 다양한 방법으로 타인을 돕는 이들도 있습니다. 이 삶과 삶 사이의 시간도 어떤 의미에서는 또 다른 삶입니다. 이곳에 넘치는 사랑과 자유를 경험하는 데 방해가 되는 걸림돌을 넘어설 수만 있다면, 이곳에서의 삶은 지구에서의 그것보다 훨씬 더 자유롭고 걱정 없는 삶이 될 것입니다.

아스트랄계에 처음 오는 이들은 이곳에 존재하는 천사, 안내자, 그리고 다른 무형의 존재들의 도움을 받습니다. 그리고 흔히들 말하듯이, 가족과 친구들도 이곳에 온 당신을 사랑으로 환영하며 당신이 이곳을 고향처럼 느낄 수 있도록 도와줄 것입니다.

지금까지의 설명으로 당신이 죽음을 향한 두려움을 내려놓을 수 있기를, 의식 상태와 상관없이 당신이 사랑 넘치는 안내를 받으리라는 사실을 알았기를 바랍니다. 그리고 이 앎 덕분에 당신이 긍정적인 마음을 잃지 않고 더 높은 의식 상태에서 살아갈 수 있기를, 그리하여 사후세계로의 이행이 더없이 편하고 긍정적으로 이루어질 수 있기를 바랍니다.

자살과 안락사

자살

자살은 매우 민감한 주제입니다. 자살에 관한 질문과 씨름하고 있는 모든 이에게 평화를 가져다줄 수 있기를 바라며 이 문제를 이야기해보겠습니다.

사람이 자살을 생각하는 데는 여러 이유가 있습니다. 그리고 자살을 생각하는 모든 사람은 자살할 마땅한 이유가 있다고 생각합니다. 삶이 감정적으로나 육체적으로나 너무나 고통스럽기 때문입니다. 이런 이들에게 스스로 목숨을 끊는 것은 달리 대안이 없어 보이는, 견디기 어려운 상황에서 벗어나기 위한 그럴싸한 방법처럼 보입니다.

물론 이것은 하나의 심적 경향성일 뿐 어떤 상황에 대한 진실이 아닙니다. 당신이 견디지 못할 상황은 없습니다. 육체적으로 너무나 고통스러울 때도 마찬가지입니다. 인간이라면 누구에게나 큰 육체적 고통을 견뎌낼 능력과 강한 생존 본능이 있어서 어지간해서는 스스로 죽음을 선택하지 않습니다. 그러나 '감정적인' 고통은 부정적인 생각과 느낌을 불러일으켜 삶의 의지를 꺾고 삶이 버겁다고 느껴지게 만듭니다. 그리고 물론, 대부분의 육체적 고통은 감정적 고통 때문에 더 깊어지는데, 이럴 때는 자살만이 유일한 선택지처럼 느껴지기도 합니다. 하지만 세상에는 계속적인 육체적 고통을 견뎌내며 살아가는 법을 배운 이들이 많습니다. 심지어는 이런 고통을 탐구하는 것, 혹은 고통을 견뎌내는 법을 타인에게 알려주는 것을 삶의 목적으로 삼는 사람들도 있습니다.

머릿속 목소리가 하는 말에서 알 수 있듯, 에고는 많은 것을 견디기 힘들다고 '느낍니다'. 이런 느낌은 지금 이 상황이 '실제로' 견딜 수 없는 상황이라는 믿음을 강화합니다. 마음은 언제나 상황을 최대한 끔찍하고 어려운 것으로 그리면서 온갖 이야기를 지어냅니다. 그리고 이런 생각에 뒤따르는 감정들은 이 상황에 그 어떤 희망도 없다고 믿게 만듭니다. 그러나 상황을 정말로 견딜 수 없게 만드는 것은 상황 자체가 아니라 그 사람이 그 상황을 두고 자신에게 하는 말, 그리고 여기에 뒤따르는 '느낌들'입니다. 이런 식으로 사람들은 스스로 판 감정의 굴 속으로 들어가서 나오지 못합니다. 이 굴에서 나올 수 있는 유일한 방법은 당신이 속으로 되뇌는 그 이야기와 신념을 바꾸는 것입니다. 그러나 신념을 바꾸는 일은 쉽지 않습니다.

신념을 바꾸기 위해서는 그 신념의 참과 거짓을 기꺼이 검증할 수 있어야 합니다. 그러나 문제는, 이런 검증에는 어느 정도의 노력이 필요하다는 것입니다. 대부분의 사람들은 자신에게 그릇된 신념이 있다는 것을 모릅니다. 이들은 자신의 생각이 현실을 정확히 묘사하고 있다고 생각하며, 지금과 다른 방식으로 현실을 느낄 수 있다고는 생각하지 못합니다.

이들은 지금 자신이 어떤 경험을 겪고 있든 간에 자신의 내적 경험을 창조하는 것은 '자기 자신'임을 깨닫지 못하는데,

이 역시 머릿속 목소리 때문입니다. 그러나 바로 이 사실을 제대로 깨달아야 합니다. 이것은 인간이 진화 과정에서 얻을 수 있는 가장 중요하면서도 통달하기 어려운 교훈 중 하나입니다. 당신 삶의 경험은 '당신'이 창조하는 것이라는 이 위대한 진실을 아는 사람은 이 세계에 그리 많지 않습니다.

자기 생각을 검증하면서 물어야 할 중요한 질문 중 하나는 "이 신념은 어디에서 생겨난 거지?"라는 질문입니다. 이 질문을 통해 당신은 자신의 신념이 인격 형성기에 부모나 다른 이들로부터 물려받은 것임을 발견하게 될 것입니다. 물론 이런 발견 자체도 도움이 될 수는 있습니다. 그러나 신념의 기원에 관해 당신이 정말로 물어야 할 질문은, 이것이 정말로 당신 자신의 신념이냐는 것입니다. 당신은 이 신념을 스스로 선택했나요? 당신은 이것이 어디선가 난데없이 생겨난 신념이란 사실을 인식하는 존재인가요? 당신의 생각이 사실은 '당신' 것이 아니라 당신의 에고, 프로그래밍의 것이라는 사실을 크게 깨닫기 전까지 당신은 이 생각들을 믿고 여기에 자신을 동일시할 것이며, 나아가 이 생각들을 자신의 것으로 여길 것입니다. 이것이 문제입니다.

에고가 만들어낸 생각들의 문제는, 이들이 대체로 삶을 옹호하는 게 아니라 삶을 반대한다는 데 있습니다. 왜일까요? 당신의 생각 중 대부분은 에고가 만들어낸 것이라서 삶을 부정적인 관점에서 바라봅니다. 이 생각들은 세상을 바라보면서 결핍, 고난, 투쟁, 불행, 고통을 발견합니다. 학대적인 가정에서 자라났거나, 부정적 감정과 에고에 깊이 빠져 있는 부모 아래에서 자란 사람일수록 더욱 그렇습니다. 우울에 빠져 있거나 보람이 없는 삶을 살 때도 그럴 수 있습니다.

에고에 휘둘리고 있는 한 누구든 이런 부정적 시각 또는 극단적인 불행과 절망에 시달릴 수 있습니다. 그러나 모두가 이런 함정에 빠지는 것은 아닙니다. 많은 사람이 에고의 부정성을 극복하고 더 긍정적으로 생각하는 법을 깨우칩니다. 긍정성을 연습한 부모를 둔 사람들은 운이 좋은 편입니다. 그러나 그러지 않은 사람들은 각별한 노력을 쏟아 자신의 에고는 물론 부모의 에고까지 극복해야만 합니다. 자식의 심리 상태는 부모의 심리 상태를 그대로 닮기 마련이니까요.

그러나 여기에는 에고보다도 더 극악한 또 다른 힘이 작용합니다. 당신에게 불안이나 두려움을 주고자 이 이야기를 하는 것은 아닙니다. 이 힘은 부정적이긴 하지만, 사실 그리 강력하진 않습니다. 그렇지만 이것은 실존하는 힘입니다. 이 힘은 다른 차원에 존재하면서 인간사에 개입하고자 하는 부정적인 힘으로, 이미 부정적 감정이나 중독에 빠져 불행한 삶을 사는 사람들에게 특히 더 이끌립니다.

부모처럼 가까운 사람의 부정적인 힘, 혹은 자기 자신의 에고 때문에 부정적 상태에 놓이게 되면, 당신은 다른 부정적인 힘에도 취약해집니다. 다행인 점은, 이런 부정적인 힘도 에고와 마찬가지로 머릿속 목소리 없이는 당신에게 영향을 미칠 수 없다는 것입니다. 그러나 이런 부정적인 힘이 사람의 마음에 심을 수 있는 생각은 무척 매혹적이라서 뿌리치기가 쉽지 않습니다. 이런 부정성은 투쟁-도피 반응을 촉발하면서 체내에 화학 물질을 분비시킵니다. 그리고 이를 통해 당신은 실제와 상관없이 뭔가 끔찍한 일이 벌어지고 있다고 믿게 됩니다.

"매와 돌팔매로는 뼈가 부러질 수 있지만, 말로는 다칠 수 없다." 부정적인 생각이 몰아칠 때는 이 속담을 기억하세요. 머릿속의 부정적인 생각은 당신이 그것을 믿지 않는 한 절대로 당신을 다치게 하거나 당신에게 영향을 미칠 수 없습니다. 그러나 당신이 믿기 시작하는 순간부터 이 생각들은 실제로 당신 신체에 영향을 주고, 심한 경우 타인과 삶을 향한 당신의 태도에까지 영향을 줍니다.

안타깝게도 부모의 부정성에 큰 영향을 받으며 자라온 사람일수록 이런 생각들을 아무런 의심 없이 굳게 믿는 경향이 있습니다. 이것은 큰 문제입니다. 반면, 행복하고 정서적으로 건강한 부모 아래에서 자랐음에도 여전히 불행해하며 자신의 목숨을 끊고 싶어하는 젊은이들도 존재합니다. 이 세상의 사회적 분위기는 비디오 게임, 영화, TV에서 쏟아지는 폭력적인 이미지와 맞물려 많은 젊은이를 부정성으로 몰아넣고 있으며, 여기에 대해서는 이들의 부모들도 손쓸 수 없는 무력감을 느낍니다.

세상의 이런 폭력과 추함의 이면, 그리고 한 개인의 내적 추함의 이면에는 똑같은 것이 작용하고 있습니다. 바로 비물질적인 부정적 존재들입니다. 많은 사람이 자신이 이런 비물질적인 부정적 존재들에게 영향을 받는다는 사실을 인지하지 못한 채 부정성에 내몰립니다. 내가 이런 현상을 이야기하는 것은 당신에게 정보를 전달하기 위해서지, 겁을 주기 위해서가 아닙니다. 이런 일에 있어서는 아는 것이 곧 힘이기 때문입니다.

이런 현상이 있다는 사실을 아는 것만으로도 당신은 이런 부정적인 존재를 알아차리고, 이들이 당신이나 당신 세계에 위력을 발휘하지 못하게 할 수 있습니다. 어둠을 걷어내기 위해서는 어둠에 빛을 비춰야 합니다. 그래서 내가 이 어둠의 실체를 알리고자 노력하는 것입니다. 어둠은 빛 앞에서 무력합니다. 부정적인 존재를 몰아내는 일은 딱히 어려운 일이 아닙니다. 하지만 그러기 위해서는 먼저 이들의 존재를 알아차리고 빛을 드리워야 합니다. 그러지 않으면 이들은 끈질기게 사람들에게 영향을 미칠 것입니다.

내가 이 이야기를 꺼낸 것은 대부분의 자살 사건에 이런 부정적 존재들이 관여하고 있기 때문입니다. 이들은 삶은 견딜 수 없는 것이라는 부정적 생각을 주입하고 강화하며, 자살만이 이런 힘겨운 삶의 해답이라는 생각을 심습니다.

삶은 견딜 수 없는 것이 아닙니다. 견딜 수 없을 것만 같은 모든 감정도 사실은 전부 신기루입니다. 지금 느껴지는 감정 때문에 목숨을 끊고 싶은 그 순간이야말로, 당신이 자신의 진정한 자아를 깨닫고 이 진정한 자아는 고통받지 않는다는 사실을 깨달을 기회입니다. 이 깨달음은 당신의 모든 생애를 걸고 얻어내야 할 목표입니다. 받아들이기 어려울 수 있지만, 고통의 역할은 당신을 당신의 진정한 자아가 기다리고 있는 '집'(Home)으로 이끌고 사랑, 지혜, 자비심, 힘이라는 진정한 자아의 본성을 깨닫게 하는 데 있습니다. 고통은 당신의 타고난 선함과 강점을 이끌어내고 함양하기 위해 존재합니다. 고통은 포기의 이유가 될 수 없습니다. 오히려, 고통은 당신이 용기, 자비심, 인내심, 끈기, 공감을 더 길러야 할 이유입니다.

고통이란 영적 성장의 가장 위대한 매개체입니다. 고통 없이는 성장은 아예 불가능하거나, 적어도 아주 더뎌집니다. 영혼은 더 높은 수준의 의식 상태에 도달하기 위해, 그리고 자신의 진정한 자아를 깨닫기 위해 폭력적인 유년기를 비롯해 큰 고통이 따르는 조건을 선택하곤 합니다. 모든 고통이 성장으로 이어지는 것은 아니지만, 영혼은 이 기회를 기꺼이 활용합니다. 성장은 영혼에게 그만큼 중요한 것입니다. 특히 자비심이나 공감을 배우는 것과 같은 어떤 성장은 고통 없이는 이루어질 수 없습니다. 그래서 모든 영혼이 혹독한 초기 환경과 시련을 선택하는 것입니다. 이런 고통은 모든 영혼의 교과 과정에 포함되어 있습니다.

그리고 고통이란 그것을 통달하거나 극복하기 전까지는 모두가 반드시 경험해야 하는 것이므로, 고통을 피하고자 자신의 목숨을 끊어봐야 아무런 소용이 없습니다. 자살은 고통의 극복을 지연시킬 뿐입니다. 영혼은 필요한 가르침을 얻을 때까지 다음 생에도 비슷한 상황을 선택할 것입니다. 자살로 당신은 성장의 기회를 놓치게 됩니다. 그리고 이렇게 놓친 성장의 기회가 결국 다른 생에서 똑같은 상황으로 다시 찾아온다는 점에서 자살은 비극입니다. 또, 자살은 주변 사람에게도 비극입니다. 자살한 사람이 생전에 몹시 외로운 삶을 살았더라도, 그 주변에는 그의 죽음을 슬퍼하는 사람이 적어도 한 명은 있기 마련입니다. 모두의 삶은 다른 모두의 삶에 영향을 줍니다. 여러분은 모두 소중하며, 여러분 중 한 명이 생명을 잃는 것은 다른 모두가 생명을 잃는 것과 같습니다.

자살로 영혼은 성장의 기회를 놓치겠지만, 그렇다고 흠이 남는 것은 아닙니다. 저는 이 점을 분명히 하고 싶습니다. 자살하더라도 저승에서 벌이나 심판을 받는 영혼은 없습니다. 오히려 그 반대입니다. 자살한 이들도 다른 모든 영혼처럼 위대한 사랑과 자비심, 그리고 자신이 막 떠난 삶을 이해하기 위한 도움을 얻을 것이며 이로부터 배우게 될 것입니다.

자살한 사람들은 치유를, 특히 감정적인 치유를 받게 될 것입니다. 감정적 고통과 오해가 이들을 죽음으로 내몬 것이기 때문입니다. 이들은 자신이 어떻게 삶을 잘못 인지했는지,

어떤 다른 선택이 가능했었는지를 깨달을 것입니다. 그리고 자신이 타인에게 어떤 영향을 주었는지, 주변 사람으로부터 얼마나 큰 사랑과 보살핌을 받았는지도 깨닫게 될 것입니다. 폭력적이거나 무정한 부모들마저 자식을 사랑합니다. 그것을 적절히 표현하는 법은 잘 모르더라도 말입니다. 자살한 사람들은 왜 다른 사람들이 자신을 괴롭혔었는지, 이들이 왜 그 상황에서 달리 행동할 수 없었는지 알게 됩니다. 그렇게, 이들은 타인과 자신을 용서하도록 도움을 받을 것입니다. 이는 모든 치유 과정의 일부입니다.

고통은 스스로 목숨을 끊을 이유도, 절망하거나 후회할 이유도 될 수 없습니다. 고통이란 다만 당신이 잘못된 것을 믿고 있음을, 부정성의 포로가 되었음을 가리킬 뿐입니다. 당신이 던져야 할 질문은 이것입니다. "난 어떻게 이 고통을 자초하고 있는가?" 당면한 상황을 바꾸는 것이 불가능하다면 그 상황에 대한 당신의 태도를 바꿔야 합니다. 진퇴양난의 상황에서는 마음을 굳게 먹고 긍정적인 태도를 유지할 방법을 찾아야 합니다. 그 외의 반응, 즉 피해의식, 원통함, 억울함, 분노, 증오의 감정을 느끼는 것은 적절한 선택이 될 수 없음을 깨달아야 합니다. 이런 감정, 그리고 이런 감정을 일으키는 머릿속 이야기에 "아니오"라고 말할 수 있어야 합니다. 이것들은 당신이 겪는 고난에 대한 에고의 반응으로, 당신의 삶을 더 어렵게 만들 뿐입니다.

이를 깨닫기까지는 많은 경험과 성숙함이 필요합니다. 그렇기에 다른 이들의 안내가 매우 유용할 수 있습니다. 고통에서 벗어날 방법은 분명 존재합니다. 여러분 모두가 이 방법을 스스로 발견하기까지 온갖 시련을 겪습니다. 이것은 모든 영웅이 겪는 시련이자, 당신이 쓰러뜨려야 할 용입니다. 여기서 용이란 당신의 부정적인 생각과 감정입니다. 당신은 생각과 감정 이상의 존재입니다. 그리고 행복한 삶을 위해서는 당신이 삶에 대한 에고의 자동 반사 이상의 존재라는 사실을 깨달아야 합니다. 이런 에고의 자동 반사는 당신과 당신 주변의 모두를 비참하게 할 뿐입니다.

안락사

내가 여기서 말하는 안락사는 더는 생명을 연장할 방법이 없을 때, 혹은 당사자가 원치 않는 극약 처방만 남아 있을 때 삶을 끝내는 조치를 가리킵니다. 이런 상황에 놓인 사람들은 자기 상황에 맞는 가장 좋은 방법이 무엇인지 자기 자신에게 물어보고 신중하게 결정을 내려야 합니다. 극약 처방을 통해서라도 더 오래 살 것인지, 아니면 그러지 않을 것인지 정하는 것은 자기 자신이어야 합니다.

의료 기관은 환자의 생명 연장을 사명으로 합니다. 따라서 의료 기관이 제안하는 것이 정말로 당신이 원하는 것과 일치하는지는 당신 스스로 판단해야 합니다. 자기 경계를 설정하는 것은 바로 자기 자신입니다. 의료 기관은 당신을 대신해서 당신의 경계를 설정해주지 않습니다. 당신의 결정에 따르는 결과를 경험하는 것은 당신 자신이므로 최종적인 결정도 당신의 몫이어야 합니다.

의료 기관의 관점과 절차가 항상 옳은 것은 아닙니다. 이들은 무슨 수를 써서라도 생명을 유지하는 것을 사명으로 하고 있지만, 그 비용은 한 개인 혹은 그의 가족이 감당하기엔 너무 클 수 있습니다. 때에 따라서는 극약 처방을 통해 생명을 유지하는 것보다는 죽음을 선택하는 게 더 적절할 수도 있습니다. 갈 때가 되었음을 받아들이는 게 나을지도 모르는 일입니다. 많은 사람들이 '가야 할 때'라는 게 있다고 믿지만, 의료 기관은 이를 고려하지 않습니다. 물론 충분히 이해할 수 있는 일입니다.

죽음이라는 문제는 사회와 개인이 모두 직면해야 할 심오한 질문거리를 던집니다. 목숨을 구할 기술은 있지만, 이 기술을 적용하는 것에 관한 윤리적인 이해와 합의는 아직 부족하기 때문에 이런 문제는 항상 어렵습니다. 언제 생명을 살릴 것이고 언제 살리지 않을 것인지, 언제 죽음을 미뤄도 되는지, 언제 죽음에 굴복해야 하는지, 이는 당신의 세계가 언젠가는 답해야 할 어려운 질문입니다. 이것은 심각한 병을 앓는 사람들, 그리고 미숙 상태로 태어난 아이들을 위해 꼭 답해야 할 질문인 동시에 몹시 복잡하고도 개인적인 결정이기도 합니다.

세상은 현재 이 문제에 대해 언제나 생명을 살리는 쪽으로 답하고 있습니다. 그러나 이는 한 영혼에게는 최선의 답이 아닐 수도 있습니다. 자신이 갈 때가 되었다는 것을 본인이나 주변 사람들이 받아들이지 못하거나 이해하지 못하기 때문에 불필요한 고통을 겪을 때도 있습니다. 나아가, 아직 태어날 준비가 안 됐음에도 태어난 미숙아의 생명을 유지하기 위해 의학적인 개입이 이루어지는 때도 있습니다. 이때, 아이가 살아난다 하더라도 미숙 상태에서 태어난 영향은 장기적으로 지속될 수 있습니다.

극단적인 조산의 경우, 영혼이 그 경험을 겪고 그에 따른 결과를 받아들이기로 한 것 아니냐는 주장을 할 수도 있습니다. 맞을 수도 있습니다. 영혼은 모든 경험을 성장의 발판으로 삼을 수 있으며, 그게 어려울 때는 몸을 떠날 수도 있으니까요. 영혼에겐 융통성이 있어서, 현재의 육신이 적합하지 않다면 환생할 다른 육신을 찾아낼 것입니다. 하지만 이런 경우, 아이들은 불필요한 고통을 너무나도 크게 겪게 됩니다.

고통이 성장의 중요한 수단이긴 하지만, 피할 수 있는 고통을 굳이 찾아서 겪어야 할 필요는 없습니다. 특히 그것이 임종을 앞둔 사람의 육체적 고통일 때는 더욱 그렇습니다. 신체가 제대로 기능하지 못하는 반려동물을 인도적 차원에서 안락사할 수 있듯, 삶의 막바지의 육체적 고통을 최소화하는 데 안락사라는 수단이 할 수 있는 역할이 있습니다. 확실히 해야 할 것은 안락사는 육체적인 고통을 겪는 사람을 위한 것이지, 감정적인 고통을 위한 게 아니라는 것입니다. 감정적 고통에 대한 답은 죽음이 아니라 살아갈 방법을 배우는 것입니다.

죽음을 깊이 이해하고 그것을 두려워하지 않는다면 삶의 마지막 순간도 그리 힘들지 않을 것입니다. 사람들은 삶의 마지막에 취하는 어떤 조치로 인해 죽음을 필요 이상으로 어렵게 만들기도 하는데, 죽음에 대한 일반적인 무지와 두려움이 이런 상황의 부분적인 원인이기도 합니다. 지금이 세상을 떠날 때인지 아닌지를 알 방법만 있다면 사람들은 죽음을 두려워하지 않을지도 모릅니다. 그러면 모두가 겪는 고통도 크게 줄어들 것입니다. 그러나 당신의 세계에서 이런 정보를 제공할 수 있는 사람은 대체로 열외 취급을 받거나 존중받지 못합니다. 그리고 한 사람의 죽음을 공언하는 이런 막중한 책임을 과연 누가 지고 싶겠습니까? 이는 분명 쉽지 않은 상황입니다.

자신이 세상을 떠나야 할 시간이 됐음을 알고 자연스럽게, 혹은 다른 도움을 통해 죽음을 맞는 것이 더는 어색한 일로 여겨지지 않는 때가 올 것입니다. 궁극적으로 여기서 어떤 선택을 내리는지는 중요하지 않습니다. 영혼은 무엇을 경험하든 그로부터 배울 수 있기 때문입니다. 따라서 누군가를 죽음으로 인도하는 가장 좋은 방법은 어쩌면 최소한의 고통으로 최선의 결과를 얻게 돕는 것, 그리고 자신의 명을 더 늘릴 다른 조치를 원하지 않는 경우, 자신이 원하는 방법으로 죽을 수 있도록 돕는 것일지도 모릅니다.

노년기에는 생명에 위협이 되는 질환이 없더라도 몸이 수년에 걸쳐 서서히 쇠약해집니다. 이때엔 이것이 올바른 경험입니다. 그리고 영혼은 이런 경험에서도 큰 유익을 얻을 수 있습니다. 의도된 교훈을 깨닫기까지 여러 번의 생애를 같은 방식으로 죽어야 할지도 모르지만 말입니다. 서서히 육체의 죽음을 맞으면서 당신은 자신이 지금의 몸 이상의 존재라는 사실을 깨닫게 됩니다. 몸이 겪는 경험은 당신의 진정한 본질을 훼손할 수 없습니다.

이 역시 신체의 쇠약을 통해 깨달을 수 있는 여러 교훈 중 하나입니다. 가장 중요한 교훈은 아닐지도 모르지만 말입니다. 몸이 더 이상 제 기능을 하지 못하게 되면서 예전까지 당신의 정체성을 이루던 뭔가를 하지 못하게 된다면, 그때 당신은 누구인가요? 당신은 당신이 맡았던 역할도, 당신이 살면서 이룬 성취도 아닙니다. 육신의 경험에 훼손되지 않은 채 무언가가 여전히 당신에게 남아 빛나고 있음을 분명하게 보았다면 이 사실을 알 수 있습니다. 이것은 엄청나게 많은 것을 내려놓아야만 깨달을 수 있는, 당신이 깨우칠 수 있는 가장 어려운 교훈 중 하나입니다. 이 교훈을 깨우친 후에는 죽음의 시련마저도 삶이라는 선물을 기뻐하고 감사해하는 계기가 될 수 있습니다.

맺음말

이승을 떠나 트라우마와 잘못된 신념을 치유하는 데 필요한 모든 과정을 거친 후 자신이 떠나온 삶과 화해하게 되면, 사후 세계에는 그 어떤 고통도 없이 기쁨으로만 가득해집니다. 당신이 인간으로서 겪는 고통은 인간 에고의 기능일 뿐입니다. 이 에고는 사후세계에는 존재하지 않습니다.

당신의 사후세계 인격은 특정 생애에서의 인격, 혹은 여러 생애의 인격들이 조합된 것과 유사할 수 있습니다. 사후세계 인격은 인간으로 살던 때의 인격보다 훨씬 유연하며 긍정적입니다. 사후세계에서 당신은 나이는 물론 당신의 생김새도 선택할 수 있습니다. 예전 삶에서의 생김새를 포함해, 당신이 원하는 그 어떤 생김새로든 살아갈 수 있습니다. 그리고 원한다면 그 생김새를 언제든 바꿀 수도 있습니다.

사후세계에서 보내는 시간은 배움의 시간입니다. 당신의 영혼은 인간으로 살았던 때와 마찬가지로 사후세계에서 내리는 선택으로도 많은 가르침을 얻습니다. 그러나 사후세계에서는 인간으로 살 때의 제약이 더는 존재하지 않습니다. 사후세계에서 당신은 인간으로 살 때보다 훨씬 더 자유롭고 온전하게 탐험을 즐길 수 있습니다.

왜냐고요? 그것이 영혼의 본성이기 때문입니다. 당신이 부정적인 생각과 감정을 경험하고 여기에 구속되었던 것은, 단지 당신이 인간이었기 때문입니다. 사후세계에서는 이런 부정성이 사라집니다. 당신은 그저 행복하기만 하면 됩니다.

하지만 사후세계에 사는 모두가 행복한 것은 아닙니다. 영혼은 불행을 선택할 수도 있습니다. 지구에서의 자신의 행동을 벌하고자 실제로 이런 선택을 하는 영혼도 있습니다. 한동안 큰 고통을 겪는 영혼도 더러 있습니다. 하지만 이것은 그들의 선택입니다. 어떤 이유로든 영혼에게 고통이 강요되는 일은 없습니다. 영혼은 고통을 선택할 수 있지만, 고통을 받는 내내 그 고통을 내려놓고 자신의 실수로부터 배울 수 있도록 도움을 받습니다. 자기징벌은 영혼에게 도움이 될 수 없습니다. 하지만 이마저도 영혼이 깨우쳐야 할 또 하나의 교훈입니다.

사후세계에는 엄청난 자유가 있습니다. 영혼으로서 당신의 가장 자연스러운 상태가 바로 자유이기 때문입니다! 당신이 신이라면(당신은 실제로 신입니다), 당신은 스스로 자유를 허락하지 않을 리 없습니다. 자유는 행복에 필수적이며, 행복은 당신 내면 가장 깊은 곳에 자리한 사랑의 산물입니다.

'사랑이 곧 행복'이고, '행복이 곧 사랑'입니다. 이것은 당신이 타고난 권리이며, 당신은 단지 영혼의 모험과 확장, 그리고 즐거움을 위해 시련과 부정성으로 가득한 세상에 놀러온 것일 뿐입니다. 이런 탐험과 확장에는 반드시 즐거움이 뒤따릅니다. 시련이 있더라도 말입니다.

인간으로서 고난의 한가운데를 지나고 있는 순간에는 이 기쁨을 느끼지 못할 수 있습니다. 그러나 이 기쁨은 당신 존재 안에 항상 있습니다. 영혼은 경험 자체는 물론 그 경험에서 얻은 것까지 볼 수 있기에 영혼은 고난의 한가운데에서도 기쁨을 느낍니다. 이 가르침을 깨우치기까지 얼마나 많은 환생을 거쳐야 할지는 모르지만, 이것은 영혼에게는 문제가 되지 않습니다. 영혼은 당신이 겪는 모든 경험이 결국 더 큰 사랑과 기쁨으로 이어진다는 것을 압니다. 이것이 영혼이 환생하는 목적입니다.

이 책에서 우리는 영혼이 비극과 시련을 통해 어떻게 더 강해지고 더 지혜로워지는지, 어떻게 더 큰 인내심과 자비심, 받아들이는 마음을 얻게 되는지 살펴봤습니다. 이런 보상 덕분에 시련은 겪어낼 만한 것이 됩니다. 그리고 이런 힘, 지혜, 인내심, 자비심, 받아들이는 마음을 낼 수만 있다면 그 어떤 시련도 어려울 이유가 없습니다.

이 사실을 안다는 건 정말로 유익한 일입니다! 내 이야기 덕분에 당신의 삶이 좀더 편해지고 즐거워졌기를 바랍니다.

인간으로서 가능한 한도 내에서 당신이 자신의 진정한 영적 본성인 영을 깨닫고, 자신의 인간됨에 큰 자비심을 품기를 깊이 소망합니다. 이것이 인간으로 살아가는 시험을 거치는 당신에게 평화를 줄 것입니다. 당신은 인간을 훌쩍 넘어선 존재입니다!

부록: 별자리 설명

한 사람의 점성학 차트를 볼 때는 태양궁* 외에도 여러 별자리가 그 사람의 인격을 형성하고, 또 그 표현 양상을 결정한다는 것을 기억하세요. 태양궁 외에 가장 중요하게 눈여겨 봐야 할 것은 태음궁(Moon sign)**, 상승궁(the Ascendant)***, 금성, 화성, 그리고 수성입니다.

양자리

양자리는 독립적이고, 강하고, 용기가 넘치며 개척 정신, 진취성, 모험심이 뛰어납니다. 새로운 모험과 활동을 주도적으로 이끄는 위치에 자주 서지만 뒷심이 부족한 것으로도 알려져 있습니다. 그래서 보통 다른 사람들에게 의지하는 편입니다. 어떤 분야에서든 리더로 두각을 나타내고 용기, 주도성, 경쟁심이 필요한 분야에서 특히 탁월함을 드러냅니다. 운동, 군사, 카레이싱, 경찰, 소방, 응급 업무, 위기 개입 활동 등이 그 사례이며, 이 외에도

---

* 태양 별자리. 역주.
** 달 별자리. 역주.
*** 태어난 시각을 기준으로 동쪽 지평선에 떠 있는 별자리. 라이징 사인Rising Sign이라고도 한다. 역주.

과학이나 사업 등 개척 정신이 필요한 분야에서 활약할
가능성도 있습니다. 많은 양자리가 기계를 잘 다룹니다.
양자리는 협동심이 강한 편이 아닙니다. 자신의 필요와
욕구에 몰두하는 경향이 있기 때문입니다. 따라서 불이
많은 별자리인 사자자리나 궁수자리처럼 인간관계에서
괴로움을 겪곤 합니다. 양자리는 타인의 말을 경청하는 법,
협동하는 법, 속도를 조절하는 법, 행동에 앞서 생각하는
법, 그리고 인내심을 배워야 합니다. 이것들을 배우지
못하면 갈등이 생기거나 사고가 날 수 있고, 에너지를
낭비하게 됩니다. 양자리는 워낙 행동 지향적이라
번아웃이 잦은 편입니다. 그래서 성찰하고 계획하는
태도를 가지는 것이 큰 도움이 됩니다. 그러나 이들은
목표를 향해 움직이고 실천할 때 가장 큰 행복을 느낍니다.
양자리는 자신의 기지와 의지를 따라 즉흥적으로 살아가는
것이 옳다고 믿기 때문에 과도하게 이지적인 사람들을
의심하곤 합니다.
양자리는 자극과 외부 활동, 신체 활동, 모험, 위험이
수반되는 도전과 경쟁을 즐깁니다. 갈등을 추호도
두려워하지 않으며, 종종 행동으로 이를 자초하기도
합니다. 좀더 민감하고 순응적인 별자리는 이런 양자리의
태연함과 대담함에 당황해하고 불안을 느끼기도 합니다.
그러나 양자리는 타인의 이런 반응에는 아랑곳하지
않습니다. 이들이 관계에서 쉽사리 배움을 얻지 못하는
이유 중 하나입니다.

욕구: 자유, 독립, 진취성, 자기주장, 발견, 리더십, 개척,
약자 보호, 대의 옹호, 일등이 되는 것.

긍정적 표출: 진취, 개척, 모험심, 감독, 단도직입, 즉흥, 자기주도, 자발, 자족, 독립, 개인주의, 자신감, 리더, 위험 부담, 용감, 적극성, 활기, 역동성, 외향성, 자기주장, 대결, 열정적, 창의적, 귀감, 표현적.

부정적 표출: 충동적, 성급함, 성마름, 뒷심 부족, 고집불통, 과도하게 밀어붙임, 비협조적, 경솔, 무모함, 부주의, 저돌적, 경쟁적, 고압적, 안절부절, 지나친 적극성, 공격적, 논쟁적, 전투적, 다혈질, 자기중심적, 자기몰두.

배워야 할 것: 인내심, 협동성, 에너지 관리, 뒷심.

황소자리

황소자리는 성실하고, 끈기 있고, 반응이 느리며 보수적, 실용적, 세속적이고 생활의 규칙을 중시합니다. 어쩌면 소라는 동물이 습관의 동물이며, 단조로운 일상이 반복되더라도 불평 없이 자신이 할 수 있는 만큼을 해내고야 마는 동물이기 때문일지도 모릅니다. 황소자리는 물질계에 통달한 별자리로서 항상 큰 성취를 이뤄내며, 자신만의 길을 개척해 세상을 살아가는 법을 잘 알고 있습니다. 이들을 움직이게 하는 중요한 동기 중 하나는 안전입니다.

편안함과 아름다움에 대한 사랑 역시 황소자리를 움직이는 힘입니다. 많은 황소자리가 이 세상에 쏟은 노력에 대한 보상으로 자신 주변을 아름답게 꾸미고 감각적인 쾌락에 빠져듭니다. 황소자리는 모든 면에서 감각적인 존재로, 감각을 통해 경험할 수 없는 것들은 믿지 않는 경향이 있습니다. 따라서 영성이 부족하거나 직관을 불신하기도 합니다.

황소자리는 일을 해결하는 능력뿐 아니라, 끈기의 다른 일면인 고집과 외골수 성향으로도 유명합니다. 이런 성향 때문에 관계에서 문제가 발생하기도 하는데, 특히 전환기를 겪는 황소자리에게 필요한 것이 융통성입니다. 삶은 끊임없이 변하는 것이지만, 황소자리만큼은 마치 삶은 변해서는 안 된다는 듯이 행동합니다. 그렇지만 이들의 다정함, 상냥함, 느긋함, 안정감 때문에 많은 사람이 황소자리에게 의지합니다.

황소자리는 아름다움을 사랑하기 때문에 예술계 혹은 아름다움과 관련된 업종, 아름다운 것을 생산하는 업종에 종사하는 경우가 많습니다. 마사지, 요식업, 주류업, 와인 유통, 후식 등 감각적 쾌락과 관련된 분야에서 일하기도 합니다. 돈에 수완과 흥미가 있어서 금융업에 이끌리는 황소자리도 많습니다. 마지막으로, 황소자리는 흙 별자리라서 농업, 지질학, 정원, 조경 등 땅과 관련한 직업을 가지는 사람도 많습니다.

욕구: 감각적 쾌락, 아름다움, 편안함, 안전, 돈 및 물질적 소유, 생산성.

긍정적 표출: 의리, 애정 어림, 실용적, 전통 중시, 보수적, 자족, 생산성, 근면, 돈에 대한 수완, 지략, 경영 수완, 인내심, 지속성, 강한 의지, 결단성, 안정성, 꾸준함, 믿음직함, 예술적, 느긋함, 부드러움, 감각적, 쾌락 추구.

부정적 표출: 소유욕, 질투, 집착, 욕심, 속물적, 인색함, 탐욕, 안전 지향, 극단적 보수성, 순응적, 관습적, 독창성 부족, 영성 부족, 느림, 지지부진함, 고집불통,

완고함, 변화 거부, 굼뜸, 지루함, 게으름, 방종, 향락적,
게걸스러움.
배워야 할 것: 초연함, 융통성, 진짜 가치를 알아보는 감각.

쌍둥이자리

쌍둥이자리는 사교적이고, 다재다능하고, 손재주가
좋고, 기민하며 언어적으로나 정신적으로나 활발합니다.
대화나 새로운 아이디어를 내는 데 막힘이 없습니다.
쌍둥이자리는 의사소통과 이에 수반하는 모든 것들을
상징하는 별자리입니다. 이들은 교사, 뉴스 리포터,
편집자, 작가, 사서, 비서 등 지식의 축적 및 보급과 관련한
직종에 이끌립니다. 이들의 호기심은 끝이 없습니다.
쌍둥이자리는 명랑하고 친절하며 꾀가 많아 주변
사람들에게 인기가 많고 큰 사랑을 받습니다. 그러나
가만히 있는 것을 힘들어하는 기질과 독립성, 그리고 온갖
종류의 사람을 향해 내보이는 큰 호감 때문인지 헌신이나
친밀함과는 거리가 멀다고 알려져 있습니다. 쌍둥이자리는
사람 사이의 다름에 매우 관대하며 이를 흥미롭게
여깁니다.
쌍둥이자리는 사람에 대한 호기심과 관심에 이끌려
이곳저곳을 돌아다니며 온갖 경험을 합니다. 열두
별자리 중 나비 같은 존재라고도 할 수 있습니다. 그러나
쌍둥이자리는 이런 모험을 하다 더 큰 그림을 놓칠 수
있습니다. 이들은 삶을 피상적으로 알아가면서 하나에
집중하지 못하고 뚜렷한 목적도 갖지 못하는 경향이
있습니다. 이것이 꼭 나쁘기만 한 것은 아니지만, 어떤

실질적인 성취를 이루는 데 방해가 될 수도 있습니다. 쌍둥이자리의 삶은 흔히 정보와 경험의 수집을 목표로 하며, 이는 전체 진화 과정의 막바지 혹은 삶의 막바지에서 어떤 이치를 발견하거나 이해를 얻는 데 쓰일 수 있습니다. 쌍둥이자리는 지나치게 뛰어난 적응력과 변화무쌍함 탓에 문제를 겪는 때도 있습니다. 이들은 카멜레온과도 같아서 주변의 온갖 사람들과 잘 어울리고 이들을 따라 하곤 합니다. 순간적으로 자신을 잊기 일쑤라서 자신만의 목표를 이루는 데 어려움을 겪을 수 있습니다. 어떤 상황에서든 좋은 면을 발견하고 이에 잘 적응하는 성격 때문에 부정적인 상황에 너무 오래 머물러 있기도 합니다. 한편, 상황이 여의치 않을 때는 자신이 직면한 시련에서 배움을 충분히 얻지 못하고 너무 쉽게 경로를 바꾸기도 합니다. 쌍둥이자리는 변화와 다양성을 즐기기 때문에 내면의 성장보다는 외부 상황의 변화를 선택할 수도 있습니다.

욕구: 알기, 배우기, 소통하기, 가르치기, 쓰기, 돌아다니기, 사람 및 환경과 접촉하기.

긍정적 표출: 적응력, 다재다능, 팔방미인, 다양한 관심사, 활기, 민첩함, 재빠름, 경각심, 손재주, 사교성, 친화력, 관대함, 호기심, 논리적, 이성적, 과학적, 박식함, 말솜씨, 명확함, 유창함, 영리함, 즐거움, 재치.

부정적 표출: 산만함, 흐지부지, 피상적, 표리부동, 가변성, 미덥지 못함, 헌신 부족, 변덕, 양면성, 일관성 없음, 경박함, 과민, 안절부절, 신경질적, 집중력 부족, 사소한 것에 연연함, 흉내, 과도하게 논리적, 합리화, 무정함,

무심함, 얄팍함, 비철학적, 깊이 있는 앎을 추구하지
않음, 말이 너무 많음, 수다스러움, 험담이 잦음, 기만적,
교활함, 부정직.
배워야 할 것: 분별력, 정신 집중.

게자리

게자리는 섬세하고, 다정하고, 착하며 직관적이고, 연민이
많고, 의존적입니다. 집과 가족, 공동체를 중요하게
여기며, 감정적인 친밀함과 애착 관계 안에서 힘을
얻습니다. 게자리는 자신이 받고 싶은 사랑만큼 남에게도
사랑을 나눠주고 싶어하는 존재라서, 타인을 돌보는
자리에서 빛을 발합니다. 게자리로 살아가는 동안에는
타인에게 나눌 수 있는 사랑과 돌봄의 크기가 커집니다.
그러나 관계를 가꾸는 일, 그리고 타인의 감정과 욕구에
너무나 집중하는 나머지 자신의 욕구와 정체성을 외면할
때도 있어서 종종 억울함과 원망을 느끼곤 합니다.
게자리가 괴팍하거나 기분 변화가 심해 보이는 것도 이런
이유에서입니다.
게자리의 감정 기복이 심한 이유는 이들이 주변 에너지에
너무나 예민하기 때문입니다. 이들은 다른 사람의 감정을
금세 알아차리고 느낄 수 있습니다. 이런 예민성은
타인에 공감해주거나 이들을 돌보는 데는 장점이 될 수는
있지만, 자신의 건강과 행복을 위해서는 그리 이롭지
못한 점입니다. 게자리는 타인의 감정과 자신의 감정을
구별하고 주변의 부정적 에너지로부터 자신을 보호하는
법을 배워야 합니다. 또한, 타인에게 기쁜 마음으로 봉사할

수 있으려면 자신의 욕구도 확고하게 주장할 줄 알아야
합니다. 가끔 자기 감정에 압도될 때도 있으므로, 이를
위해서는 객관성을 길러야 합니다.

게자리는 안전을 중요시하고, 보수적이며, 과거
지향적입니다. 역사, 전통, 골동품, 계보학, 고고학을
비롯해 과거와 관련된 것이라면 무엇이든 좋아합니다.
자주 향수와 감상에 젖으며 과거에서 놓여나는 데
어려움을 겪을 때도 있습니다. 게자리는 가문의 전통을
이어가고 가족을 하나로 묶어주는 역할을 합니다.

게자리는 남을 돕는 직업, 요식업이나 호텔 산업, 어린이나
돌봄과 관련된 직업, 부동산, 가정용품이나 서비스 관련
직업, 그리고 글쓰기와 같이 상상력이 필요한 직업에
이끌립니다.

욕구: 보살피고 보살핌 받는 것, 뿌리, 집, 가족, 재정적,
정서적 안정.

긍정적 표출: 모성애, 양육, 보호, 자양분 제공, 잘 도와줌,
섬세함, 고운 마음씨, 깊은 감정, 심령적, 직관적, 의리,
헌신적, 끈질김, 가정적, 가족 지향적, 과거 존중,
자기보호, 내성적, 신중함, 근검절약, 보수적.

부정적 표출: 과보호, 과도한 통제, 소유욕, 기분파, 심한
감정 기복, 과민, 상처받기 쉬움, 걸핏하면 움, 과도하게
감상적, 쉽게 휘둘림, 애정 결핍, 남을 신경 쓰다가 자신을
잃음, 집착, 기생적, 의존적, 수동적, 파벌적, 두문불출,
편협, 과거에 집착함, 비밀스러움, 소극적, 순교자적,
자기연민.

배워야 할 것: 객관성, 독립성.

사자자리

사자자리는 재미를 추구하고, 장난기가 많고, 창의적이며, 표현이 풍부합니다. 이들은 자신만의 방법으로 자신을 아낌없이 내어줍니다. 리더십을 발휘하여 상황과 주변 사람들을 질서 있게 통제하고자 합니다. 권위자가 되어 관심을 받는 것을 좋아하는 사자자리는 타고난 리더일 뿐만 아니라 선생님이기도 합니다. 리더이자 선생님으로서 사자자리는 과감하고, 언변이 좋으며, 거부할 수 없는 매력을 뽐냅니다. 용기와 열정, 외향성 역시 이들의 매력입니다.

사자자리는 한번 마음을 먹으면 좀처럼 굽히는 법이 없기에 반대하기도, 멈추기도 어렵습니다. 자신이 옳다는 확신이 워낙 강해서 남을 설득할 때도 별다른 어려움을 겪지 않습니다. 이들의 자신감은 전염성이 강해서 인기가 많고 추종자도 많습니다. 사자자리는 자신에 대한 믿음을 바탕으로 남에게 존중을 요구하며 그 존중을 얻어냅니다.

다른 한편, 사자자리에게는 자기중심적이고 오만하며 고압적인 면도 있습니다. 통제욕, 타인의 생각이나 욕구에 대한 무감각함 등은 사자자리의 장점 이면에 있는 단점입니다. 사자자리가 일부러 타인을 거칠게 대하는 것은 아닙니다. 다만 자신이 믿는 바와 목표가 너무나도 확고해 다른 이들이 이를 지연시키거나 좌절시키는 것을 두고 보지 못할 뿐입니다. 따라서 사자자리는 인간관계에서 어려움을 겪기도 합니다. 이런 점에서 사자자리는 다른 사람들과 권력을 나누고 협력하는 법과 융통성을 배울 필요가 있습니다. 또한, 권력에 굶주려 이기적으로 행동하지 않으려면 전체의 이익을 염두에 두고 자비심으로 무리를 이끄는 법을 배워야 합니다.

사자자리는 공연 예술 분야에서 재능을 키워가고 있는 사람들에게서 자주 발견되는 별자리입니다. 창의성과 자기표현에 대한 욕구가 커서 종종 예능계 직업이나 다수의 관중을 대상으로 하는 직업을 택합니다. 레크리에이션, 스포츠, 오락, 게임, 장난감, 아동 관련 직업에도 매력을 느낍니다. 사업 경영 역시 사자자리가 실력을 발휘하는 분야 중 하나입니다.

욕구: 에고 확장, 독립성, 인정, 권위, 존경, 리더십, 자기표현, 창의성, 사랑.

긍정적 표출: 자신감, 자기확신, 강함, 독립성, 위엄, 카리스마, 경영 및 리더십 능력, 통솔력, 지휘력, 영향력, 결단성, 강한 의지, 너그러움, 자애로움, 아량, 애정 어림, 따뜻함, 의리, 신의, 로맨틱, 장난스러움, 즉흥적, 재미 추구, 오락적, 과감함, 창의성, 자기표현.

부정적 표출: 이기적, 자기중심적, 오만함, 우월감, 지배욕, 권력에 굶주림, 권위적, 고압적, 사치스러움, 방종, 호색, 사랑과 존중의 과도한 요구, 제멋대로 굶, 유치함, 진지함을 못 견딤, 과장, 과시, 허세, 주목받지 않으면 못 견딤.

배워야 할 것: 겸손, 협동성, 적응성.

처녀자리

처녀자리는 겸손하고 능률적이며 성실한 일꾼으로, 항상 쓸모 있기를 원합니다. 일과 봉사를 그 무엇보다

우선시하기 때문에 삶의 다른 측면들, 특히 사적인
생활에서 어려움을 겪을 때가 있습니다. 개인적인
차원에서 처녀자리는 내성적이고 부끄러움이 많으며
냉정한 편입니다. 이들은 과도한 관심이나 이목을
원하지 않습니다. 그 대신 사람을 돕는 데 보람을 느끼며
인간관계를 즐깁니다. 이것은 순전히 봉사의 즐거움
때문이며, 이들은 대가를 바라지 않는 겸손한 태도로
봉사합니다. 하지만 자신이 원치 않을 때도 남에게
봉사하는 성향 때문에 원망과 억울함, 중압감을 느낄
수도 있습니다. 처녀자리는 기쁜 마음으로 봉사하는 법을
배우고자 합니다. 타인에게 베푸는 것이 결국엔 가장 큰
기쁨이라는 것은 처녀자리로 살면서 배우는 교훈입니다.
처녀자리는 꼼꼼한 걸로 유명하며 비서, 경리, 사서,
작가, 컴퓨터 프로그래머, 연구자, 분석가, 의사, 설계자,
기술자, 수학자, 수리공, 기능공, 편집자와 같은 직업에서
탁월함을 드러냅니다. 주도면밀함, 철두철미함, 정리
정돈, 능률이 요구되는 직업이라면 어느 분야에서든
빛을 발합니다. 처녀자리의 완벽주의적 성향은 이들을
귀중한 일꾼으로 만들기도 하지만 자신과 타인을 곤란하게
만들기도 합니다. 이런 점에서는 처녀자리는 자신을
부드럽게 대하는 법을 배울 필요가 있습니다.
마지막으로 처녀자리는 건강과 치유를 대표하는 별자리로,
남을 돕고자 하는 마음, 꼼꼼함과 예리한 지성, 탄탄한
실무 능력과 상식을 바탕으로 치유와 관련된 직종에
종사하는 경우가 많습니다. 처녀자리의 생애는 일과
봉사에 초점이 맞춰져 있습니다. 그리고 마찬가지로 흙이
많은 별자리인 황소자리나 염소자리와 함께 사회가 필요로

하는 대다수의 실무를 수행합니다.

욕구: 능률, 쓸모 있음, 타인 치유, 분석, 분별, 정리,
주도면밀함, 능숙함.

긍정적 표출: 엄밀함, 방법론적, 꼼꼼함, 질서 정연함,
조직적, 치밀함, 체계적, 능률적, 성실, 근면, 철저, 일과
봉사에 대한 헌신, 책임감, 믿음직함, 양심적, 학구적,
예리한 정신, 분별력, 분석적, 수수함, 태없음, 겸손함,
기꺼이 도움, 건강 중시.

부정적 표출: 까다로움, 강퍅함, 옹졸함, 까탈스러움,
과하게 꼼꼼함, 완벽주의, 항상 바쁨, 워커홀릭, 긴장을
놓지 못함, 과도하게 비판적, 자기비판, 잔소리가 많음,
아량 없음, 내숭 떪, 과도하게 분석적, 걱정이 많음, 불안,
부정적, 불평이 많음, 소심함, 자기비하, 굽신거림, 굴종,
복종, 병적인 건강 염려, 식탐.

배워야 할 것: 자신과 타인의 불완전함을 받아들이는 마음,
명랑함.

천칭자리

천칭자리는 사교적인 편에 속하는 별자리입니다.
다정하고, 착하고, 사려 깊고, 기꺼이 남을 도우며 예의가
바릅니다. 이들은 인간관계에서 행복을 얻는데, 특히
일대일 관계를 중요시합니다. 사실, 천칭자리는 각별한
인간관계를 맺지 않거나 파트너가 없으면 불행해집니다.
파트너와의 관계와 여기서 파생되는 교훈들(나눔, 협상,
타협, 베풂, 타인과 어울림)은 거의 모든 천칭자리의 영적

성장에서 빠지지 않는 것들입니다. 그 결과, 천칭자리는 남을 기쁘게 하려고 자신의 욕구와 꿈을 포기하는 때도 종종 있습니다.

천칭자리가 가장 많이 저지르는 잘못 중 하나는 상대방에게 빠져 자신을 잊거나, 자신의 정체성을 아예 찾지 않는 것입니다. 천칭자리로 사는 삶은 '나'와 '너' 사이의 진정한 균형을 찾는 삶이 될 수 있습니다. 여기서 대개 승리하는 쪽은 '너'이긴 하지만 말입니다. 따라서 천칭자리는 자신만의 목표와 꿈을 파트너의 그것과 분리하고 적극적으로 자신의 주장을 펴는 법을 배움으로써 이득을 얻을 수 있습니다.

천칭자리의 핵심 단어는 균형입니다. 이들은 무엇을 하든 조화, 아름다움, 평화 그리고 균형을 가장 추구합니다. 따라서 의사결정 과정에서 이들은 객관적이고 사려 깊으며 합리적입니다. 한 사안의 모든 측면을 뜯어보고자 하는 성향 때문에 결정을 내리기까지 너무나 오랜 시간이 걸린다는 게 문제입니다. 반면, 이런 객관성과 형평성 덕분에 천칭자리는 훌륭한 협상가, 조정자, 상담사, 평화중재자가 될 수 있으며 실제로 이런 분야에서 일하는 경우가 많습니다. 관대하며 친절하고 너그러워서 다른 사람들에게 서로 잘 지내는 방법을 잘 가르칠 수 있습니다.

천칭자리는 탄탄한 인간관계 기술을 가진 타고난 상담사이자 조정자입니다. 이상주의적 성향과 투철한 정의감에 법률 전문직에 이끌리기도 합니다. 아름다움, 균형, 미감에 대한 자신의 사랑을 실현할 수 있는 예술, 디자인, 장식 관련 직종에도 관심이 많습니다. 인간적 매력, 사교성, 예의, 아름다움, 세련됨이 요구되는 직업에도 잘 어울리는 별자리입니다.

욕구: 동반자 관계, 아름다움, 균형, 정의, 조화, 평화.
긍정적 표출: 관계 지향, 사교적, 협력적, 조정 능력, 상냥함, 친화력, 호감, 매력적, 환대, 외교적, 재치 있음, 평화주의적, 조화로움, 침착함, 우아함, 세련됨, 예술적, 훌륭한 취향, 높은 미감, 교양, 아름다움 중시, 상황의 모든 측면을 살펴봄, 공평함, 공정함, 이상주의적.
부정적 표출: 타인 지향, 의존적, 과도하게 순응적, 자기 욕망을 억누름, 순종적, 외모에 대한 집착, 허영, 피상적, 갈팡질팡, 우유부단, 현실을 받아들이지 못함.
배워야 할 것: 결단성, 독립성, 자기주장.

전갈자리

전갈자리 역시 천칭자리와 마찬가지로 관계에 능한 별자리입니다. 그러나 관계에 임하는 이들의 태도는 강렬하며 권력 지향적입니다. 이들은 비밀스럽고, 감정적, 내성적, 열정적, 격정적인 동시에 단호하며 목표 지향적입니다. 이들은 자신이 무엇을 원하는지를 분명히 알고 있으며 그것을 얻기 위해 끈질기게 노력합니다. 설령 그러기 위해서는 누군가의 뜻을 거슬러야 한다고 하더라도 말입니다. 천칭자리처럼 전갈자리로 사는 동안에는 나눔, 협상, 협력, 동등한 파트너 관계와 관련한 교훈이 주어집니다. 하지만 천칭자리와 다른 점이 있다면 전갈자리는 이런 것들과는 거리가 먼 쪽에 속한다는 것입니다. 그런데도 전갈자리들은 천칭자리와 마찬가지로

열렬히 관계를 원하며, 따라서 이런 교훈들을 배워야
합니다.

전갈자리는 심오하며, 삶의 신비와 알려지지 않은 측면에
관심이 많습니다. 이런 점에서 연구, 범죄 수사, 심리학,
형이상학에 이끌리곤 합니다. 이들은 깊고 강렬하며
감정적으로 친밀한 관계에 대한 욕구가 있는데, 이는
의존성, 집착, 소유욕으로 이어지기도 합니다.

알맞은 데에만 쓰인다면 이들의 끈질긴 성향은 큰 장점이
될 수 있습니다. 전갈자리는 강한 의지, 인내심, 끈기를
바탕으로 엄청난 업적을 이룰 수 있습니다. 그러나
융통성이 부족해 종종 권력 싸움이 생길 수 있으며 삶의
전환기에 어려움을 겪을 수도 있습니다. 전갈자리에게는
깊고 강렬한 감정이 있지만, 그것을 드러내는 데에는
소극적이고 비밀스러운 면이 있습니다. 또한, 직관이
매우 발달해 있어서 느낌과 직감이 이끄는 대로 삶을
살아갑니다.

전갈자리는 개인과 사회의 변화 모두에 관심을 두며,
이런 변화를 이끌어낼 수 있는 분야에서 일하는 경우가
많습니다. 예술 치료, 최면 치료, 전생 회귀 치료, 심리학,
영적 치유, 심령 작업, 채널링, 재활용ㆍ재개발 사업,
정치 등의 분야가 여기에 속합니다. 이들은 사람의 생사에
관여하는 직종, 삶의 수수께끼와 비밀을 다루는 직종,
연구직, 재건 및 재개발 사업, 심층 심리 탐사, 타인과
강렬한 상호작용이 있는 직종, 위기 중재, 응급 업무 관련
직종에도 매력을 느낍니다.

욕구: 자기통달, 권력, 통제, 자기변혁, 친밀성,

비밀스럽거나 심오한 진리의 탐구 및 발견, 심리적,
형이상학적 이해.

긍정적 표출: 깊은 감정, 강렬함, 열정적, 강함, 용기, 의리,
응급 상황 대처 능력, 결단성, 강한 의지, 끈기, 자기규율,
자기통제, 철저함, 예리함, 면밀함, 탐사에 능함, 지략,
심오함, 통찰력, 흡인력, 신비로움, 자기보호, 내성적,
심리적 및 영적 변성 능력.

부정적 표출: 과도하게 강렬함, 음침함, 음울함, 욕정,
폭력적, 소유욕, 질투, 자비 없음, 분노, 복수심,
억지스러움, 억척스러움, 강박적, 통제, 과격함, 무자비함,
기만적, 교활함, 착취적, 비밀스러움, 잔혹함, 파괴적,
전복적, 함부로 판단함, 억누름.

배워야 할 것: 용서하는 마음, 내려놓기, 나눔, 권력의
올바른 사용.

궁수자리

궁수자리는 관대하고, 태평스럽고, 재미를 사랑하고,
외향적이며 활발하고, 모험심이 넘치고, 독립적이고,
낙천적입니다. 가끔은 그 정도가 심할 때도 있지만
말입니다. 궁수자리의 단점은 항상 이들의 장점이
극단으로 치달았을 때 나타납니다. 그래서 궁수자리는
고집스럽고, 실속 없이 거창하고, 사치스럽고, 오만하며,
자기중심적이고, 비현실적이고, 무책임할 수 있습니다.
그럼에도 이들은 호감이 넘치며 무신경하거나 불친절하지
않습니다. 그러나 관계 맺기는 궁수자리의 강점이
아닙니다.

궁수자리는 자유와 모험 속에서 가장 많이 성장하기 때문에 다른 별자리에 비해 관계에 능숙하지 않고, 관계에 대한 욕구도 크지 않습니다. 궁수자리의 삶은 친밀하고 개인적인 관계보다는 배움, 가르침, 탐험에 초점이 맞춰져 있습니다.

궁수자리는 뭔가를 좇는 사람입니다. 궁수자리가 여행을 좋아하는 것은 이들이 모험과 짜릿함을 좇기 때문이며, 독서와 공부를 좋아하는 것은 이들이 앎과 지혜를 좇기 때문입니다. 그러나 이들이 지식을 좇는 것은 지식 자체를 원해서가 아니라 더 높은 목표가 있어서 그렇습니다.

궁수자리는 인간 존재의 본질을 좇는 철학자, 교수, 현자, 구루, 사제입니다. 이들은 구도자이자 스승입니다.

믿음은 궁수자리를 설명하는 핵심 단어입니다. 궁수자리는 항상 뭔가를 믿어야 하며, 목표가 있어야 합니다. 비전이나 그 비전을 좇을 자유가 없는 궁수자리는 큰 슬픔에 빠집니다. 실로 궁수자리로 살아가는 삶은 더 높은 목적과 뜻을 좇고 그것을 발견하는 삶입니다.

고등 교육기관, 법률 전문직, 성직, 출판업, 강의, 저술, 편집, 점성술, 형이상학, 수입/수출 사업, 해외 무역, 여행 산업에서 궁수자리를 많이 찾아볼 수 있습니다. 이들은 탐험가, 모험가, 운동선수, 방랑자이자 우주비행사입니다.

욕구: 독립, 자유, 성장, 발전, 목표, 이해, 의미, 철학 혹은 신념 체계, 여행, 탐험.

긍정적 표출: 뚜렷한 목적의식, 목표 지향적, 마음에 뜻을 품음, 의미와 앎을 추구, 철학적, 투철한 신념, 낙천적, 예언자적, 미래 지향적, 이상주의적, 열린 마음, 자기계발,

현명함, 심오함, 높은 식견, 깨우침, 다독, 영감을 줌,
인도자, 가르침, 윤리적, 원칙적, 관대함, 허심탄회,
솔직함, 담백함, 정직함, 호감, 쾌활함, 열정적, 태평함, 속
편함, 탐험심, 자유를 사랑함, 외향적.

부정적 표출: 비실용적, 비현실적, 맹목적인 낙관, 과도하게
추상적, 설교 투, 장황함, 교조적, 도덕주의적, 편협성,
가르치려 듦, 위선적, 과도하게 직설적, 요령 없음,
노골적, 낭비가 심함, 사치스러움, 과장이 심함, 경솔함,
무책임함, 미덥지 못함, 선을 넘음, 안절부절, 방랑벽,
규제를 견디지 못함.

배워야 할 것: 관용, 절제, 세심함, 요령, 책임감.

염소자리

서로 인접한 별자리들이 모두 그렇듯, 궁수자리와
염소자리는 많은 부분에서 서로 반대됩니다. 염소자리는
조심스럽고, 신중하고, 현실적이고, 믿음직하고, 끈기
있고, 실용적이고, 책임감 있고, 세속적이고, 성실하고,
보수적이며 비관적인 경향이 있습니다. 그러나 궁수자리와
염소자리는 모두 사회 구조에 관심이 많습니다.
궁수자리는 사회 이면의 법률, 윤리, 도덕, 철학에 관심을
두는 한편, 염소자리는 사회 구조나 제도의 구축과 유지에
관심이 많습니다. 자본주의 사회에서 기업체 간부나
관리자 중에 염소자리가 많은 것도 같은 이유에서입니다.
또한, 많은 염소자리가 정부직이나 정치인을 비롯해 사회
요직에 자리하고 있습니다.
염소자리는 자신의 사회적 지위와 경력에 많은 신경을

쏟습니다. 직업을 막론하고 자기 분야에서 최고 위치에
도달하고자 하며, 2인자 자리에 만족하는 경우는 좀처럼
찾아보기 힘듭니다. 이들은 무엇을 하든 인정을 받기 위해
최선을 다합니다. 책임을 회피하는 법이 없고 언제나
믿음직스럽습니다. 그렇기에 염소자리는 업무를 훌륭하게
해내 큰 명예를 얻곤 합니다. 리더 위치에 서는 것을
선호하며, 강한 야심과 진취성으로 이를 실제로 해내곤
합니다.

염소자리는 업무와 물질적 안정을 추구하는 과정에서
개인적 관계나 가족생활을 위기에 빠뜨릴 때도 있습니다.
이는 염소자리가 공을 들여야 할 부분이기도 합니다.
이들은 자기 삶의 개인적, 감정적 측면을 대신 돌봐줄
사람을 동반자로 찾곤 합니다. 그러나 개인적인 삶을 남이
대신 돌봐준다는 것은 불가능한 일입니다. 염소자리가
깨우쳐야 할 교훈이 바로 여기에 있습니다. 이들은 사교성,
남을 믿는 법, 장난스러움, 낙천성, 명랑함, 친절함,
즉흥성을 배워야 합니다.

욕구: 구조, 통제, 리더십, 책임, 성취, 권력, 인정, 지위,
안전.

긍정적 표출: 진지함, 부성애, 성실, 내성적, 현실적,
실용적, 절약, 조심스러움, 신중함, 자제력, 자기규율,
자족적, 자립적, 금욕적, 끈질김, 끈기, 책임감,
믿음직스러움, 용의주도함, 착실함, 규칙 준수, 부지런함,
근면함, 성취 지향, 야심적, 모험심, 출세, 큰 영향력, 관리
및 경영 능력.

부정적 표출: 비관, 우울, 음침함, 냉소적, 세속적, 인색함,

겁이 많음, 남을 믿지 못함, 과하게 조심스러움, 폐쇄적,
억눌림, 억제됨, 뻣뻣함, 비인간적, 무정함, 잔혹함,
차가움, 혹독함, 보수적, 극도로 관습적, 규칙과 격식에
대한 집착, 완벽주의, 출세 만능주의, 과한 권력욕,
계산적, 권위적, 고압적, 착취적.
배워야 할 것: 사회성, 친절함, 융통성, 명랑함.

물병자리

물병자리는 친절하지만 초연하고, 관대하고, 객관적이고,
지적이며 기발하고, 독창적, 진보적, 박애적, 개인적,
독립적이고 자유를 사랑하며 미래 지향적입니다.
물병자리는 새로운 영감을 주는 아이디어와 사회적
상호작용을 즐기며 사회에 새로운 아이디어를 제시합니다.
이들은 언제나 최첨단의 자리에 서 있기 때문에 종종
사회에서 이탈하기도 합니다. 어떤 물병자리는 너무
특이하고 반항적이며 관습과는 거리가 멀어서 사회
안에서 제 역할을 못 하거나 자신의 아이디어를 세상에
내놓을 방법을 찾지 못하기도 합니다. 따라서 큰 독립성과
독창성에도 불구하고, 물병자리는 삶에서 보람을 느끼지
못하고 원통해할 수 있습니다. 이들에겐 세상을 바꾸고자
하는 마음이 있기 때문입니다.
물병자리는 친절하고 사교적이지만, 친밀함과는 거리가
멀고 감정적으로 냉정하며 무심합니다. 물병자리는 가슴이
아닌 머리를 따르는 성향이 강하고 독립성에 너무나 큰
가치를 두기 때문에 친밀한 관계를 맺는 데 많은 어려움을
겪습니다. 물병자리는 독립성에 무엇보다 큰 가치를

두며, 이를 동력으로 독창적인 아이디어와 미래에 대한 비전을 좇습니다. 일대일 관계에는 능숙하지 않지만 우정을 중요시하며 집단 관계에서는 큰 도움을 주고받기도 합니다. 이들은 인도주의 단체나 지구 환경과 생태계 개선을 추구하는 단체에 특히 이끌립니다.

발명가, 혁신가, 수학자, 진보적 사상가, 환경주의자, 인도주의 운동가, 과학자, 사회복지사, 혁명가, 사회 개혁가, 철학자, 심령술사, 점성술사, 뉴에이지 사상가 중에서 물병자리를 많이 찾아볼 수 있습니다. 첨단 기술, 전자 기술, 방송, 미디어, 공학, 컴퓨터 분야와도 궁합이 맞습니다. 세미나, 워크숍, 클럽, 팀을 중심으로 한 단체 활동이나 단합력이 필요한 직종에도 많이 종사합니다. 이들은 미래학자, 공상 과학 소설 작가, 우주 산업 종사자이기도 합니다.

욕구: 인류애, 자유, 독립성, 개인주의, 집단 참여, 평등, 우정, 공동체, 새로운 지식, 변화, 발명, 개혁.

긍정적 표출: 이지적, 과학적, 친절함, 박애, 상냥함, 관용적, 열린 마음, 편견 없음, 진보적, 개혁적, 이상적, 정치적 적극성, 독립적, 개인적, 관습에 얽매이지 않음, 혁신적, 기발함, 독창적, 고유함, 남다름, 직관적, 결단성, 강한 의지.

부정적 표출: 차가울 정도로 논리적, 비인간적, 무심함, 시큰둥함, 외톨이, 극단적, 혁명적, 유토피아적, 비실용적, 반항적, 엇나감, 예측 불가, 탈선, 괴짜, 기행, 충격적, 규칙과 규제를 견디지 못함, 무법자, 변덕.

배워야 할 것: 친밀하고 개인적인 관계를 맺는 법.

물고기자리

물고기자리는 물병자리처럼 박애적이고 선지자적이며 이상적입니다. 하지만 공통점은 이뿐입니다. 물 별자리로서의 물고기자리는 감성적이고, 예민하고, 따뜻하며 관계 지향적이고 수용적입니다. 이들은 자비심, 상상력, 창의성, 직관, 봉사에 대한 욕구, 신을 비롯한 숭고한 이상을 향한 헌신으로도 잘 알려져 있습니다. 엉뚱하고 비실용적이며 현실 감각이 떨어지고, 경솔하고, 의존적인 성향으로 알려져 있기도 합니다.

물고기자리는 이 세상에서 자신에게 맞는 역할을 찾는 데 어려움을 겪습니다. 타인의 에너지와 감정을 감지해내는 이들의 비범한 감수성은 지구보다는 다른 세계와 더 조화를 이루는 재능입니다. 그러나 이런 감수성을 통해 이 세상에서 무엇을 할지를 알아가는 것 역시 영적 발달 과정의 일부입니다. 어떤 물고기자리에게 삶은 너무나도 견디기 힘든 것이라서 자기만의 상상이나 마약, 혹은 술이나 우울에 빠지기도 합니다. 물고기자리는 이런 위험을 극복하고 자신의 예민함을 활용해 다른 사람을 돕는 법을 배워야 합니다.

봉사는 물고기자리를 설명하는 핵심 단어입니다. 물고기자리에게는 봉사의 욕구가 있습니다. 그러나 더 높은 목적이 없으면 이런 욕구는 길을 잃게 됩니다. 이들은 타인과 타인의 욕구에 너무나 마음을 많이 쓰는 탓에 자신의 욕구와 단절되거나 자신의 욕구의 가치를 깎아내리기도 합니다. 이는 정서 장애, 억울함, 우울로 이어질 수 있습니다. 가장 숭고한 방식으로 남에게 봉사할 수 있으려면 물고기자리는 자신의 욕구를 알아채고, 이에 가치를 부여하고, 주장하는 법을 배워야 합니다. 영적인 가르침과 철학은 물고기자리가 주변에서 벌어지는 불의를 견뎌내고 이 세상에서 살아남는 데 도움이 될 것입니다. 물고기자리는 정신과 간호, 심리치료, 호스피스 케어, 요양원, 알코올 등의 중독 상담, 사회복지 등 특히 정신 건강과 관련해 남에게 도움을 주는 직업에서 많이 찾아볼 수 있습니다. 예술가 중에서도 물고기자리를 많이 찾아볼 수 있습니다. 로맨스 소설 작가, 시인, 음악가, 안무가, 기타 공연 예술가 중에서도 물고기자리가 많습니다. 직관과 심령 능력을 활용해 점성술사, 타로 점술가, 수상가, 치유사가 되는 경우도 많습니다. 더러는 종교에 귀의하기도 하며, 형이상학, 요가, 명상, 동양 종교, 꿈을 공부하기도 합니다.

욕구: 초월, 평정, 영성, 이상적 사랑, 아름다움, 감정적 친밀, 사생활, 봉사.

긍정적 표출: 융통성, 흐름에 맡김, 내려놓음, 친화성, 까다롭지 않음, 부드러움, 받아들임, 관용적, 너그러움, 타인에 대한 믿음, 상냥함, 친절함, 예민함, 심령적, 직관적, 교감, 자비심, 이타적, 베풂, 희생, 헌신, 겸손, 수수함, 내향적, 풍부한 상상력, 창의적, 고취됨, 음악적, 시적, 영적, 초월적, 영감을 줌, 신비적, 이상주의적, 선지자적.

부정적 표출: 정처 없음, 쉽게 방향을 잃음, 귀가 얇음, 쉽게 휘둘림, 분별력 없음, 유약함, 연약함, 복종적, 소극적, 소심함, 쉽게 상처받음, 과민성, 순교자적, 과도한 희생, 의존적, 기생적, 패기 없음, 겁쟁이, 의지박약, 자기비하,

자기연민, 피해의식, 회피성, 에두름, 부정직, 기만적, 현실 도피, 몽상, 비실용적, 비현실적, 망상, 얼빠짐, 혼란, 약물 혹은 알코올 중독.

배워야 할 것: 책임감, 끈기, 독립성, 자기주장.